THÉORIE DE LA LITTÉRATURE
sous la direction d'Andrea Del Lungo
18

Les Formes brèves

Ouvrage publié avec le soutien du Centre de recherches sur les littératures et la sociopoétique (CELIS, EA 4280) de l'université Clermont Auvergne

Alain Montandon

Les Formes brèves

PARIS
CLASSIQUES GARNIER
2018

Alain Montandon est professeur émérite de littérature comparée et membre honoraire de l'Institut universitaire de France. Il a écrit et dirigé de nombreux ouvrages ainsi que des dictionnaires : *Le Livre de l'hospitalité* (Paris, 2004), *Dictionnaire de la nuit* (Paris, 2013), *Dictionnaire de la caducité des genres littéraires* avec S. Neiva (Genève, 2014), *Dictionnaire du dandysme* (Paris, 2016).

ISBN 978-2-406-07766-4 (livre broché)
ISBN 978-2-406-07767-1 (livre relié)
ISSN 2112-8790

INTRODUCTION

> Il faut piquer l'enflure.
> JOUBERT

> En morceaux. En petits morceaux. En tous petits morceaux.
> J. RENARD

> Une goutte de lumière vaut mieux qu'un océan d'obscurité.
> JOUBERT

UNE ÉTOURDISSANTE DIVERSITÉ

Lorsque l'on veut écrire dans la pierre ou le marbre, ou dans toutes sortes de matériaux difficiles à travailler, une nécessaire exigence de concision s'impose. Ainsi naît une écriture lapidaire (écriture de pierre ! Perros dira que l'aphorisme est un caillou !) qui souvent garde en son fonds un caractère de sacralité oraculaire. On pensera à l'épitaphe antique et les nécessaires abréviations que sa rédaction peut imposer, mais également, dans notre siècle de vitesse, à ces formes de graffiti ou de slogan qui bousculent notre regard pour délivrer un message, individuel ou publicitaire.

Le graffiti est le lointain héritier de ces feuilles volantes d'autrefois qui établissaient une communication publique. Anonymes le plus souvent, ils témoignent sur les murs de la révolte d'individus ou groupes qui sont (réellement ou imaginairement) exclus de la société, de ses institutions, de ses finalités. Paroles de l'alternative et de transgression (« Il est interdit d'interdire »), ils sont fort proches de l'aphorisme par la brièveté concise, l'humour, le cynisme ou la poésie, et avant tout par le jeu avec le langage et les effets produits. Traces éphémères, expressions d'un militantisme ardent ou d'un refus du « système », ils ont parfois été recueillis comme en Allemagne où toute une collection de la maison Heyne leur est consacrée, y compris un dictionnaire encyclopédique, ou en France sous le titre *Les murs ont la parole* (J. Besançon rassemblait dans cet ouvrage un grand nombre de slogans de mai 1968).

Le slogan[1], brève formule frappante lancée pour propager une idée, politique, publicitaire ou syndicale, recherche par la concision, l'allitération ou la répétition, la force percutante de la persuasion (« Faites l'amour, pas la guerre »). Attirer l'attention, voire même pénétrer l'inconscient, détourner, déranger, la puissance de ces formules brèves est la rhétorique des publicitaires qui retrouvent dans le maniement simple du langage (la communication publicitaire est unidimensionnelle, en ce sens qu'elle ne délivre qu'un seul « concept ») toutes les techniques des formes brèves les plus classiques, maxime, proverbe, aphorisme, épigramme, etc. « Mettez un tigre dans votre moteur » (Esso, 1960) « À l'aise, Blaise » (Wrangler, 1980), etc. (voir le livre de Marie-José Joubert, *Slogan mon amour*, 1985). C'est que la parole brève a indéniablement un impact psychologique fantastique et les slogans que les camionneurs brésiliens mettent sur les pare-chocs de leurs véhicules témoignent à la fois d'un besoin d'expression, d'identification et de reconnaissance. Ces « La Rochefoucauld de la route » comme Abeylard Pereira Gomes a pu les appeler (dans *Legendas de Caminhão*, 1993) sont d'une grande inventivité depuis 1928 où ils commencèrent à « s'excuser de la poussière » pour, dans la grande explosion des années 1950, créer slogans et aphorismes, toujours en relation avec leur vision du monde où dominent la femme, l'alcool et la route : « Si les seins des femmes étaient des klaxons, les villes ne dormiraient pas » – « À bière glacée, femme chaude » – « Si Dieu est avec moi, qui sera contre moi ? »

Dans le siècle de la vitesse, écrire vite pour être lu vite semble répondre à un besoin comme à une mode. Bernard Teyssèdre publiait en 1961 ses *Romans éclairs*, d'autres des minimes, des « brèves » (pour reprendre le

1 Le terme viendrait du gaélique « *Sluagh Ghairm* » signifiant un cri de guerre pour le ralliement des troupes.

jargon journalistique), Félix Fénéon ses *Nouvelles en trois lignes* ou Jude Stefan ses *Xénies*, renouant ainsi avec un des plus vieux genre littéraire de l'Antiquité (les xénies étaient des paroles accompagnant des présents, ou des paroles-cadeaux avec un caractère incisif) qu'il préfère au terme de scholies, courtes critiques ou brefs commentaires d'un texte.

Écrire des textes courts (pratique pour laquelle Alain Duchesne et Thierry Leguay ont écrit un volume remarquable et que nous ne saurions que vivement recommander dans l'excellente collection *Petite fabrique de la littérature*) ne veut pas dire cependant s'adonner aux formes brèves. Entre le court et le bref une distinction est à faire. Car le court est relatif à ce qui est plus long, plus prolixe, plus volumineux. Le vocabulaire français est à cet égard assez trompeur dans les emplois généralement communs des deux termes. La définition ne saurait, d'ailleurs, être quantitative, mais concerne des traits d'écriture spécifique visant une concision formelle, déterminée par des facteurs de condensation, de raccourci, d'économie spécifiques. La forme brève relève donc d'une rhétorique, d'une stylistique et d'une poétique particulière. La forme brève hante un certain nombre de textes, plus ou moins longs (il est certain que les textes très courts induisent quant à eux presque toujours une pratique de la brièveté) en englobant une réalité plus vaste que celle de la notion de genre, car elle concerne de nombreux styles d'écriture, codifiés ou non, c'est-à-dire d'écrits littéraires dont la brièveté est un des moteurs essentiels d'écriture.

La taxinomie de ces formes (dont un bon nombre ont pu historiquement se constituer comme genre) est une tâche difficile à accomplir tant la brièveté peut prendre de formes diverses, hétérogènes et nombreuses. Toute classification manquera, d'une manière ou d'une autre, de pertinence tant les différentes formes se recoupent et se chevauchent. On peut certes essayer de distinguer un type d'énonciation sous forme de formules, phrases complètes et autonomes, d'un type d'énonciation inachevée ou incomplète, une écriture enchâssée, des formes de discours mondains à effets, mais les formes brèves participent de fait la plupart du temps de ces différents types d'énonciation très hétérogènes. Citons seulement l'adage, l'anecdote, l'aperçu, l'aphorisme, l'apophtegme, l'axiome, l'énigme, l'emblème, l'épigramme, l'épigraphe, l'esquisse, l'essai, l'exergue, l'histoire drôle, l'impromptu, la thèse, l'improvisation, l'instantané, l'oracle, la bribe, la charade, la citation, la dédicace, la définition, la devinette, la devise, la gnômè, la maxime, la pensée, la parabole, la préface, la proposition, la réflexion, la remarque, la sentence, le télégramme, la similitude, le théorème, la xénie, le « mot », le cas, le concetto, le conseil, les criailleries, le dicton, le fragment, le madrigal, le monodistique, le mot d'esprit, le portrait, le précepte, le proverbe, le slogan, le trait, la pointe, le Witz, et ajoutons un etc. d'autant plus conséquent que non seulement nous laissons de côté certaines formes comme la nouvelle (*short story*) qui ne visent pas essentiellement la brièveté.

Pour le seul aphorisme nous trouvons une quantité de dénominations marginales telles que remarques, notes, trouvailles, éclairs, humeurs, recherches, examens, miscellanées, impromptus, règles, boutades, brocards dorés, observations météorologiques sur l'homme, persécution de lecteur, copeaux, éclats, fragments, enfants trouvés, limes, maximes, réflexions, lignes laconiques, pollens, idées, expressions, intermèdes, phrases et antiphrases, points de vue, perspectives, pensées détachées, images, tableaux, situations, dessins, métaphores, vérités, signes, emblèmes, etc. On verra d'ailleurs que l'aphorisme (comme discours de la délimitation, pour suivre l'étymologie grecque) s'il est historiquement très circonscrit à son origine, en vient à désigner un énoncé qui condense l'expression d'une vérité, qui, lorsque celle-ci affirmera son universalité à l'époque classique, sera confondu avec la maxime, qui elle-même, à fin du XVIIIe siècle disparaîtra pour se transformer en aphorisme entendu au sens moderne du terme, évolution que nous expliquerons dans les chapitres qui suivent, mais qui n'est certes pas simple et qu'il faut toujours nuancer, tant la langue française a pu désigner indifféremment parfois un même énoncé d'aphorisme ou de maxime. D'autant plus que, outre la perspective historique et sociale, la situation contextuelle joue un rôle non négligeable, puisqu'un même énoncé, suivant les perspectives de sa lecture et de sa réception peut être compris comme sentence, aphorisme ou maxime !

POUR OU CONTRE

Les formes brèves sont loin d'être toujours appréciées. Nous reparlerons de l'accueil fait aux maximes de La Rochefoucauld ou de La Bruyère et aux cris d'orfraie des tenants du discours classique, lié, orné et articulé. Mais il n'y a pas que les scolastiques grincheux pour s'émouvoir de la sécheresse, de la légèreté, de la faiblesse ou de l'insuffisance de ces formes froides et crispées. Les reproches les plus fréquents sont l'incapacité à écrire dans un genre ample et continu : faiblesse de l'écrivain qui se réfugie dans la facilité ou la pauvreté d'une pensée qui ne peut s'étoffer – pensée ratatinée, sagesse en pilule, philosophie par télégramme. Les maximes ont mauvaise presse, qui peuvent être retournées comme des gants. Amiel qui disait des pensées de Joubert : « Cette pensée hachée, fragmentaire, par gouttes de lumière, sans haleine, vous fatigue » ajoute que « la pensée essoufflée fait des maximes » ou encore « Quand on n'est plus bon à rien, on peut encore faire des maximes ».

Cette concision, proche d'une avare rétention ennemie de toute générosité, a en outre le fâcheux effet de se cantonner essentiellement dans le mot d'esprit et une vision pessimiste de la vie. Cioran lui-même ne dit-il pas que l'aphorisme est du feu sans flamme ? « On comprend que personne ne veuille s'y réchauffer ». Face aux chaleurs de l'emphase, l'humeur chagrine distille au goutte-à-goutte ses perfidies bâclées, son rabâchage paresseux, son incohérence futile. Pascal Quignard qui avec *Les tablettes de buis d'Apronenia Avitia* (Gallimard, 1984) livre un joli petit livre de formes brèves suivant le style des brefs inventaires de Sei Shônagon, écrivit un jour d'humeur et d'irritation *Une gêne technique à l'égard des fragments* (1986), un livre d'exorcisme, mais aussi de fascination pour une forme décriée et pourtant d'un attrait mystérieux et inavouable.

Enfin reproche est fait à cette littérature d'être inutile, futile et illusoire. Poudre aux yeux, les maximes n'ont jamais transformé la vie d'un homme et Montherlant de noter dans ses carnets (forme brève par excellence) que « les maximes morales n'ont jamais aidé quelqu'un à se conduire ». Un autre aphoriste, Wolfdietrich Schnurr, dans ses *Photographies d'ombre* (1978), mélange de fragments, de journal, de souvenirs, etc., disait qu'attendre une aide de l'aphorisme c'est demander une transfusion de sang à un scorpion. On voit, ce faisant, que ce sont les praticiens du genre eux-mêmes qui ont les mots les plus durs pour l'écriture à laquelle ils aiment s'adonner : masochisme et autoflagellation que R. Barthes relève chez La Rochefoucauld et que corroborent tous les aphoristes de Karl Kraus à Cioran.

Un autre inconvénient, qui semble pour beaucoup rédhibitoire, est la discontinuité engendrée par les formes brèves, qui prend le lecteur au dépourvu : « cet afflux de pensées (Montherlant parle des maximes de La Rochefoucauld, Vauvenargues, Chamfort et Joubert) papillote comme la mer, et ne vous laisse rien de plus dans l'esprit que ne ferait un recueil d'anecdotes et de bons mots. Il doit y avoir une façon spéciale de lire les maximes : une par jour, peut-être. » Sainte-Beuve également partage cette répugnance devant cette condensation de l'expression : « Ces livres de maximes et d'observations morales condensées, comme l'était déjà celui de La Bruyère, et comme l'est surtout celui de M. Joubert, ne se peuvent lire sans fatigue. C'est de l'esprit distillé et fixé dans tout son suc : on n'en saurait prendre beaucoup à la fois. » En bref, c'est trop : « les beautés [...] s'y trouvent entassées, et [...] il se faut ménager dans la lecture, pour ne point se saouler d'une viande trop nourrissante » (Perrot d'Ablancourt).

On ne peut lire un recueil d'aphorisme comme on lit un roman. Le lecteur ne peut que se promener, au hasard, butiner, vagabonder. Pourtant il ne s'agit pas d'une lecture oisive, car plus l'énonciation est concise et plus l'effort demandé au lecteur est grand. « Si Montaigne, Pascal, La Rochefoucauld, s'étaient appesantis sur ce qu'ils avaient à dire, nous ne les aimerions pas tant ; ils ne nous sont bien chers, que parce qu'ils nous font, pour ainsi dire, partager leur gloire, en nous faisant achever leur travail » (Rémond Saint-Mard, 1732). Comme le dit La Fontaine pour qui « les ouvrages les plus courts sont toujours les meilleurs », il faut laisser « dans les plus beaux sujets quelque chose à penser ». Il faut donner à celui qui lit « sa part de plaisir » comme le veut Perrot d'Ablancourt (Préface aux *Apophtegmes des Anciens* (1663). Plaisir et pédagogie comme le souligne Le Maistre de Sacy quand il écrit : « Il est bon que l'esprit des lecteurs ait quelque chose à faire sur les sujets auxquels on s'applique ; parce que cela lui donne lieu de s'imprimer plus fortement et plus profondément des vérités dans le cœur. Ainsi il arrive souvent qu'ils sont d'autant mieux instruits que l'on y a employé moins de paroles et qu'on leur a laissé tirer les conséquences des vérités qu'on leur enseigne » (*Lettres chrétiennes et spirituelles*, Paris, 1690, *Préface*). La pratique du recueil crée parfois de surprenantes rencontres. S'il est sans doute vrai qu'« une pensée n'est parfaite que [...] lorsqu'on peut la détacher et placer à volonté » comme le veut Joubert, certains éditeurs ne se sont pas privés de rassembler celles des grands maîtres en faisant d'eux des aphoristes involontaires. L'« extrait » n'est pas innocent, car isolant la phrase de son contexte, il la place dans une lumière nouvelle qui lui confère souvent un sens nouveau. On sera donc très prudent avec les recueils d'aphorismes d'un Balzac, d'un Stendhal ou de tout autre écrivain, qui certes peuvent avoir un penchant pour ce genre de forme (comme le montre par exemple la *Physiologie du mariage* pour l'un ou l'attachement sentimental de l'autre pour le *Code civil*), mais qui n'ont pas écrit délibérément pour cette forme, si ce n'est dans la perspective de l'enchâssement. Chamfort a su mettre le doigt sur la faiblesse de cette manière éditoriale quand il dit que « La plupart des faiseurs de recueils de vers ou de bons mots ressemblent à ceux qui mangent des cerises ou des huîtres, choisissant d'abord les meilleures et finissant par tout manger. » Le recueil est cependant une forme nécessaire à la publication des formes brèves, même si lui-même échappe à cette dénomination.

L'IMPROMPTU DU QUOTIDIEN

Le journal intime peut être lui aussi un espace de prédilection pour la forme brève. Il est certes des journaux intimes d'une étonnante prolixité. Pourtant celui qui veut noter au jour le jour les faits et pensées doit très fréquemment adopter l'annotation courte, qui sert de memento, sans développement. Le désir de fixer un instant précis, mémorable, requiert la recherche d'une formule dense et concise qui rende pleinement l'instantané fugitif. Quand le journal devient le ramasse-miettes du temps, son écriture au jour le jour se fait aphoristique et fragmentaire.

Le rapport à l'écriture spécifique de ce projet a à faire avec l'esquisse, le trait de plume et de pinceau dans l'art japonais, l'instantané photographique, la *mimesis* du fragmentaire, l'impressionnisme, la fulgurance, l'illumination. Le journal de Jules Renard est exemplaire de ces annotations brèves qui sont encore grevées de fragments anecdotiques et autobiographiques, mais dont une grande part sont essentiellement des observations devant la nature (« un vent stupide qui poussait devant lui, avec une dépense de souffle extraordinaire, trois petits nuages blancs en forme de lapins ») et les animaux (« La pie voletait, vêtue en sœur de charité »), des impressions de lecture, des jugements rapides sur des écrivains (« George Sand, la vache bretonne de la littérature »), des boutades, des constatations (« La porcelaine cassée dure plus que la porcelaine intacte »), des jeux de mots (« un fagot de devant les bouteilles »), des définitions (« Les crabes, galets marchant »), des mots d'enfant (« Tu es trop grand maintenant pour coucher avec ta mère. – Mais je suis moins grand que toi, papa ! »), des aphorismes (« Dieu, celui que tout le monde connaît, de nom »), des comparaisons (« Le crapaud et sa jambe de forçat qui a traîné le boulet à la patte »), des traits d'esprit (« Appelons la femme un bel animal sans fourrure dont la peau est très recherchée »), ou de langage (« Deux jeunes gens très Paul et Virginisés »). Toute une poétique de l'impromptu est créée, qui est aussi entreprise de distillation, « en morceaux, en petits morceaux, en tout petits morceaux » pour « réduire la vie à sa plus simple expression » écrit Jules Renard qui rêve d'appeler des notes « Tout nu ». Tout est déjà trop long et Jules Renard déclare qu'une description qui dépasse dix mots « n'est plus visible ». Cette « visibilité » est une idée intéressante : il s'agit de rendre immédiatement perceptible, rester dans l'ordre de la sensation et non dans celui d'un pénible déchiffrement intellectuel. D'où une série d'images impressionnistes chez celui qui déclare ne pas réfléchir : « je regarde et laisse les choses me toucher les yeux ». Et cela dans la fulgurance : « Regard, lasso plus prompt que l'esprit. »

Nul plus que Renard n'a recherché ce « style sillonné d'éclairs », lui qui aime tant les phrases courtes « qu'un vers (lui) semble déjà trop long ». Idéal d'une phrase « qui vibre court, comme un fil de fer trop tendu », percutante comme une arme à feu. D'où une expression aphoristique qui semble naturelle. « Un bon mot vaut mieux qu'un mauvais livre ». D'où chez lui ce culte du mot : « Ma tête est peuplée de mots comme une forêt d'oiseaux ». Certains ont la saveur de bonbons : « Caille. Quel joli nom ! C'est une petite explosion, un soupir qui monte des blés » ou encore « Le tremble, quel joli nom d'arbre ». Mais la recherche d'un style « clair aux yeux comme une matinée de printemps », d'un « style pur comme l'eau est claire, à force de travail, à force de s'user, pour ainsi dire, sur les cailloux » finit par réduire la parole à presque rien et par tendre au silence, comme si la finalité de l'écriture poétique était de se suspendre elle-même. « J'arrive à la sécheresse idéale. Je n'ai plus besoin de décrire un arbre : il me suffit d'écrire son nom. »

Le journal lui-même apparaît comme une catastrophe, « un cahier d'avortements ». Qu'est-ce finalement que la littérature pour Jules Renard ? « La neige sur l'eau : le silence sur le silence ». C'est ce que Sartre avait admirablement compris dans son essai sur celui qu'il appelle « l'homme ligoté » (*Situations 1*) : « Il a créé la littérature du silence ». Il y a une rhétorique du pointillisme et le philosophe prolixe ne peut comprendre l'auteur qui affirme qu'« un petit particulier m'intéresse plus que l'humain en général » ou qu'« il n'y a pas de synthèse : il n'y a que le discontinu. »

L'écriture de la quotidienneté est caractérisée par l'absence de règles, la liberté d'écriture, l'absence d'organisation (pas de début ni de fin, pas d'exposition, pas de sujet privilégié). L'immédiateté d'impression et d'expression est incompatible avec une amplification qui transformerait la nature même de l'entreprise. Valéry voyait dans ses cahiers une « contre-œuvre » parce que les œuvres sont : « des falsifications, puisqu'elles éliminent le provisoire et le non réitérable, l'instantané, et le mélange pur et impur, désordre et ordre. » Avec le journal, c'est la vie et son impur bariolage qui sont rendus, sans artifice. Joë Bousquet dans les *Cahiers blancs* fait une remarque similaire quand il écrit avec angoisse : « Un grand secret. Je me suis aperçu que la cohérence du monde était ce que je lui ajoutais. »

Ici l'arbitraire, l'unique, le concret et le singulier prennent une valeur de témoignage, d'expérience, de révélation qui fait sens. À l'époque où le moi intime est devenu témoignage du sens intime et instrument d'exploration privilégié, les *Carnets* de Joubert (dont la publication posthume commence à partir de 1838) sont un exemple remarquable de cette spirituelle et pudique brièveté. Chaque note, épitaphe de la vie ! Ainsi que l'écrivait Montesquieu dans ses « cahiers » (qu'il avait intitulés *Mes Pensées*) : « Ce sont des idées que je n'ai point approfondies et que je garde pour y penser dans l'occasion » ou encore « Je me garderai bien de répondre de toutes les pensées qui sont ici. Je n'ai mis la plupart que parce que je n'ai pas eu le temps de les réfléchir, et j'y penserai quand j'en ferai usage. » C'est donc le premier jet du moraliste, une sorte de livre de raison qui accumule le matériau brut. Ce que Montaigne appelle la fricassée : « Toute cette fricassée que je barbouille ici n'est qu'un registre des essais de ma vie ». Le terme de fricassée souligne bien le découpage en morceaux hétéroclites.

METTRE TOUT DANS UNE PHRASE, TOUT DANS UN MOT

La quotidienneté est l'universel amorphe du réel. En en coupant des tranches qui tendent à devenir des unités mythiques, le diariste met en forme, structure le quotidien comme réel. Laisser venir à soi les pensées et impressions que l'on ne formule pas habituellement, ces « petites » pensées en dessous du reste et des activités dites sérieuses de la vie quotidienne, prêter la plus extrême attention à ce qui pourrait bien être en définitive la réalité véritable, c'est-à-dire tout ce que voit et ressent la conscience, bien plus que l'ensemble des concepts et leurs enchaînements finalement plus mécaniques que vraiment réfléchis, font que les journaux apparaissent comme une forme de destruction des formes littéraires. La liberté de composition, la diversité des contenus et des formes empruntées font du journal un lieu unique de passage, seuil entre intimité et communication, frontière entre monde intérieur et extérieur, seuil entre la vie et la pensée naissante. Aussi est-il pour certains un espace naturel de génération spontanée des formes brèves.

« Si je m'appesantis, tout est perdu ». Georges Poulet (*Études sur le temps humain*) qualifie très justement l'attitude de Joubert quand il écrit que « sa pensée, sa parole glisse, ou plutôt, comme l'hirondelle, elle rase les eaux, elle s'y trempe le bout des ailes. Il ne s'agit pas de nier le réel (comme le fera Mallarmé), mais de l'alléger, de le décanter, de le spiritualiser ». Il convient de relever les pauses, les arrêts, les blancs et les silences de ce style de l'âme qui exige la discontinuité tout autant que la brièveté. « Le style continu n'est naturel qu'à l'homme qui écrit pour les autres. Tout est jet et coupure dans l'âme ». Aussi ces pensées sont-elles comme des ensembles de constellations, des gouttes de lumières, un murmure de voix bordé de silence.

« Langue sacrée. Et qui doit être hiéroglyphe. Que tous ses mots doivent avoir un caractère d'enfoncement ou de relief, de ciselure ou de sculpture. Le blanc et le noir, le vide et le plein y conviennent. Tout y doit être juxtaposé et uni, mais séparé par des intervalles ».

La brièveté est liée à une poétique du mot. « Car les mots sont des étiquettes. Et c'est en les cherchant que les choses se trouvent » (16 mars 1805). « Les mots, lorsqu'ils sont bien choisis sont des abrégés de phrases ». Il y a un certain atomisme dans la conception linguistique de Joubert qui isole le mot pour en faire un foyer de concentration et de rencontre entre la pensée et son objet, et du même coup absolutiser celle-ci. Cette recherche du mot n'est pas sans danger, Joubert finissant par voir dans le mot un être doué d'autonomie qui contient tout. Il prend le mot presque comme une sensation, un état, oubliant médiations et chaînes logiques de la pensée. « En toute chose, il me semble que les idées intermédiaires lui manquent ou l'ennuient trop. C'est de moi que je parle » (5 novembre 1805). « Tourmenté par la maudite ambition de mettre toujours tout un livre dans une page, toute une page dans une phrase, et cette phrase dans un mot. C'est moi » (8 février 1815).

On trouve chez Peter Handke un sentiment identique à celui de Joubert non seulement de cette saisie de l'instant dans son éternité, mais également de l'expérience de son extension spatiale. « Parfois on parvient à se reposer dans l'instant ; puis naît, peu importe où, un espace » *(Images)*. Vertige de l'espace qui trouve son assomption dans le rêve de l'Ouvert : « Maintenir le vide ouvert : ce serait l'art suprême ». Vide tout aussi animé dynamiquement que chez Joubert : « je voudrais, je souhaite, je veux arriver à ce que les endroits vides restent éternellement vides, exemplairement, énergiquement, fortement vides ». Aussi le poète décide-t-il d'être « un vaste pays ».

Le *Poids du monde* de Peter Handke qui veut être « esquisse spontanée de perceptions inutiles » est aussi constitué des réactions linguistiques instantanées à l'événement vu, entendu, lu. Des réflexes de langage dans l'immédiateté de la langue. C'est la forme du reportage immédiat d'une conscience. Handke écrit dans la Préface du *Poids du Monde* : « Je m'exerçai à réagir par la langue à tout ce qui m'arrivait et je remarquai alors que, pendant le laps de temps où je vivais les choses de la langue, elle aussi se mettait à vivre, à devenir communicable [...]. Ce livre n'est pas le récit d'une conscience mais il en est le reportage immédiat ».

Qu'en est-il du lecteur face à ces micro-histoires ? Il n'a pas en face de lui une narration ou un discours continu, mais des matériaux qu'il butine. La forme grammaticale laisse souvent sujet et temps dans l'indétermination la plus complète. Ce qui laisse la possibilité au lecteur de compléter lui-même l'espace vide avec sa propre expérience. Ce n'est pas le moment unique, mais l'unité représentative du quotidien dont il est fait rapport. D'où la dédicace conséquente des *Notes imprécises ou* : *Fantaisies dans l'errance* (titres auxquels avait songé l'auteur dans un premier temps) : « *für den, den's angeht* » (à celui que ça regarde, que ça concerne).

La brièveté est le résultat d'une intention délibérée envers le lecteur, afin de créer un choc pour une reconnaissance identificatrice du lecteur ou un rejet. La fréquence de la forme infinitive chez Handke souligne ce rôle de structure d'appel. Le journal exprime des moments de la réalité de soi, de manière si évidente, si délimitée, si exacte dans leur configuration qu'ils deviennent justement aussi expression d'autrui. C'est pour cela que Peter Handke parle « d'histoires privées mondiales » pour désigner ces « petites choses », retenues et notées par lui et qui étendent l'imaginaire à cette zone où le vécu particulier peut être revécu par chacun, ainsi que le remarque G.-A. Goldschmidt, son traducteur. La pauvreté n'est pas dénoncée ; elle devient une angoisse métaphysique perceptible à travers de courtes notations.

Donnons quelques exemples de cette brièveté parcimonieuse d'une sensibilité si contemporaine :

> La bouteille de liqueur de jaune d'œuf dans la crédence.
>
> Angoisse mortelle quand on se réveille la nuit et que la lumière brûle dans le couloir.

Mais une telle brièveté possède justement toute la puissance poétique nécessaire pour ranimer le monde :

> Au réveil, les cheveux sur ma tête comme une main étrangère.
>
> La voix d'un enfant dans un bâtiment où n'habitent que des adultes.

La brièveté n'est pas étrangère à la mystique, celle de la fulgurance ou de la révélation, et à la magie du mot, à la fois dans sa pesanteur et sa légèreté. Le bref ouvre le dialogue de l'absence et de la présence, du réel et de l'image retrouvant ainsi la leçon du peintre : « cligner des yeux… pour apprendre à voir ».

CRISTALLISATIONS ET SÉDUCTIONS

On peut s'interroger sur cet engouement pour les formes brèves et plus particulièrement celui de nos contemporains pour le discontinu, la bigarrure, le marginal, le presque rien, ces jets de l'émotion, ces télégrammes de l'âme, ces esquisses de rêve ? C'est qu'il y a la séduction irrésistible qu'exerce le petit, le minuscule, le plaisir du microcosme, celui de trouver un monde dans une coquille de noix (pour Hamlet), un cabinet de cristal (pour Blake) ou dans le boudoir de la nouvelle Mélusine de Goethe. Bachelard soulignait justement dans sa *Poétique de l'espace* combien dans l'univers de la miniature les valeurs se condensaient et s'enrichissaient et combien la miniature activait des valeurs profondes. « C'est le propre d'un grand artiste de savoir enfermer le tout dans un espace insignifiant » écrivait Sénèque dans ses *Lettres à Lucilius* (53, 11). Le jardin japonais ou le goût pour les bonzaï ne sont pas les seuls exemples du paradoxe qui veut que la miniaturisation ouvre les portes de l'infiniment grand, que le détail agrandisse les objets : « La miniature est un des gîtes de la profondeur… La miniature se déploie aux dimensions d'un univers. Le grand une fois de plus est contenu dans le petit… » (Bachelard). La forme brève ouvre un immense espace.

Maximum de signification dans un minimum de mots, la forme brève est aussi fulgurance, faite d'images rapides dont le raccourci aiguise l'éclat, fusée. Florence Delay rappelle que le premier livre de « doutes aphoristiques lancés en l'air » de J. Bergamin s'intitule *L'Étoile et la fusée* (1923) et dans une belle image montre que la foudre est, dans la Nature, la forme brève. La foudre ne laisse pas le langage intact (« L'aphorisme est le court-circuit de la pensée » disait Bergamin après d'autres). Dans la cornue de l'alchimiste, les mots s'émancipent et se mettent à faire l'amour. Combustion, court-circuit, l'éclair condense et accumule l'énergie électrique sur une petite surface, faisant lever l'orage désiré, détonner la phrase, décharger le cœur : « Jouissances spirituelles et physiques causées par l'orage, l'électricité et la foudre, tocsin des souvenirs amoureux, ténébreux, des anciennes années » (Baudelaire, *Fusées*). À ces combustions de la réminiscence, il faut ajouter le désir prométhéen (tout aphoriste est-il un Prométhée déçu ?) d'enfermer le monde dans un chiffre, un mot, une image. Le doux Peter Altenberg déclare dans ses *Esquisses viennoises* : « Je voudrais représenter un être humain en une phrase, un événement de l'âme en une page, un paysage en un mot ! » Quel orgueil ! Quelle ambition ! Mais quel art difficile et impeccable est requis là. « Il y a des gens qui n'arrivent à la concision qu'avec une gomme à effacer : ils suppriment des mots nécessaires. » écrivait Jules Renard dans son *Journal* (4 Mai 1909). La forme brève ne supprime rien, elle génère, elle engendre. « Parce que ce qui est isolé se voit mieux » (Joubert) et parce que la forme brève est comme une ombre, une esquisse, une silhouette, avec un plein et un vide, avec une densité maximale mais un bord de dentelle, une marge d'indéfinissable. Elle est entourée d'espace comme une île s'entoure d'horizons marins. G. Poulet à qui nous devons cette belle image pourrait dire de la forme brève en général, comme il le fait de la maxime joubertienne, qu'elle « existe à la fois en soi, dans la rigueur de son contenu, et dans l'entre-suite qui la lie à une vaste indétermination environnante ».

« Il n'y a pas de *petites* formes (keine *kleine* Form) » pense Handke dans l'*Histoire d'un crayon.* Nous partageons pleinement cet avis et espérons que le lecteur appréciera, dans le rapide parcours que nous lui proposons à travers quelques-unes des plus importantes d'entre elles, leur étonnante richesse, fécondité et importance.

ÉPIGRAMME, XÉNIE, PROVERBE, SENTENCE

La brièveté est un style qui contient
le nécessaire pour manifester la réalité.
Zénon, cité par Diogène LAËRCE.

L'expression ramassée et condensée d'une pensée, d'une sagesse populaire ou d'origine cultivée et érudite, a donné lieu à diverses formes dont les plus importantes, qui vont faire l'objet de ce chapitre, peuvent être considérées comme les matrices d'autres formes littéraires. Ainsi l'épigramme, que nous allons définir, peut-il être considéré comme une des sources du mot d'esprit, du *wit* ou du *Witz* (voir le chapitre « Les jeux de l'esprit »), avec lequel il entretient de nombreuses affinités. Le proverbe et la sentence, que nous allons distinguer, sont également la source de nombreux aphorismes, maximes, citations, exergues, etc. Il s'agit donc à la fois de repérer la spécificité de ces formes, tout en ayant conscience que celles-ci ont fait l'objet d'une compréhension et d'une réception qui peuvent varier parfois de manière très sensible au cours de l'histoire.

L'ÉPIGRAMME

Originellement inscription sur un bâtiment, œuvre d'art etc. pour en éclairer la signification, l'épigramme est une « inscription », gravée sur un monument, plus particulièrement sur un tombeau ou un socle de statue et destinée à donner sous une forme « lapidaire » un renseignement sur le personnage enseveli ou statufié :

Cléotas dort ici. Pleure sur son tombeau,
voyageur. Il mourut tout jeune ; il était beau
(Inscription funéraire du VIe siècle trouvée à Athènes, traduction
Marguerite Yourcenar, *La Couronne et la Lyre*, p. 93)

Les caractéristiques de l'épigramme antique en sont le mètre, le distique élégiaque (en raison de ses origines funéraires), sa brièveté en raison du matériau (pierre, marbre) sur lequel elle est gravée, sa thématique limitée souvent aux qualités des personnes et l'interpellation du passant. Mais assez rapidement elle se libère de ses origines pour désigner tout poème concis et bref, la plupart du temps caractérisé par une ironie mordante. Son caractère de socialité servant à exprimer des sentiments particuliers (qu'il s'agisse de vers accompagnant un cadeau ou une épigramme érotique), qu'elle ait une référence réelle ou soit une pure fiction.

Le fondateur du genre passe pour être Simonides de Céos, qui sera suivi par Kallimachos, Leonidas de Tarente, Asklépioades de Samos. Parmi les Romains, Catulle et Martial sont, bien avant Ausone et Claudien, les grands modèles du genre.

Martial, pour qui « un grand livre est un grand mal », assigne à l'épigramme une fonction de divertissement carnavalesque (une saturnale littéraire disent R. Martin et J. Gaillard dans *Les genres littéraires à Rome*). À ce titre elle fait fi de la décence, de la respectabilité et de la pudeur. Elle s'oppose à l'épopée en ce qu'elle prend la vie à ras de terre : point de dieux, de héros, mais des hommes réels saisis dans leur activité quotidienne et concrète.

On comprend qu'elle se rapproche de la satire dont elle n'a cependant pas les ambitions morales ou philosophiques. Ce qui l'intéresse avant tout c'est l'art de la « pointe », dans lequel elle trouve sa raison d'être, dague acérée qui transperce l'ennemi et que R. Martin et J. Gaillard comparent au « smash à la volée ». Le caractère inattendu, surprenant caractérise cet art qui prend le lecteur au dépourvu et au débotté.

Si Ligéia compte autant d'ans
qu'elle a de cheveux sur la tête,
elle a trois ans (Martial, XII, 6)

Sa concision et la forme privilégiée du distique (mais l'épigramme peut également avoir 4, 6, 8 vers ou parfois plus) conviennent à l'expression d'une conception antithétique de la vie telle qu'on la voit fleurir à l'époque baroque, particulièrement en Allemagne où Fleming, Grob, Logau, Wernicke en usent tout comme Opitz.

Entièrement fondée sur l'attaque ou la louange, elle ne remet pas l'ordre en cause et ne cherche pas autre chose qu'à épingler une particularité, bien qu'il arrive qu'elle puisse prendre une portée plus générale quand son objet le lui permet.

Elle est composée de trois parties : son titre, l'attente et la solution. Tout converge vers le trait final. Lessing définissait son mécanisme binaire par le suspense et par la surprise. Différente en cela de l'aphorisme, isolé contextuellement et qui ne livre que la dernière de ces trois parties, elle forme un texte entier et l'on a pu dire que si l'aphorisme était un torse, l'épigramme était la statue. Élégiaque ou satirique, l'épigramme se précipite vers sa fin.

C'est Marot qui a véritablement acclimaté ce produit d'importation italienne en France. Il appelle du nom d'épigramme ses poèmes préalablement publiés comme Dizains, Huitains, Blasons, Envois et Étrennes. Il est vrai que le blason est un genre relativement distinct de l'épigramme (sa longueur est d'ailleurs très variée). Marot a, comme le souligne Émile Faguet, toutes les qualités de l'épigrammatiste ; il est clair, vif, spirituel, il a l'expression trouvée et inattendue, l'apparence facile et la précision savante ainsi qu'une naïveté narquoise qui fait merveille dans l'attaque et la raillerie.

« Le plus court et le plus aisé des ouvrages de poésie », comme le dit le Père Michel Mourgues dans son *Traité de poésie française* (1685), peut faire porter son jeu sur les mots ou sur les pensées. Ainsi J. B. Rousseau :

> Ci-gît l'auteur d'un gros livre
> Plus embrouillé que savant.
> Après sa mort il crut vivre,
> Et mourut dès son vivant. (Épigramme de J. B. Rousseau)

ou encore :

> Merteuil paraît ce qu'elle veut paraître,
> Et juge bien dans son petit boudoir.
> Pour juger mieux, elle devrait peut-être
> Apprendre enfin ce qu'elle croit savoir. (Épigramme de P. D. E. Lebrun)

Ce genre « capable tant de facéties que de choses sérieuses » (Jacques Peletier, *Art poétique*, 1555) porte sur un seul objet : « L'épigramme plus libre, en son tour plus borné, / N'est souvent qu'un bon mot de deux rimes orné » (Nicolas Boileau-Despreaux) et exige du lecteur une certaine participation et compréhension qui, quand celle-ci est trop sollicitée la rapproche de l'énigme.

L'épigramme a fait fortune, et particulièrement dans les diatribes politiques ou littéraires (comme les *Xénies* de Goethe de 1797). Sa concision peut la rapprocher de l'aphorisme et sa forme le plus souvent versifiée de la poésie brève. On a pu ainsi dire que le madrigal est une épigramme amoureuse. La « fraszka » polonaise, que l'on peut traduire par « bagatelle », est une forme originale qui se rapproche à la fois de l'épigramme par son caractère versifié mais aussi de l'histoire drôle. D'une manière très générale, la forme binaire de l'épigramme, sa concision et sa pointe finale, dépasse le cadre même du genre pour désigner une forme épigrammatique propre à de nombreuses poésies brèves, quatrains, etc.

XÉNIES

Le mot de xénies tire étymologiquement son origine de xénos, qui signifie étranger en grec ancien. À l'origine la xénie était un contrat d'hospitalité dans la Grèce ancienne, les contractants écrivant leurs noms sur une tablette qui était brisée et dont chacun conservait la moitié[1]. Il prend ensuite une autre signification, celle des présents que l'on faisait aux hôtes pour renouveler l'amitié et le droit d'hospitalité. Ces présents ont fait l'objet de représentations picturales, sous forme de natures mortes, représentant fleurs, fruits et objets offerts. Cette épigramme de Philodème de Gadara, dédié à Priape, fait revivre le tableau de ces natures mortes :

> Une tendre grenade jaune
> Une figue à la peau ridée
> Une jeune pousse verte de vigne rousse
> Une pomme satinée au parfum suave
> Une noix enclose dans sa bogue verte
> Un melon jaune tout frais retiré du sol jonché de feuilles

1 Voir *Le Livre de l'hospitalité* (éd. A. Montandon), Bayard, 2004.

Et une olive presque mûre à la peau dorée
Tout cela Ô Priape, ami des voyageurs
Lamo, le jardinier te l'a dédié, te suppliant d'impartir vigueur
À ses arbres... et à lui même[2].

Xenia et *Apophoreta* du poète romain Martial voient le jour dans les années quatre-vingt de notre ère et constituent respectivement les livres 13 et 14 des livres d'épigramme. Les *Xenia* comprennent 127 distiques qui sont autant de petites inscriptions qui accompagnent les cadeaux adressés à des amis et font preuve d'humour et d'esprit. Cette coutume d'accompagner les présents de vers semble avoir été assez répandue à l'époque de Martial. On en trouve d'autres exemples en dehors du recueil lui-même, tel celui-ci :

Parva suburbani, munuscula mittimus horti :
Faucibus ova tuis, poma, Severe, gulae.

« Je t'envoie de petits présents du jardin proche de la ville
Pour ta gorge des œufs, pour ton palais, Seveus, des fruits. »

La brièveté de l'épigramme et son modeste contenu sont en harmonie avec la simplicité du présent. *Apophoreta*, issu du terme grec Ἀποφόρετα, signifiant « ce qu'on peut emporter » comporte 223 épigrammes qui servent à désigner avec fantaisie et parfois sous forme de calembours des objets divers qu'il s'agissait de deviner lors de jeux de loterie entre amis qui emporteront à la fin du repas l'objet deviné. Pétrone dans le *Satiricon* en donne un exemple célèbre. Il semblerait que ce soit Martial qui est donné le nom de Xenia au genre par l'intermédiaire de son recueil, et que le nom générique ait été oublié avant sa reprise spectaculaire à la fin du XVIIIe siècle.

Tombé en désuétude, le terme connaît une brusque et retentissante actualité lors de la publication fin septembre 1796 des *Xenien* de Goethe et de Schiller, dans le *Musen-Almanach auf das Jahr 1797*, qui est à l'origine d'une grande querelle littéraire, la plus célèbre polémique de toute l'Allemagne littéraire. C'est Goethe, qui irrité par le compte-rendu critique des *Heures* qui a le premier l'idée d'une telle publication qu'il expose à Schiller dans une lettre du 23 décembre 1795 : « Je suis d'avis

2 Version de Salvatore Quasimodo in *Eaux et Terres (Acque e terre. Poesie)*, Florence, Edizioni di « Solaria », 1930).

que nous cultivions l'idée, qui m'est venue ces jours-ci, de composer à l'adresse de toutes les revues des épigrammes formées chacune d'un unique distique, dans le goût des Xénies de Martial, et que nous en donnions une série dans votre almanach des Muses. Il faudra que nous en fabriquions une grande quantité, après quoi nous choisirons les meilleures ».

Avec ce recueil d'épigramme, les deux poètes attaquèrent en effet avec une véhémence extraordinaire trois générations du monde littéraire germanique.

L'histoire ne s'arrête pas là, car Goethe rassembla sous le titre de *Xénies apprivoisées* (*Zahme Xenien*) la plupart des maximes versifiées qu'il écrivit de 1815 à la fin de sa vie. Goethe a noté que les termes pouvaient paraître contradictoires, mais il insiste le caractère à la fois maîtrisé et sauvage d'une telle production, où alternent sérieux et plaisanterie. Ces trois mille vers qui laissent transparaître mille réflexions diverses sont fortement disparates. Ils adoptent une structure dialogique qui prend parfois l'aspect de miettes autobiographiques ou de fragments de confession dont le contenu est des plus mouvants, tantôt singulier, tantôt universel.

Cette publicité faite autour d'un genre oublié, particulière de l'épigramme, suscita de nombreuses imitations au cours du XIXe siècle dans les pays de langue germanique. Depuis le coup d'éclat de Goethe et de Schiller les xénies sont devenues la forme de l'épigramme polémique par excellence, reprises comme telles par Kleist, Böttiger, Immermann, Platen, Heine et plus épisodiquement par de nombreux auteurs (Schlegel, Hebbel, Georg Herwegh, Rückert), et au XXe siècle par des écrivains comme Bobrowski, Heiner Müller, Peter Hacks, Volker Braun, Arno Schmidt, etc. c'est-à-dire par de nombreux auteurs qui voient en cette forme l'expression contestataire par excellence.

Une telle forme autorise son auteur à négliger les normes de la communication littéraire et les canons du goût, sa fonction résidant dans la provocation. Les xénies ne sont plus des cadeaux, mais bien au contraire les éléments les plus agressifs et subversifs du discours littéraire.

Parfois prises tout simplement comme synonyme d'aphorismes, elles sont publiées sous ce titre. Ainsi Eugenio d'Ors en 1920 et André Suarez entre 1918 et 1920. Dans une lettre à son éditeur Émile-Paul du 2 mars 1922 il s'explique sur le choix de ce terme peu commun, indiquant qu'il s'agit d'un livre d'épigrammes qui sont pour lui « les flèches de l'archer du roi ». Le poète italien Eugenio Montale a publié des Xenia écrites d'avril 1964 à février 1966, regroupées dans le volume *Satura*. Il s'agit bien de xénies au sens originel du mot puisque ces vers sont un cadeau posthume du poète à sa femme Drusilla Montale, décédée en 1963. Offrande votive donc mais également xénies au sens épigrammatique de Goethe et de Schiller. Évoquant la figure silencieuse qui ne laisse aucune trace, mais dont la forte myopie est compensée par un sens infaillible, un radar de chauve-souris, le poète écrit ces deux vers :

> Entendre était ta seule façon de voir.
> La note de téléphone s'est réduite à bien peu.

Il écrivit d'autres xénies (*Altri Xenia*) poursuivant ainsi l'écriture du deuil impossible dans la remémoration d'instants de vie, à l'hôpital, en descendant des escaliers, en buvant du vin, au Portugal, en Grèce, en Normandie.

Jude Stéfan reprend le terme pour publier en 1992 un ouvrage, *Xénies*, qui reprend à la fois le sens de présents à des amis étrangers, mais aussi d'« inscriptions à caractère incisif » en s'appuyant sur le mot d'Auguste Comte suivant lequel « le vrai goût suppose toujours un vif dégoût ». Des notes, des réflexions littéraires, des interviews composent ces xénies dont le sens semble devoir signifier que toute littérature est un présent, ce que Mallarmé appelait le don du poème.

PROVERBE

Le proverbe se donne, dans sa formulation brève, elliptique et imagée, comme une vérité d'expérience, comme un conseil de sagesse pratique commun à tout un ensemble social. Ses principales caractéristiques en sont d'une part son origine orale et collective : en effet, son origine en est ignorée ou repoussée dans un temps archaïque quasi immémorial et il est transmis de « bouche à oreille », comme une rumeur, mais une rumeur qui se serait fixée et qui serait vraie. Cette origine intemporelle est également (la plupart du temps et sauf exception) anonyme :

l'énonciateur en est indéterminé. Cette impersonnalité propre à une sagesse collective se caractérise d'autre part par la fixité de sa structure, un style propre, reconnaissable, qui lui assure immédiatement son statut de savoir catégorique et invariant. Cette sagesse proverbiale semble être une garantie contre le temps et une référence stable et immuable par delà les singularités et les subjectivités. « Le proverbe est une sorte de court poème, souvent rimé, toujours rythmé d'une certaine manière, de façon que la mémoire machinale ne le déforme pas aisément. Ainsi il se fait notre importun compagnon. L'agitation même de notre esprit fait surnager le proverbe ; nos folles pensées ne peuvent l'entamer. » (Alain, *Les passions et la sagesse*)

Frédéric Seiler dans son étude célèbre sur le proverbe allemand (*Deutsche Sprichwörterkunde*, 1922) définit celui-ci comme « une locution ayant cours dans le langage populaire, refermée sur elle-même, ayant une tendance au didactisme et une forme relevée ». A. Jolles s'attache à la critique de cette notion de caractère populaire, qui est évidemment assez embarrassante en raison de son imprécision même. Herder et l'idéologie romantique n'ont pas manqué de rapprocher le proverbe de la poésie populaire, du conte populaire et de toutes ces productions issues des profondeurs mystérieuses de l'esprit d'un peuple (*Volksgeist*). « En tant que totalité le "peuple" ne crée rien. Toute création, toute invention, toute découverte procède toujours d'une personnalité individuelle. Il faut nécessairement que tout proverbe ait été énoncé un jour et quelque part. Après qu'il eut plu à ceux qui l'entendirent ils le propagèrent comme locution proverbiale et on l'a probablement retaillé ensuite et retouché jusqu'à ce qu'il ait une forme pratique pour tout le monde et soit devenu ainsi un proverbe universellement connu. » (Seiler).

Ce débat sur l'origine et la nature du proverbe ne peut cependant occulter plusieurs faits. D'une part cette forme locutoire a été privilégiée, pour des raisons que nous préciserons, de tous temps, et dans toutes les civilisations et cultures orales. Il faut distinguer ensuite la création de la locution et le moment de son acception comme tournure proverbiale. Des citations d'œuvres littéraires sont devenues en assez grand nombre des proverbes (ainsi certains vers des fables de La Fontaine, ou encore le célèbre « Il faut manger pour vivre et non vivre pour manger »). Or ce qui caractérise cette transformation et ce changement de statut de la locution est le fait que celle-ci prend en quelque sorte une valeur universelle, détachée du contexte littéraire dans lequel elle a été créée, ce qui permet d'oublier sans grande conséquence le nom de son inventeur. L'acception comme proverbe d'une locution correspond à un changement du niveau d'appréhension et implique que la locution soit devenue et ait été reconnue bien commun à tout un groupe social. La notion de « populaire » est beaucoup trop large ; il convient de préciser le groupe social de référence, car il existe des catégories de proverbe (comme il existe des argots) propres à des métiers, des catégories sociales particulières. Le proverbe vaut comme résumé d'une expérience ayant valeur de généralité et exprime avec couleur, image, vivacité et rythme une sagesse issue d'un ensemble social. La fixité de la structure, l'impersonnalité de l'énonciateur font de l'expression proverbiale une assertion catégorique non-critique.

MAXIME ET PROVERBE

Ceci a permis à Roland Barthes (dans son introduction aux *Maximes* de La Rochefoucauld, Paris, 1961) d'opposer judicieusement la maxime et le proverbe comme le bourgeois et le populaire. Opposition qui certes reste à nuancer fortement (ne serait-ce que par les limites difficiles à établir entre les deux formes), mais qui est assez opératoire. « Le proverbe, ancestral, participe encore d'une saisie instrumentale du monde comme objet. Le proverbe populaire prévoit, beaucoup plus qu'il n'affirme. Il reste la parole d'une humanité qui se fait, non qui est. L'aphorisme bourgeois appartient au métalangage, c'est un langage second qui s'exerce sur des objets préparés. Sa forme classique est la maxime. Ici, le constat n'est plus dirigé vers un monde à faire, il doit couvrir un monde déjà fait. » Mais outre cette première distinction, une seconde s'impose : le proverbe est un langage premier, la maxime ressortit du métalangage. Au discours « transpersonnel » de la collectivité, la maxime ou l'aphorisme témoigne d'une « défiance envers le langage et d'une incapacité à communiquer, parent d'un mépris de la langue commune qui est conçue comme un instrument avili. Le proverbe fait le contraire : il se fait dans et non contre la langue commune. Il réalise au lieu de soupçonner » (Barthes).

L'opposition à cette forme « commune », « populaire », « vulgaire » est souvent présente. La volonté de distinction s'oppose à la force primitive du proverbe auquel on préfère des formes plus raffinées, plus subtiles et plus cultivées. Ainsi Lord Chesterfield disait-il dans une lettre de 1741 à son fils : « un homme distingué n'a jamais recours aux proverbes et aux aphorismes vulgaires » (*a man of fashion never has recourse to proverbs and vulgar aphorisms*).

Si la maxime crée une distance, le proverbe adopte une familiarité (« style familier que l'on n'emploie guère que dans la conversation » dit l'*Encyclopédie* de Diderot) issue de l'expérience empirique et multiforme, ce qui explique par ailleurs les multiples contradictions existant entre les proverbes, sans que leur validité soit remise en question pour autant (ce que notait un personnage de Musset, Emmeline : « J'aime peu les proverbes [...] parce que ce sont des selles à tous chevaux ; il n'en est pas un qui n'ait son contraire et, quelque conduite que l'on tienne, on en trouve un pour s'appuyer »). L'aspect didactique doit donc ici être fortement nuancé, car le proverbe ne donne qu'une réalité toute faite. Son enseignement reste limité à une conclusion. Ce caractère conclusif du proverbe comme « fin-mot et mot de la fin » est explicité ainsi par Wilhelm Grimm : « Le vrai proverbe populaire ne donne pas volontairement un enseignement. Il n'est pas le résultat de considérations solitaires mais le jaillissement fulgurant d'une vérité ressentie de longue date et qui trouve elle-même son expression la plus haute ». Il faut souligner en revanche le caractère opératoire de l'assertion proverbiale, de ces règles de sagesse qui sont des règles d'action et de vie, et qui déterminent actions et comportements. L'abbé Prévost, dans son *Dictionnaire portatif*, définissait le proverbe comme une « maxime ou sentence courte et sensée, fondée ordinairement sur l'expérience et capable d'instruire ou de corriger ».

LE CHAMP THÉMATIQUE DU PROVERBE

Le champ thématique du proverbe est fort vaste. On pourrait dire qu'un recueil de proverbes est un livre de recettes applicables à tous les champs de l'expérience, car ils concernent le temps, ses divisions et ses prévisions : « Quand octobre prend fin / La Toussaint est au matin » ; « À la saint Antoine / Les jours croissent le repas d'un moine » ; « S'il pleut le jour de saint Médard / Il pleuvra quarante jours plus tard », etc. Les travaux des champs : « Qui dort en Août dort à son coût » ; « Labour d'été vaut fumier » ; « Qui sème dru récolte menu / Qui sème menu récolte dru ». Des recettes de toutes sortes concernant la vie quotidienne sous tous ses aspects : « Il n'est sauce que d'appétit » ; « Qui n'a patience, il n'a rien / Qui attendre peut, a ce qu'il veut » ; « Fais ce que dois, advienne que pourra » ; « Souvent femme varie, bien fol est qui s'y fie » ; « Ce que femme veut, Dieu le veut » ; « Qui aime bien châtie bien ». Des conseils concernant la vie en société comme ceux de ne pas se mêler des affaires du voisin (« Chacun mouche son nez »), ne pas prêter d'argent (« Au prêter Dieu, au rendre Diable »), éviter les querelles, ne pas se fier aux apparences, etc.

Dans son étude des *Proverbes et dictons français* (PUF, Que sais-je ?, 1956), Jacques Pineaux montre qu'en opérant une classification de l'homme et du monde, le proverbe fait entrer la chose ou la situation considérée dans des cadres bien connus. Être riche comme Crésus ou être comme l'âne de Buridan, ou encore être bavard comme une pie, etc. S'il y a là une fonction de régulation, de mise en ordre de l'expérience, il y a aussi stéréotypie volontaire qui sera dénoncée par les diverses entreprises de subversion proverbiale qui cherche soit à en ridiculiser le caractère mécanique soit à en dénoncer la fausse et prétendue sagesse. Nous reviendrons sur cette utilisation du proverbe en littérature.

LE DÉPOSITAIRE DE L'HUMANITÉ

La présence de proverbes est attestée depuis la plus haute antiquité, à Sumer, en Égypte, dans la Bible (avec le livre des Proverbes), en Grèce (voir le *Corpus Parœmiographorum* de E. Leutsch et F. G. Schneidewin, Göttingen, 2 vol., 1839-1851) et les recueils des paroémiographes grecs tels que Zenobius, Diogenianus, Cyprius, etc. ; dans l'antiquité latine dont la sagesse fait l'objet de savants et pratiques recueils dès le Moyen Age (*Les Diz et Proverbes des Sages*, le *Dialogue de Marcoul et Salomon*, le *Recueil de Estienne Legris* (15e siècle) ; et surtout à la Renaissance qui, avec Érasme dans ses *Adages* (1500, etc.), avec Baïf et ses *Mimes, enseignements et proverbes* (1576), avec les *Distiques* de Caton et d'autres, se plaisent à faire jouer ensemble proverbes populaires et sagesse antique (comme on le voit avec Pantagruel et Sancho Pansa). Mais on se méfie tout autant de cette « raison paresseuse » porteuse d'opinion vulgaire qui fait tout « croire à crédit » (comme le dit Henri Estienne dans son *Apologie d'Hérodote*). Instrument de rire et de moquerie au Moyen Age, le proverbe est apprécié pendant la Renaissance pour ses paradoxes.

Les recueils de proverbes qui se multiplient à la Renaissance, sont un objet d'intérêt croissant pour la philologie et la pédagogie : ainsi Henri

Estienne leur accorde-t-il une large place dans son *Projet de livre intitulé de la Précellence du langage françois* (1579) tout comme Étienne Pasquier qui lui aussi s'attache à donner des explications à ceux dont le sens peut être devenu obscur avec l'usage et le temps. Mieux, le proverbe à travers les âges signifie la continuité de l'humanité. Ainsi Michelet à propos d'Érasme écrit : « On vit que la majeure partie de ces proverbes antiques n'en étaient pas moins modernes, que l'antiquité n'était pas un illisible grimoire, monopole des savantasses, qu'elle était nous-même, et l'homme éternellement identique. » L'idée prévaut que le proverbe est en quelque sorte le dépositaire de la richesse de la langue et d'une culture dont l'étude philologique et étymologique montrera toute l'étendue et l'intérêt (Fleury de Bellingen (*L'étymologie ou explication des proverbes français*, 1656), Antoine Oudin (*Curiosités françaises*, 1640)) ; une approche plus scientifique sera faite par Leroux de Lincy avec son *Livre des proverbes* (1859) qui divise les proverbes en différentes catégories.

PROVERBE ET LITTÉRATURE

L'insertion du proverbe dans la poésie (chez Villon par exemple), dans la rhétorique (« un proverbe peut avoir une grande force, soit que tu veuilles persuader, soit que tu réfutes l'adversaire » écrit Érasme), au théâtre (dans les moralités, mystères, soties ou farces de la littérature médiévale par exemple), dans le roman (roman de Renard, romans de chevalerie, etc.), est fréquente et à finalités diverses (conclusion morale, réflexion comique, reprise rythmique à valeur de point d'orgue, etc.). Rabelais en fait un usage comique quand il les accumule pour signaler les extravagances du jeune Gargantua qui

> se cachait en l'eau pour la pluie, battait à froid, songeait creux, faisait le sucré, écorchait le renard, disait la patenôtre du singe, retournait à ses moutons, tournait les truies au foin, battait le chien devant le lion, mettait la charrette devant les bœufs, se grattait où ne lui démangeait point, tirait les vers du nez, trop embrassait et peu étreignait, mangeait son pain blanc le premier, ferrait les cigales, se chatouillait pour se faire rire, ruait très bien en cuisine, faisait gerbe de feurre aux dieux, faisait chanter Magnificat à matines et le trouvait bien à propos, mangeait choux et chiait poirée, connaissait mouches

> en lait, faisait perdre les pieds aux mouches, ratissait le papier, chaffourait le parchemin, gagnait au pied, cirait au chevrotin, comptait sans son hôte, battait les buissons sans prendre les oisillons, croyait que nues fussent pailles d'airain et que vessies fussent lanternes, tirait d'un sac deux moutures, faisait de l'âne pour avoir du bren, de son poing faisait un maillet, prenait les grues du premier saut, ne voulait que maille à maille on fit les haubergeons, de cheval donné toujours regardait en la gueule, sautait du coq à l'âne, mettait entre deux vertes une mûre, faisait de la terre le fossé, gardait la lune des loups, si les nues tombaient espérait prendre les allouettes toutes rôties, faisait de nécessité vertu, faisait de tel pain soupe, se souciait aussi peu des rais comme des tondus, tous les matins écorchait le renard. (*Gargantua*, livre I, De l'adolescence de Gargantua)

Le proverbe lui-même a pu donner naissance à une forme dramatique, à des saynètes improvisées en société dans lesquelles le jeu consistait à reconnaître un proverbe (comme l'avait fait Mme de Maintenon pour les demoiselles de Saint Cyr) ou de manière plus élaborée à des « Proverbes dramatiques » comme ceux de Carmontelle (1768), genre auquel Collé, Moissy, Musset, O. Feuillet et d'autres contribuèrent.

Un autre usage a pu naître de la forme proverbiale sous le nom de « wellérisme », du nom de Sam Weller, héros de Dickens, qui pratiquait avec prédilection cette forme de micro-récit procédant de la citation et défini par Arnold van Gennep comme une « forme de dicton stéréotypé qui consiste à faire appel pour affirmer un fait ou prouver une morale à un témoin imaginaire. » Distinctes de la citation savante, ces références populaires ont une fonction ironique qui naît fréquemment de l'écart créé par le locuteur fictif et la citation tout autant fictive. (« Viens, nous allons pécher, dit le pécheur au ver de terre » ; « Tout le monde peut se tromper, dit le hérisson descendant de la brosse à habit » ; « Le temps c'est de l'argent, dit l'agent comptable qui rajouta la date »).

Caractérisé par une manière de parler particulière, le proverbe est un « chef d'œuvre langagier en miniature » d'une forte prégnance grâce à des connotations réalistes, une forme binaire simple, un style « télégraphique » dans lequel sont fréquemment omis articles, verbes ou pronoms relatifs, un usage répétitif d'allitérations, d'assonances, de similitudes, de métaphores ou de comparaisons. Ces locutions figées peuvent faire l'objet de réécriture au second degré, le proverbe devenant l'hypotexte d'une parodie ou d'un pastiche. Balzac déjà dans *Un début dans la vie* fait dire à Schinner : « Dis-moi qui tu hantes et je te dirai qui tu hais ». Les transformations peuvent donner lieu à toutes sortes de variations (*cf.* Christian Moncelet, « À travers un étrange proverbier », in *Formes littéraires brèves*) tout en respectant plus ou moins les contraintes formelles du genre. « À bon chameau, bon rameau » (Boris Vian), « Il ne faut pas poéter plus haut que son luth » (Willy) ne contredisent pas les lois du genre.

Ainsi les *Cent cinquante deux proverbes mis au goût du jour* de Paul Éluard et Benjamin Péret subvertissent le caractère mécanique et trivial du proverbe dans une parodie surréaliste pleine de saveur avec « glissements progressifs du signifiant » (M.-P. Berranger) : « Il n'y a pas de désir sans reine » ; « qui sème des ongles récolte une torche » ; « La métrite adoucit les flirts » ; « il n'y a pas de cheveux sans rides » ; « un albinos ne fait pas le beau temps », etc. D'autres écrivains ont cédé à la tentation de créer de nouveaux proverbes, tels Vialatte, Tardieu, Pierre Dac, Cavanna, Pierre Desproges, Elsa Triolet, etc. Le jeu surréaliste dénonce la sagesse des nations et introduit grâce à la mécanique proverbiale de nouvelles rencontres non sans quelque aléatoire poésie. Il nous avertit que nous prenons conscience de la structure syntaxique de la phrase avant de prendre connaissance de la signification de morphèmes isolés.

Cette sensibilité aux schèmes formels (d'autres parleront d'inconscient du langage) peut également caractériser un esprit figé et replié sur des habitudes et des automatismes. Rachid Boudjedra dans *L'Escargot entêté* (1977) utilise admirablement ce tic langagier, mécanisme obsédant et obsédé de l'énonciation proverbiale pour signifier ce qui « s'entête » dans le cerveau de son narrateur gagné par la folie et qui tente de se raccrocher à la loi de la mère, dont le lecteur comprend assez vite qu'elle n'est pas tout à fait étrangère au délire de son fils. Le narrateur monologuant de Boudjedra cite ainsi une série de proverbes arabes, sagesse orale qui oppose ses raisons au rationalisme administratif dans lequel il est englué et qui est une espèce de rempart fétiche maternel derrière lequel il abrite sa raison vacillante. En accentuant le mécanisme de répétition du proverbe, un discours figé s'élabore sous les yeux du narrateur : « Ma mère disait on ne cache pas le soleil avec un tamis [...] Elle disait l'abstinence sied aux honnêtes gens et fait du bien aux poumons [...] Ma mère disait la pluie en mars, c'est de l'or en barre [...] Ma mère m'a appris à ne pas me mettre entre les deux bosses du chameau », etc. Analphabète, elle avait « un répertoire de proverbes fabuleux. Raccourcis fulgurants de la réalité verglacée et craquelée ! » Proverbes prodigieux qu'elle cultivait ainsi que la menthe pour le thé dont elle consommait plusieurs litres par jour. « Ses proverbes sont une source constante d'enrichissement pour moi. Je les ai mis sur fiches d'ailleurs. Une centaine environ ». On comprend que son fils la considère comme infaillible. Ce roman est tout à fait exemplaire de l'utilisation qu'un écrivain peut faire du proverbe comme d'une sagesse mécanique non critique qui rythme de ses lois souvent contradictoires mais péremptoires le cours de la vie. Il n'est pas étonnant que ce soit un être dont l'esprit vacille qui se raccroche ainsi à des vérités toutes faites, dernières certitudes avant le délire.

GNÔMÈ

Les sentences, *gnômès*, proverbes font partie pour Jolles des formes simples qui tendent à énoncer des vérités générales pour un large public. Les définitions sont variables d'un auteur à l'autre et trahissent les frontières très mouvantes entre des genres apparentés. Ainsi sentence, *gnômè* et maxime sont-ils souvent pris pour synonymes. On peut opposer le proverbe à la *gnômè* et à la sentence par la personnalisation du locuteur chez ces dernières. Leurs formes sont plus littéraires et souvent plus abstraites et d'une pensée plus exigeante. Ils visent moins la brièveté pour la brièveté que l'exposition, certes concise, d'une pensée mais d'une expression plus étendue.

Locution brève en vers ou en prose rythmée à contenu didactique, la locution gnomique est fort ancienne et se retrouve dans toutes les littératures (hindoues, arabes, perses, hébraïques, etc.). Homère en parsème son épopée, Hésiode y trouve un mode d'expression privilégié.

Gnômè signifie à la fois « pensée », « jugement », « résolution », « sentiment », « état d'esprit », « mentalité » et par là une faculté de juger, une intelligence qui en font un synonyme d'avis, d'opinion, de bon sens, de constatation et aussi naturellement de « sentence ». Déclaration de caractère universel et commun, elle a pour domaine la vie et l'action humaine et elle permet de distinguer le bien du mal, la bonne de la mauvaise conduite. Aristote dans sa *Rhétorique* dit que c'est une vérité utile pour l'action, car une pensée rigoureuse est un guide pour exercer son devoir. Il la rapproche de l'enthymème, mais l'en distingue en ce qu'elle se passe de l'étape intermédiaire du syllogisme : « Ne garde pas de rancune immortelle, étant mortel. »

Particulièrement célèbres furent les mimes de Publilius Syrus qui abondaient d'énoncés gnomiques. Le genre du mime, poésie dramatique comique ou bouffonne, proche de la farce, était semé de traits d'esprit, de sentences et de maximes. Le recueil des sentences de Publilius a sans doute été composé à partir de ses mimes.

La gnômè a donc un caractère général et une finalité : son application pratique à la vie humaine, sous un aspect éthique et pratique. De ce savoir général qui permet une action lucide, on peut rapprocher la chrie (du grec *chreia*), beaucoup plus concrète et définie par Hermogène comme la courte mention d'un fait ou d'une parole à intention didactique. Parole utile, fait significatif, mot piquant ou sentencieux, elle diffère du mémorable par sa brièveté, « court récit ordonné en vue du mot ou du geste final ». Ces dits et anecdotes, particulièrement prisés par les cyniques et les stoïciens, firent l'objet de recueils, et, en raison, de leur brièveté moralisatrice eurent une place importante dans la philosophie morale. Sénèque écrivait : « on retient plus facilement une pensée limitée ». Outre leur valeur éthique, on appréciait leur valeur pédagogique et Quintilien les range dans les exercices scolaires (*Institution oratoire*, I, 9, 3-5 ; II, 4, 26).

Plus limité encore, le *précepte* qui vise à donner des maximes précises de comportement. Les ouvrages à destination de la jeunesse, les livres de civilité depuis Érasme ou les livres de préceptes moraux de toutes sortes compilent plus ou moins méthodiquement ces axiomes de moralité. Sénèque justifiait ainsi cette forme : « Les préceptes ont par eux-mêmes beaucoup de poids, surtout si on les fait entrer dans la forme du vers ou si la prose les resserre en sentences bien frappées, comme ces adages de Caton : *Achète non l'utile, mais l'indispensable.* Telles encore les réponses d'oracles ou les maximes qui en imitent le tour : *Ménage le temps, Connais-toi toi-même*… Ces vérités se passent d'avocat. Elles ont une action directe sur le sentiment ». N'oublions pas que les *Distiques* de Caton comme les *Quatrains* de Pybrac furent lus, étudiés, appris par cœur par de nombreuses générations d'élèves chez lesquels ces semences de vérité devaient germer, car, pour reprendre Sénèque :

« l'âme renferme certaines notions mal éclaircies qui ne deviennent vérités pratiques qu'en passant par les formes du langage. »

SENTENCE

À la différence des citations ou locutions proverbiales, les sentences (qui ont une extension plus vaste que la locution gnomique) sont d'un usage plus érudit. La *sententia* est une opinion, un jugement, une formulation brève, concise et à compréhension universelle et tirée d'un contexte. Très généralisée, elle peut prendre une forme proverbiale. Les locutions sentencieuses peuvent dans une acception étendue regrouper des énoncés généraux, concrets comme le proverbe ou plus abstraits comme l'aphorisme et la maxime qui proposent des règles de vie, des énoncés plus restreints comme le slogan ou l'apophtegme, ou très spécifiques comme le dicton, la devise ou certains adages particuliers.

Le mot *sententia* chez les anciens Latins signifiait tout ce qu'on a dans l'âme, tout ce que l'on pense (*ex animi sententia*) pour marquer que nous parlons sincèrement et selon notre pensée. Ces phrases que les hommes aiment à prononcer avec conviction frappent l'esprit, y pénètrent souvent d'un seul coup, s'y fixent mieux « en raison de leur brièveté même et persuadent par le plaisir qu'elles causent » (Quintilien). Cette brièveté est offensive, elle décoche des traits pénétrants. La sentence est « un tout bien rond » ; elle renferme une pensée complète, autonome, suffisante. Elle est achevée et pour ces raisons souvent placée en fin de période.

Si notre siècle a une sainte horreur des sentences de toutes sortes, on ne saurait trop imaginer combien ces pensées ingénieuses et brillantes (« simples, composées, vraies, hyperboliques, qui exhortent, qui détournent, qui exposent une vérité ») furent prisées jusqu'au XVIIIe siècle et combien la forme elle-même fut appréciée non seulement pour les vérités morales et la sagesse qu'elles pouvaient contenir (voir les *Sentencias* de Quevedo), mais également comme exercice pédagogique permettant d'entraîner la mémoire, d'orner l'esprit, de former les cœurs (en inspirant à la jeunesse « l'amour de la vertu et la haine du vice ») et également de former le goût et le style. Bernard Lamy dans son classique ouvrage

La rhétorique ou l'art de parler (1675) en dit le plus grand bien et l'on voit combien la définition qu'il propose, dans sa généralité, pourrait également convenir à la maxime :

> Les sentences ne sont que des réflexions que l'on fait sur une chose qui surprend, et qui mérite d'être considérée. Une sentence se fait en peu de paroles, qui sont énergiques et qui renferment un grand sens ; comme celle-ci : Il n'y a point de déguisement qui puisse longtemps cacher l'amour où il est, ni le feindre où il n'est pas [il s'agit de la maxime 70 de La Rochefoucauld]. On peut mettre au nombre des sentences toutes ces expressions ingénieuses, qui renferment en peu de paroles de grand sens, ou qui disent plus de choses que de paroles. Néanmoins leur prix ne consiste pas tant dans les choses que dans le tour des paroles, ou l'art avec lequel on peut avec peu de paroles dire beaucoup.

Les sentences sont souvent tirées des grandes œuvres en vers ou prose dans lesquelles elles avaient une fonction et qui, séparées de leur contexte, prennent une force plus absolue. Ces anthologies et florilèges proposent un type de lecture psychagogique qui se veut exercice spirituel. La discontinuité en est compensée par la variété que la lecture/promenade procure : « Errant à l'aventure dans les jardins si divers des auteurs, j'ai cueilli les adages les plus anciens et les plus remarquables comme de jolies fleurs de toute espèce et j'en ai composé une guirlande harmonieuse » (Érasme). Ce jardin où chaque pensée a « l'autorité de l'auteur » n'est guère souvent ordonné (car ce serait répondre à la tentation de réintroduire une continuité et un ordre en contradiction avec le principe même des miscellanées) représente l'idéal d'un lieu amène où s'épanouissent dans un agréable et suggestif désordre les fleurs du bien dire et du bien penser.

L'APOPHTEGME

Proche de la sentence, l'apophtegme est une locution au sens concis, le plus souvent d'origine historique pour exprimer la sagesse d'une situation. C'est une parole remarquable, courte, énergique et instructive, prononcée par quelqu'un de poids et de considération ou faite à son imitation. De fait c'est une parole prononcée par un (ou des) personnage identifié et respectable. De nombreux recueils comme ceux de Plutarque, Manutius, Lykostheus, Érasme, Bacon, Harsdörffer, etc. connurent les faveurs du public jusqu'à la fin du XVIIIe siècle. Nombreux sont ceux qui furent créés sur le modèle des anciens, comme *Las Seiscientas Apotegmas* de l'espagnol Juan Rufo (Toledo, 1596). Les *Apophthegmata Patrum* des ermites et moines égyptiens coptes du IIIe au Ve siècle après Jésus-Christ contiennent des sentences incisives sous forme d'un dialogue instructif entre deux frères. Là encore les recueils font office de source et de bibliothèque portative de sagesse païenne ou religieuse.

LA CITATION

On ne saurait passer ici sous silence l'usage de la citation, ce « clou de girofle » (Hobbes) qui selon les uns relève et selon les autres corrompt les mets. Comme technique d'écriture, la citation permet d'introduire les sentences, apophtegmes et autres textes à l'intérieur d'un ensemble plus vaste. La citation qui isole pour la prélever une phrase de son contexte en transforme la nature, tendant à l'isoler en forme brève. Les recueils de citations, ressource utile aux personnes sans mémoire et de culture de seconde main, sont dans leur principe assez semblables aux recueils mentionnés plus haut, mais ils ont un champ beaucoup plus large et puisent à loisir dans l'histoire et les littératures. La citation comme telle a fait l'objet d'une étude brillante de Antoine Compagnon, à laquelle nous renvoyons. La citation peut être un éloge (Aulu-Gelle) ou une accusation (Valéry) ; elle confère à l'énoncé une valeur de signe et introduit dans le texte « qu'elle travaille » une dimension nouvelle, propre aux jeux de l'intertextualité.

L'ÉPIGRAPHE

Dans l'innombrable variété de formes brèves il ne faut pas négliger l'épigraphe, qui est une forme de citation placée en exergue, qui est un mot ou une sentence tirée ordinairement d'un écrivain connu et mis en frontispice d'un ouvrage pour en annoncer le but. On pourrait citer parmi les premières de cet usage, l'épigraphe autographe de La Rochefoucauld à ses *Réflexions morales* « Nos vertus ne sont, le plus souvent, que des vices déguisés » ou celle allographe de La Bruyère, une citation d'Érasme : « J'ai voulu mettre en garde, et non mordre ; être utile, et non blesser ; améliorer les mœurs et non leur nuire. » Plus récente est la pratique que l'on date du roman anglais de la fin du XVIIIe consistant à placer une épigraphe au début de chaque chapitre. Ses fonctions sont celles d'une annonce du texte, de manière parfois énigmatique du fait de la concision obligée (« la fonction de l'exergue est largement de donner à penser, sans qu'on sache quoi », écrit Michel Charles[3]), celle d'un commentaire du texte dont elle souligne une des significations fondamentales, mais elle a aussi pour fonction de contribuer à la tonalité générale, au style ou au « climat », comme le remarque Stendhal : « L'épigraphe doit augmenter la sensation, l'émotion du lecteur, si émotion il peut y avoir, et non pas présenter un jugement plus ou moins philosophique, sur la situation ».

Signal, indice de culture comme l'indique G. Genette *(Seuils)*, l'épigraphe n'est pas pour autant une citation toujours authentique. L'auteur ou l'œuvre peuvent ne pas être mentionnés, la citation peut être tronquée et signifier autre chose que ce qu'elle était censée dire dans l'original d'où elle a été extraite. On pourrait aussi citer comme forme – relativement – brève, la préface qui est un genre particulier et qui a été amplement analysé, en particulier dans l'ouvrage mentionné de G. Genette consacré à tous les paratextes. Enfin on pourrait ajouter dans cette perspective la *note*, énoncé de longueur variable relatif à un segment précis du texte visant à apporter des précisions, des informations complémentaires marginales. Détour, « bifurcation momentanée du texte » (G. Genette), la note est moins une forme brève qu'une forme discontinue. L'écrivain allemand Jean Paul a d'ailleurs imaginé de faire de l'ensemble des notes un second roman qui concurrencerait ainsi le premier texte fictif, roman dans le roman subissant un singulier retournement. Ariane Ferry voyait justement dans certaines notes de bas de page ce qu'elle appelle à juste titre « une provocation à la fiction[4] ». Si, à l'origine, la préface n'est qu'un texte introduisant un texte beaucoup plus long et la note une brève incise dans le cours d'un texte, il arrive que les auteurs transgressent allègrement les codes et les frontières des genres.

3 Michel Charles, *L'Arbre et la source*, Paris, Seuil, 1985, p. 185.

4 Ariane Ferry, « La note de bas de page, une provocation à la fiction », *Notes* (dir. Jean-Claude Arould et Claudine Poulouin), Rouen, Publication des Universités de Rouen et du Havre, 2008, p. 287-300.

LA MAXIME

VERS LA MAXIME

Il y a une grande difficulté à différencier des genres protéiformes qui se recouvrent partiellement. Sentences, apophtegmes ont souvent été qualifiés de maximes. Le Moyen Âge ne distinguait pas le proverbe de la sentence (Proverbes de Salomon, de Sénèque, Mots Dorés, Distiques de Caton, florilèges de toutes sortes). Érasme dans la préface de ses *Adages* donne une définition assez large du proverbe et l'on chercherait en vain à la Renaissance des définitions rigoureuses et cohérentes de cette multitude de formes brèves. La Rochefoucauld parle de *sentences et maximes*. La Bruyère de *caractères*. Ainsi le terme de maxime a-t-il été employé dans des sens assez différents. À l'origine, la maxime est la *maxima sententia*, c'est-à-dire la sentence la plus grande (d'où l'idée de généralité). C'est un concept juridique. Une maxime était un axiome du droit envers lequel aucune objection n'est possible. Elle a pris un sens législatif que La Bruyère définit encore ainsi : « elles sont comme des lois dans la morale ». Ce sont donc des règles de vie et c'est ainsi qu'on a pu qualifier des règles de vie et de sagesse très anciennes : on parle des maximes de Ptahhotep (2450 avant J.-C.), celles du vizir Kagemni (2300 avant J.-C.), du scribe Any (1500 avant J.-C.), autant de préceptes que l'Égyptien doit connaître (personne n'est savant – ne te vante pas de ton savoir, etc.). Les maximes de Ptahottep sont particulièrement intéressantes dans leur structure qui après des principes généraux envisage un grand nombre de situations particulières : « Si tu es dans telle situation – alors fais ceci, sois ainsi, etc. » Citons quelques exemples : « Si tu désires que ta condition soit bonne, sauve toi de tout mal » – « Si tu es homme notable, siégeant au conseil, mets ton esprit en garde le plus possible » – « Si tu mets à l'épreuve le caractère d'un ami, aborde le, et règle l'affaire avec lui seul à seul. » Ces maximes qui reposent sur l'idée fondamentale que le verbe a une valeur magique, prônent la régularité et la constance (à l'égal de ce qui convient au grand Nil source de vie).

Une distinction intéressante et assez juste est donnée par Amiel. Selon lui, lorsque l'idée se présente seule et désintéressée, on a une *pensée* ; quand elle renvoie à l'occasion et à la cause, on a une *réflexion* ; si elle sert à juger les hommes et à donner des règles de vie, on a une *maxime*. La maxime est donc comme un moule de l'observation générale, une synthèse des expériences avec une prédominance particulière pour l'analyse morale et l'action, exprimée selon une formule logique ou juridique. La maxime, règle de vie d'une valeur absolue, a une valeur universelle et générale et est liée à un savoir. « On n'appelait maximes que des vérités connues par la lumière naturelle, et reçues universellement par tout le monde » (*Huetiana ou Pensées diverses de M. Huet*, 1722).

À ce sens de règle de vie, de maxime au sens moral (ce qui règle l'action, comme dans la morale kantienne) et de formules de sagesse qui légitiment la pratique, s'est ajouté un sens plus large : est devenue maxime toute sentence un peu péremptoire, bien construite et close sur elle-même. Du coup toute sentence bien frappée est parfois appelée maxime. Jean Corbinelli édite en 1694 *Les anciens Historiens latins réduits en maximes* :

« En lisant les Historiens, il s'est avisé [l'auteur] de remarquer les maximes qui y sont répandues et de tourner même en maximes certains passages qui n'ont rien que d'historique : c'est-à-dire qu'il a mis ces passages à l'alambic ; et que chaque maxime française est comme l'essence et l'esprit du passage latin qui la suit. »

La maxime est un moule artistique pour la sentence. On a pu même appeler maxime d'amour des vers galants comme le fit Bussy-Rabutin.

La maxime n'est pas une forme simple. Si la sagesse populaire, exprimée en dictons, offre des messages simples, affirmant soit une norme soit un constat, la maxime associe à l'intention didactique une forme complexe voire paradoxale qui peut rendre le message problématique ou même obscur. Plus la sentence est dense, plus l'esprit du lecteur est mis à contribution. On comprend que cette forme ait pu très fréquemment être critiquée pour sa forme définitive qui s'oppose à l'objection et à la réflexion. « Le public aime les maximes, parce qu'elles satisfont la paresse et la présomption ; elles sont souvent le langage des charlatans répété par les dupes » (Saint-Lambert, article *Intérêt* dans l'*Encyclopédie* de Diderot et D'Alembert). Une objection semblable est faite par Chamfort : « Le paresseux et l'homme médiocre [...] donnent à la Maxime une généralité que l'Auteur, à moins qu'il ne soit lui-même médiocre [...], n'a pas prétendu lui donner. L'homme supérieur saisit tout-d'un-coup les ressemblances, les différences qui font que la Maxime est plus ou moins applicable à tel ou tel cas, ou ne l'est pas du tout. » (Chamfort) Le problème de l'application est évidemment la pierre d'achoppement fondamentale, car de la règle à sa pratique, du savoir aux circonstances il y a toute la distance du jugement.

L'autre objection concerne sa forme qui exerce une véritable fascination, une emprise sans recul critique. Ainsi que le disait Valéry, « pour ces amants de la forme, une forme, quoique toujours provoquée ou exigée par quelque pensée, a plus de prix, et même de sens que toute pensée. »

> Cet air de vérité qu'ont la plupart des maximes leur vient d'abord de la forme achevée qu'elles ont reçue de la main de leur auteur. (...) Il a réussi, en ce sens qu'il paraît impossible au lecteur d'exprimer la même pensée en moins de mots, avec des termes mieux choisis, d'une façon plus saisissante. Ajoutez à cette précision merveilleuse du langage quelques images vives et sobres qui, par leur justesse même, s'emparent fortement de l'esprit, et vous comprendrez la singulière autorité qui accompagne chacun de ces courts axiomes. Ces affirmations si nettes, si claires, si spirituelles, paraissent du même coup admirables et incontestables, ou du moins découragent par le bonheur même de l'expression, celui qui serait tenté de les contester. (L. A. Prévost-Paradol, *Études sur les moralistes français.* Paris, 1883, p. 159-160).

Aussi les maximes servent-elles « à l'esprit ce que le bâton sert au corps quand il a trop de faiblesse pour se soutenir de soi-même : ceux qui ont l'esprit grand, qui voient toutes choses dans leur étendue, n'ont point besoin de maximes. » (Abbé d'Ailly, *Pensées diverses*, 1678)

L'aspect péremptoire est insupportable pour certains qui voient en ce genre d'ouvrage « le plus trompeur de tous parce qu'il singe la pensée sans la pensée même. Rien de plus prétentieux, sentencieux et en réalité de plus facétieux que ce genre d'écrits. Le moralisme ou soi-disant tel se pose en Socrate et paraît donner l'élixir de ses pensées en quelques mots dont chaque syllabe est un diamant. Mais que de nullités, que de non-sens dans ces phrases détachées ! » (Vigny, *Journal d'un poète*)

On voit que ces reproches ressemblent, à un autre niveau, à ceux que l'on fait aux proverbes. D'ailleurs pour Montesquieu les maximes sont « les proverbes des gens d'esprit. »

Pourtant la vertu de la maxime ne fait pas de doute pour d'autres qui y voit l'expression énergique et forte de hautes idées et dont la fonction didactique est capitale. « C'est la maxime qui fait les grands hommes » (Bossuet, *Oraison funèbre du prince de Condé*). « Une maxime est l'expression exacte et noble d'une vérité importante et incontestable. Les bonnes maximes sont les germes de tout bien ; fortement imprimées dans la mémoire, elles nourrissent la volonté. » (Joubert, *Pensées*). L'homme fort et vertueux est celui qui a de grandes maximes qui règlent sa vie. Point de longs discours, la force de la raison et du cœur s'imprime brièvement, comme le rappelle La Rochefoucauld : « Comme c'est le caractère des grands esprits de faire entendre en peu de paroles beaucoup de choses, les petits esprits au contraire ont le don de beaucoup parler, et de ne rien dire » (M. 142). Plus que la seule brièveté le grand sens et le style énergique sont signes du caractère.

Avec le siècle classique et l'œuvre de La Rochefoucauld, un nouveau sens apparaît : les maximes ne sont plus didactiques, elles n'ont plus d'allure législatrice. Elles ne sont pas non plus « des vérités reçues universellement ». Elles se font paradoxales. En outre l'art de la maxime apparaît pour de nombreux auteurs comme la parfaite manifestation d'un classicisme porté à la *litote*. Gide y voyait « l'art d'exprimer le plus en disant le moins. » Et si le terme de maxime a été employé depuis l'Antiquité, c'est au XVIIe siècle qu'il s'impose et que La Rochefoucauld en devient le grand modèle par rapport auquel toute définition littéraire de la maxime fait désormais référence. « Cet illustre auteur mérite, d'ailleurs, de grandes louanges, pour avoir été, en quelque sorte, l'inventeur du genre d'écrire qu'il a choisi. » (Vauvenargues). Ses continuateurs lui rendront un hommage constant : La Bruyère, Vauvenargues, Friedrich Schulz dont la transcription du recueil de maximes *Esprit des Esprits* en allemand en 1793 porte le sous-titre de *Complément à l'œuvre célèbre de La Rochefoucauld* ou William Hazlitt avec ses *Characteristics : in the Manner of La Rochefoucauld's Maxims* (1823).

Chef d'œuvre d'une société (« Ôtez la société de Mme de Sablé et la passion des sentences et des pensées qui y régnait, jamais La Rochefoucauld n'eut songé ni à composer ni à publier son livre » écrit Sainte-Beuve), la maxime devient un art complexe usant de la généralisation (« Toujours », « jamais », « Nous », « l'homme », « le monde » et non je, tel ou quelques uns), de l'association piquante du moral et du physique (« La flatterie est une fausse monnaie qui n'a de cours que par notre vanité » (M. 158) ; « L'amour aussi bien que le feu ne peut subsister sans un mouvement perpétuel » (M. 125), des proportions mathématiques qui confèrent une nécessité absolue (« La bonne grâce est au corps ce que le bon sens est à l'esprit » (M. 117). Lieu idéal d'une prodigieuse *coincidentia oppositorum* la maxime aime à rapprocher les contraires, car plus les termes sont éloignés et plus le rapprochement a du piquant (« Le soleil ni la mort ne se peuvent regarder fixement » (M. 26) ; « L'esprit nous sert quelquefois à faire hardiment des sottises » (M. 415). On aiguise la maxime en y répétant un mot dont on fait varier les rapports ou en rapprochant des mots de même racine et de même son (« La constance en amour est une inconstance perpétuelle » (M. 175) ; « L'amour de la justice n'est que la crainte de souffrir l'injustice » (M. 128). Les adjectifs, les constructions symétriques (« Il n'appartient qu'aux grands hommes d'avoir de grands défauts » (M. 190) ; « Les femmes qui aiment pardonnent plus aisément les grandes indiscrétions que les petites infidélités » (M. 429) participent de ce raffinement qui utilisent pour ses fins de nombreux moyens.

Cette complexe fermeté qui se présente sous les traits d'une grande simplicité (« C'est une grande habileté que de savoir cacher son habileté » (M. 245), cette discontinuité du discours qui cherche l'artifice avec naturel, l'élégance enlevée, tout cela fonde désormais la maxime littéraire dont Vauvenargues affirmait qu'avec cette manière hardie d'exprimer brièvement et sans liaison de grandes pensées, elle avait « quelque chose de bien élevé » (Vauvenargues, *Critique de quelques maximes du Duc de La Rochefoucauld, Avertissement*).

PERSPECTIVES HISTORIQUES

La naissance de la maxime classique est liée à l'histoire d'une société et d'un nom, celui de La Rochefoucauld. Norbert Elias a montré comment le passage de la société féodale à celle de la monarchie absolue avait transformé les armes de la guerre en arts de la parole et comment le pouvoir de l'esprit remplace celui de l'épée[1]. La préciosité fait refleurir un idéal courtois avec un nouveau sentiment de douceur non exempt de mélancolie. Le rôle « civilisateur » joué par les femmes, comme à l'Hôtel de Rambouillet, lieu d'importation des belles civilités italiennes, dans les salons, et l'évolution d'une langue qui s'affine et se plaît aux grâces de la cour, encourage cet art de plaire qui devient l'idéal du courtisan comme de l'écrivain.

La Rochefoucauld est un de ces aristocrates qui caressèrent quelque temps le rêve de tenir une place active dans la société, avant que de connaître les désillusions et les espoirs déçus, dont témoigne l'épisode de la Fronde. « Ma fortune était désagréable ; et je portais impatiemment la perte de tant d'espérances… Tant d'inutilités et tant de dégoût me donnèrent enfin d'autres pensées. » Il se retire à Verteuil en 1652 pour y rédiger ses *Mémoires*. Paul Bénichou dans ses *Morales du Grand Siècle* a bien montré que La Rochefoucauld qui avait hérité de l'idéal individualiste et chevaleresque de l'ancienne noblesse était un peu devenu une espèce de Don Quichotte dans la France absolutiste, un Don Quichotte très sensé, maître de lui, mélancolique et ayant un sens très affiné du ridicule. « Le livre des *Maximes* pourrait servir d'épitaphe à la féodalité mourante » (Jean Bourdeau, 1895). L'oisiveté forcée des gentilshommes inclinait au mal du siècle, au pessimisme. Le portrait que fait La Rochefoucauld de lui-même montre une humeur mélancolique profonde et il parle de son « esprit que la mélancolie gâte. » De retour à Paris il fréquente le salon de Mme de Sablé, « janséniste épicurienne », avec laquelle il attrapera la passion des maximes. Il lui écrit en 1660 : « Je ne sais si vous avez remarqué que le goût de faire des sentences se gagne comme un rhume. »

1 Voir A. Montandon, « L'invention d'une autosurveillance intime », *Histoire des émotions* (dir. Alain Corbin, Jacques Courtine, Geroges Vigarello), Seuil, 2016, p. 253-270.

Cette composition des maximes, sur l'origine de laquelle on discute, semble avoir été tout d'abord une entreprise collective, un jeu de société. Si le goût, la mode, peuvent bien avoir été l'impulsion initiale de l'engouement pour cette nouvelle forme, comme l'ont été autrefois de nombreux jeux avec des formes brèves (jeux de proverbes en particulier et aussi de nombreuses formes de création verbale comme les devinettes, charades, etc.), il ne faut pas négliger le fait que les maximes de La Rochefoucauld ont été composées dans leur grande majorité par un seul individu, dans l'isolement et la solitude. La Rochefoucauld n'a pas livré au public ses maximes sans réticence, pudeur et crainte d'amour-propre. Il les a soumises avant publication à la lecture de ses familiers comme Segrais, Arnauld, Jacques Esprit, Mme de Sablé et d'autres. Segrais nous informe que « ceux qui composent pour le public doivent communiquer leurs ouvrages à des amis capables d'en juger et de les corriger, avant que de les publier. M. de La Rochefoucauld l'a pratiqué ainsi à l'égard de ses Mémoires et de ses ouvrage écrits avec tant de justesse ; il m'envoyait ce qu'il avait fait dans le temps qu'il y travaillait, et il voulait que je gardasse ses cahiers cinq ou six semaines, afin de les examiner plus exactement et que j'eusse plus de temps à juger le tour des pensées et l'arrangement des paroles. Il y a des maximes qui ont été changées plus de trente fois. » Ce soin méticuleux va toujours dans le sens de la concision. Certaines pensées d'une vingtaine de lignes sont réduites à deux sans que l'idée en ait été changée. Ainsi obtient-il une forme exclusive (voire paradoxale) qui a « l'éclat du diamant. »

Publiées en 1665, l'accueil est mitigé, non en raison d'une forme à laquelle chacun doit rendre hommage, mais en raison de la pensée, jugée pessimiste, qui choque et dérange nombre de ses contemporains et qui ne cessera par la suite d'être l'objet d'un grief traditionnel. Ainsi Victor Cousin : « je n'aime pas La Rochefoucauld : je veux dire l'homme et le philosophe ; mais je mets très haut l'écrivain. » Si les jansénistes ne ménagent pas leur approbation, la princesse de Guéméné les trouve « fondées plus sur l'humeur de l'auteur que sur la vérité » et Mme de Lafayette, si proche pourtant de l'auteur, s'exclame : « Quelle corruption il faut avoir dans l'esprit et dans le cœur pour être capable d'imaginer tout cela. » Elle contribuera sans doute, après 1665, à atténuer « l'amertume du livre ». Les éditions postérieures (1666, 1671, 1675, 1678 et 1693 qui est posthume) remanient parfois considérablement certaines maximes donnant plus de précision, plus de diversité et plus de retenue (en ajoutant des « souvent », « d'ordinaire », « chez la plupart »). Mais le pessimisme reste fondamental et le fond de la pensée inchangé, de la première édition qui en comportait 317 à celle de 1678 qui en comporte 504.

En introduisant dans la prose française un ton modéré qui rend hommage aux bienséances et à la forme courte, rapide, concise, avec une chute du plus bel effet, La Rochefoucauld devient le maître incontesté de la maxime à qui il donne sa perfection. Voltaire y voyait « un des ouvrages qui contribuèrent à former le goût de la nation, et à lui donner un esprit de justesse et de précision ». « Diamants », « rubis » pour H. Taine, « tourbillon d'étincelles » (A. Vinet) « petites médailles de l'or le plus fin et du relief le plus vif » (V. Cousin), l'éclat du bijou ou de la médaille retient l'attention, mais la forme discontinue du texte ne plaît pas à tous ceux qui tiennent à la rhétorique du style lié et du développement organique. Brunetière ne mâche pas ses mots : « Ce n'est pas un grand écrivain. Pour l'être, il lui manque en effet trop de choses, la continuité, le souffle, la fécondité ». D'autres lui reprochent la monotonie : « dans cet éclat même, comme dans la thèse fondamentale, il y a quelque chose de monotone. De l'esprit, encore de l'esprit, et toujours de l'esprit » (J. Bourdeau).

PESSIMISME DE SOCIÉTÉ

La Rochefoucauld n'est sans doute pas le premier à présenter une image pessimiste ou sans illusions de l'être humain, mais il est celui qui en porte l'expression à son plus haut degré de perfection et de concision. Il est vrai que l'époque développait largement une conception pessimiste de la nature humaine. Le jansénisme dénonçait le péché originel de l'amour-propre, la corruption humaine et le néant de la volonté. Une lettre du 17 Août 1651 de Pascal est très révélatrice : « Le péché étant arrivé, l'homme a perdu le premier de ses amours (l'amour de Dieu) ; et l'amour pour soi-même étant resté le seul dans cette grande âme capable d'un amour infini, cet amour-propre s'est étendu et débordé dans le vide que l'amour de Dieu a quitté ; et ainsi il s'est aimé seul et toutes choses pour soi, c'est-à-dire infiniment. »

Les moralistes du siècle sont très sensibles au caractère trouble des vertus et des sentiments. Caillière dans *La fortune des gens de qualité* (1661) déclare que « l'expérience nous apprend qu'il n'est point d'homme absolument désintéressé » et François Senault que « c'est à la crainte que les juges doivent leur intégrité, que les soldats doivent leur courage, que les femmes doivent leur chasteté » (*De l'usage des passions*, 1664). Et Mme de Motteville de déclarer : « Les vertus et les plus louables qualités des plus excellentes créatures sont mêlées de choses qui leur sont opposées. Tous les hommes participent à cette boue dont ils tirent leur origine. » La Rochefoucauld va participer à cette entreprise de désillusion et de démasquage des apparences, avec d'autres, avec l'abbé Jacques Esprit, auteur de *La fausseté des vertus humaines* (1678), l'abbé d'Ailly (*Pensées diverses*) ou les *Essais de Morale* de Nicole, sans parler de Pascal dont maintes pensées rédigées dans les dernières années de sa vie ont un tour éminemment proche par la forme et le fond de celles de La Rochefoucauld.

Paul Bénichou a appelé cette entreprise du nom de « démolition du héros », une expression heureuse pour désigner la mise à mal du vieil idéal héroïque et du surhomme aristocratique. Pascal et La Rochefoucauld débaptisent la gloire sous le nom d'égoïsme et d'amour-propre. Mais c'est en fait toute vision idéalisante qui est critiquée par le biais d'un réalisme psychologique qui dénonce les intérêts sous-jacents et les mobiles secrets des actions humaines. L'homme se croit-il invincible ? il est faible ; constant ? il est inconstant ; fidèle ? il est infidèle ; un moi ? il n'est qu'une chose. La théorie du tempérament et des humeurs (« Les humeurs du corps ont un cours ordinaire et réglé, qui meut et qui tourne insensiblement nos volontés » (M. 297), l'explication donnée par la machine corporelle prennent souvent un ton d'analyse matérialiste. « La force et la faiblesse de l'esprit sont mal nommées ; elles ne sont en effet que la bonne ou la mauvaise disposition des organes du corps » (M. 44). Gouverné par le caprice de l'humeur et la versatilité (Pascal parlait d'inconstance, de bizarreries, de contrariétés, de brouillards, et des inconséquences de l'homme, « crédule, incrédule, timide, téméraire »), l'homme est un amas de contradictions : « Les passions en engendrent souvent qui leur sont contraires. L'avarice produit quelquefois la prodigalité, et la prodigalité l'avarice ; on est souvent ferme par faiblesse, et audacieux par timidité. » (M. 11). La volonté n'est qu'une illusion (« L'homme est conduit lorsqu'il croit se conduire » (M. 43).

Le moi est haïssable, mais où donc est ce moi une fois décomposé, analysé, disséqué ? L'entreprise de démystification dénonce les valeurs comme mirages d'une hypocrisie dont les raisons intérieures nous échappent le plus souvent. « Il s'en faut bien que nous connaissions toutes nos volontés. » (M. 295 ; voir également 119 ; 233 ; 269 ; 370 ; 373 ; 460, etc.). Cette méconnaissance de soi fait que l'esprit n'est plus que la dupe du cœur (voir M. 102). Amour-propre, vanité et intérêt opèrent un maquillage dont les éléments se confondent avec la liste des vertus chevaleresques traditionnelles (amour de la gloire, désintéressement, grandeur, magnanimité, loyauté, sincérité, amitié, fidélité, constance, vaillance, altruisme, etc.).

AMOUR-PROPRE

L'une des maximes les plus longues qui a été retranchée concernait la définition de l'amour-propre (« L'amour-propre est l'amour de soi-même, et de toutes choses pour soi »), longue définition démonstrative qui par une série de tentatives d'approche s'efforce de cerner un objet fuyant, éludeur, aux métamorphoses perpétuelles, évanescent. Chaque tentative semble être un échec dans cette quête labyrinthique frustrante qui alterne sans cesse de l'abstrait au concret. L'ensemble donne une impression de mouvement perpétuel, signifié par l'image du flux et du reflux de l'océan et les nombreuses antithèses caractérisent ce qui semble bien être en définitive un imprédicable. Son essence est mystérieuse et l'effort pour cerner cet objet non identifié se traduit par l'accélération du rythme d'une phrase sans cesse coupée, hachée. « Il voit, il sent, il entend, il imagine, il soupçonne, il pénètre, il devine tout ».

Les « mille insensibles tours et détours » que nous sommes forcés de prendre pour suivre à la trace ce Protée, dont on ne sait s'il est animal, végétal ou minéral, une personne ou un indéfini, un monstre des abîmes, un organisme vivant (qui conçoit, se nourrit, est rassasié, qui voit, sent, entend...) ou un seul organe (l'œil), ce protoplasme archaïque et primitif (« qui se partage en plusieurs et se ramasse en une ») nous persuade qu'il est invisible à notre imagination (comme il l'est à lui-même) et trop multiforme pour notre raison. Il est finalement une abstraction très large, un absolu doué d'ubiquité, « il vit partout, et il vit de tout, il vit de rien », une présence paradoxale qui à elle seule explique la démarche des maximes, seul mode de discours possible pour appréhender les diverses et contradictoires manifestations de cette « grande et longue agitation ».

Une telle maxime est inhabituelle par sa longueur. Elle est de fait beaucoup plus proche du portrait, celui d'un personnage qui court sans cesse après lui-même dans l'aveuglement de soi, « inconstant d'inconstance, de légèreté, d'amour, de nouveauté, de lassitude et de dégoût » et dont les mille caprices bizarres en font l'être le plus bigarré qui soit. Mais cette « peinture » rassemble un grand nombre de traits qui sont présentés avec une rare concision et rapidité. On comprend que l'amour-propre est une sorte d'instinct de l'être, fort différent de l'égoïsme moral souvent qualifié d'amour-propre. La présentation de son fonctionnement le rapproche étonnamment de ce que nous appelons l'inconscient au sens moderne et ses mécanismes d'instinct de vie et de mort, de narcissisme et de libido.

Alors que pour Pascal l'amour-propre était défini comme le fait de « n'aimer que soi et de ne considérer que soi », l'amour-propre selon La Rochefoucauld est ouverture et dispersion : il peut être amour de toutes choses à condition que ce soit pour soi, avec cet aveuglement à soi qui fait qu'on ne peut le saisir que par acte de réflexion, dans le miroir des maximes. Ce que Lacan, orfèvre en style oraculaire et en hermétique brièveté, a pleinement saisi dans ses *Écrits*.

La dissimulation, le déguisement, le leurre, le voile, l'apparence font partie de ses « ruses ». La tâche de l'écrivain est alors de démasquer le travail de l'amour-propre, d'enlever ses masques. La structure syntaxique d'un grand nombre de maxime est : A (une vertu) n'est (dévoilement) le plus souvent (clause de prudence, puisque l'amour-propre peut faire à la fois une chose et son contraire) que B (un vice, une passion). Ainsi « Ce qui paraît générosité n'est souvent qu'une ambition déguisée » (M. 246) ; « l'humilité n'est souvent qu'une feinte soumission » (M. 254) ou « Ce qu'on nomme libéralité n'est le plus souvent que la vanité de donner » (M. 263). L'homme n'est que déguisement et La Rochefoucauld est catégorique : « Dans toutes les professions chacun affecte une mine et un extérieur, pour paraître ce qu'il veut qu'on le croie : ainsi on peut dire que le monde n'est composé que de mines » (M. 256). Cette règle générale ne concerne pas que les autres : « Nous sommes si accoutumés à nous déguiser aux autres, qu'enfin nous nous déguisons à nous-même » (M. 119).

L'homme en société est un homme déguisé. Gracián et bien d'autres théoriciens de la dissimulation (honnête ou intéressée), y compris Castiglione, ont depuis longtemps montré que l'homme de cour ou plus généralement l'homme social doit paraître sous son meilleur jour, dissimulant ses défauts, mettant en scène ses qualités (réelles ou supposées). Les théoriciens du savoir-vivre – que ce soit Faret (*L'honnête homme ou l'art de vivre à la cour*), Caillière (*La Fortune des Gens de Qualité*), Méré, etc. – ont longuement décrit pour la société du XVIIe siècle cette nécessité du decorum et des convenances et cette duperie réciproque nécessaire à la liaison de la société. « Les hommes ne vivraient pas longtemps en société, s'ils n'étaient les dupes les uns des autres » (M. 87). Il faut que les amours-propres se ménagent réciproquement. « La plus subtile de toutes les finesses est de savoir bien feindre de tomber dans les pièges que l'on nous tend » (M. 245). Ce que démasque La Rochefoucauld, est un mécanisme inévitable dont il faut prendre conscience pour ne pas être dupe de ses propres actions sur la scène de la vie quotidienne. Mais il s'agit d'analyser et non de réformer. L'ultime précepte de La Rochefoucauld, comme le dit très justement un critique, n'est ni de soumettre le paraître à l'être ni de chercher à éliminer tout paraître ; mais de faire ressembler, autant qu'il se peut, l'être au paraître ; l'erreur des gens, c'est que « au lieu d'être en effet ce qu'ils veulent paraître, ils cherchent à paraître ce qu'ils ne sont pas » (*Réflexions diverses, 3, De l'air et des manières*). L'honnête homme serait donc « un masque qui ne s'ignore pas lui-même » (Jean Starobinski) : « Les vrais honnêtes gens sont ceux qui les connaissent [leurs défauts] parfaitement et les confessent » (M. 202).

La démarche logique de la maxime est d'aller du concret à l'abstrait. On a insisté sur les dons d'observations d'un La Rochefoucauld qui tirerait ses maximes de l'observation quotidienne, mais c'est oublier « qu'il est plus facile de connaître l'homme en général que de connaître un homme en particulier » (M. 436) et que l'exploration de l'infinie diversité du monde moral exige une acuité et un esprit peu commun (« À mesure qu'on a plus d'esprit, on trouve qu'il y a plus d'hommes originaux. Les gens du commun ne trouvent point de différence entre les hommes »). Cet esprit est un talent imprévisible et spontané. « Il arrive souvent que des choses se présentent plus achevées à notre esprit qu'il ne les pourrait faire avec beaucoup d'art » (M. 101). La maxime vient spontanément, rencontre fulgurante d'une idée et d'une forme de parole. Il faut là un talent dont La Rochefoucauld est fort conscient si l'on en juge par la maxime (posthume) « il est aussi ridicule de vouloir faire des sentences sans en avoir la graine en soi que de vouloir qu'un parterre produise des tulipes quoiqu'on n'y ait point semé les oignons. » L'expérience de l'auteur ne vient pas seulement du salon de Mme de Sablé et du monde, elle est d'abord avant tout dans les livres, dans la culture antique et moderne qui lui fournissent une ample matière de réflexion et d'inspiration. (Le commentaire détaillé de certaines maximes, tel qu'il a été pratiqué par Margot Kruse, Paul Martin et bien d'autres, permet d'apprécier les courants d'idées et les nombreuses références implicites qui contribuèrent, grâce à cette intertextualité que d'autres appellent plus simplement la formation et la culture, à l'élaboration d'une maxime). À cette première « méthode » qui s'inspire de la réalité en la mettant en forme abstraite se joint une seconde, plus intéressante et féconde qui part du langage, des mécanismes verbaux et des automatismes pour confronter la formule écrite mécaniquement à la réalité. C'est d'abord le langage qui préfigure une vérité d'expérience, sans qu'on ait besoin de se référer à l'expérience vécue. Ce qui s'énonce clairement fait naître les idées.

Mais d'une manière ou d'une autre, le mérite de l'auteur des maximes est d'avoir su exprimer clairement des vérités peut-être pressenties, mais informulées : « Toutes les personnes judicieuses y trouveront une infinité de choses fort utiles qu'elles auraient peut-être ignorées toute leur vie si l'auteur des Maximes ne les avaient tirées du chaos. » (*Journal des savants*, 9 mars 1665). En outre, le caractère de nécessité mécanique de la maxime inspire le sentiment de certitude et de vérité.

LE PROBLÈME DE L'ORDRE

Le recueil des maximes de La Rochefoucauld est une suite de notations brèves, sans unité. Une telle discontinuité n'est pas surprenante ni nouvelle ; ce qui l'est plus est l'unité d'une pensée qui se diversifie, se rejoint, s'élabore et s'illustre de mille manières. La Bruyère rendant hommage à son devancier observait que « cette unique pensée [l'amour-propre] comme multipliée en mille manières différentes, a toujours par le choix des mots et la variété de l'expression, la grâce de la nouveauté. » Pour beaucoup l'idée d'amour-propre est la clef de voûte du système. Ceci est vrai, car l'idée est fondamentale ; mais ceci est faux, car si La Rochefoucauld ramenait tout à l'amour-propre, le lecteur se lasserait vite d'un tel réductionnisme et monisme psychologique. André Gide, dans son journal (30 septembre 1921) réagissait à un tel reproche en affirmant que, excepté l'amour-propre, tout l'intéressait dans La Rochefoucauld. De fait, ce qui retient l'attention, c'est la complexité, la non-systématicité et la diversité des maximes qui « au lieu de remonter à une cause unique s'éparpillent et divergent à la poursuite de causes multiples, finalement insaisissables en raison même de leur diversité » (Jean Starobinski). Cette dialectique de l'un et du multiple, de la pensée et de la vie est d'ailleurs, on l'a vu, fondée légitimement dans l'idée que se fait La Rochefoucauld de l'amour-propre lui-même. Il y a un vertige de la multiplicité, de « l'infinie dissemblance » qui crée une double démarche orientée vers le centre et vers la périphérie. L'amour-propre, loin d'être un centre est ce qui nous décentre (voir M. 11 ; 16 ; 195 ; 213 ; 215 ; 478, etc.). Paul Bénichou pense dans cette perspective que la théorie de l'amour-propre « en tant qu'explication positive et cohérente de la conduite humaine, se fait sur un fond qui, finalement dissout presque cette idée dans celle d'une incohérence, d'un caprice, d'une incompréhensibilité de la nature humaine. » Le caractère alogique de l'ordre numérique répond au désordre fondamental dont il est question. Ici la forme et le fond sont en parfaite harmonie et l'éclatement même des maximes en ordre dispersé et discontinu répond au propos du livre.

Ce désordre n'exclut cependant pas un ordre intérieur qui s'établit non par succession mais par renvois implicites. Ainsi la pensée s'éclaire-t-elle par rapprochements successifs que le lecteur est amené à faire. Il y a ainsi une infinité de parcours possibles suivant les associations faites par le lecteur et la liberté qu'il s'accorde de butiner à son gré, suivant en cela la liberté avec laquelle elles ont été créées.

On s'accorde cependant pour dire qu'elles sont présentées généralement dans l'ordre de leur invention. Ceci explique que certaines se suivent thématiquement, comme si l'auteur s'essayait à plusieurs formules pour saisir une réalité subtile et fuyante. Certaines maximes générales renvoient à des maximes plus particulières et limitées (ou inversement) (par exemple les M. 363 et M. 369). La Rochefoucauld a été préoccupé par l'ordre à donner à ses maximes, ainsi pense-t-il à l'établissement d'un index alphabétique (le manuscrit de Liancourt porte en marge des initiales disposées à cet effet). Une table à la fin du livre permet d'avoir une vue sur les différents thèmes abordés.

Une autre raison invoquée par l'auteur pour justifier l'absence d'ordre, outre la diversité des matières qui en rend le classement impossible, est « la crainte d'ennuyer le lecteur ». Diversité et variété contribuent à la mise en forme qui cherche l'agrément du public. Amelot de La Houssaye mettra les maximes en ordre d'après les thèmes ordonnés alphabétiquement dans son édition de 1714 *Réflexions, Sentences et Maximes morales, mises en nouvel ordre, avec des notes politiques et historiques*. C'est évidemment là un contresens qui va à l'encontre des intentions de l'auteur. L'ordre des recueils gnomiques et des florilèges de sentences (rassemblés en général après la mort de leurs auteurs et indépendamment de leurs volontés) était justifié par une intention didactique qui n'est plus de mise ici.

CLARTÉ ET CONCISION

« La véritable éloquence consiste à dire tout ce qu'il faut et à ne dire que ce qu'il faut » (M. 250). La concision est essentielle à l'esthétique de la maxime et le problème est de trouver un juste équilibre entre la clarté et la brièveté. Cette clarté est un idéal de la forme classique et des moralistes du XVIIe siècle. Le refus du galimatias, de l'équivoque, la douceur du style sont des exigences que l'on rencontre également dans les bienséances de la conversation. Lamy dans sa *Rhétorique ou art de parler* (1670) définissait le style doux « lorsque les choses y sont dites avec tant de clarté que l'esprit ne fait aucun effort pour les concevoir ». Et Joubert définissait la maxime comme « ces idées où l'esprit voit une clarté qui le repose… » (23 novembre 1806). Mais cette clarté doit avoir de la force dans les sentences qui doivent « être claires » et « renfermer quelque chose de beau et d'utile ». La maxime qui renferme un grand sens a un style « serré » qui cherche une concision qui explicite le sens sans cependant pouvoir l'épuiser. Ceci amène à l'objection de l'obscurité de certaines maximes, clarté et concision semblant être antinomiques. Le style serré ne permet pas de donner toujours aux choses toute la clarté qui serait à désirer, convient La Rochefoucauld. L'obscurité d'une maxime peut venir d'un manque d'explicitation lui-même, ce que le père Bouhours expliquait ainsi : « Il doit y avoir un peu de mystère dans une pensée délicate, mais on ne doit jamais faire un mystère de ses pensées. » Elle peut provenir du lecteur lui-même, auquel l'obscure clarté demande un travail et une participation. « Si mon esprit est plus riche, plus rapide, plus libre, plus vigoureux que le vôtre, nous n'y pouvons rien, ni vous, ni moi » écrivait Valéry. Et la maxime spirituelle attend de l'esprit chez son lecteur. Si elle ne lui en donne, c'est que l'un des partenaires est fautif. La réception contemporaine des *Maximes* montre d'ailleurs que les lecteurs ne s'accordent guère sur les maximes obscures. Mme de Sévigné écrivait : « Il y en a de divines ; et à ma honte, il y en a que je n'entends point ; Dieu sait comme vous les entendrez. » C'est là une spécificité de ces formes brèves que d'être, en dépit de leur clôture achevée, ouverte à l'interprétation, chacun pouvant y mettre l'exemple concret qui lui traverse l'esprit – ou ne pas en voir immédiatement l'application, ou ne pas en comprendre le tour qui dans sa concision bouscule la rhétorique du langage habituel. « Il faut se donner le loisir de pénétrer le sens et la force des paroles, il faut que l'esprit parcoure toute l'étendue de leur signification avant que de se reposer pour en former le jugement » (La Chapelle-Bessé, *Discours*). Parcours de l'esprit, jeu du lecteur qui recompose le discours sous-jacent antérieur à la maxime et qui déploie, déplie tous les sens possibles d'une maxime qui appelle, de par sa nature, à la différence sans doute de la sentence, la réflexion et le débat. L'obscurité a cet intérêt rhétorique d'éveiller l'intérêt et de maintenir l'esprit en éveil.

Bouhours alléguant Horace accuse la brièveté d'être responsable de cette obscure densité. « En effet, il arrive d'ordinaire qu'à force de serrer les choses, on les étrangle, et on les étouffe pour ainsi dire : si bien qu'une pensée est confuse dès qu'elle n'a pas l'étendue qu'elle doit avoir ». Mais inversement il faut répondre au désir de plaire, c'est-à-dire de ménager l'amour-propre du lecteur en lui laissant sa part de vive intelligence. Au contraire du traité scolastique qui épuise sa matière (« une maxime qui a besoin de preuves n'est pas bien rendue », disait Vauvenargues), l'inachèvement n'est ni un défaut ni le signe d'une impuissance, mais un égard et une politesse, l'obscurité pouvant par ailleurs être génératrice de sens. Enfin l'obscurité n'est pas forcément là où on le pense : elle peut être dans les notions les plus simples et apparemment les plus claires dont l'analyste suggère et dévoile la complexité.

LES FORMES DE LA MAXIME

L'ÉNIGME ET LA DÉFINITION

La structure de la maxime la rapproche parfois de l'énigme, par la forme de sa composition bi-séquentielle question-réponse. Par exemple la maxime 312 : « Ce qui fait que les amants et les maîtresses ne s'ennuient point d'être ensemble, c'est qu'ils parlent toujours d'eux-mêmes ». (Voir aussi M. 246 ; 263 ; 320 ; 402 ; 433 ; 446 ; 466 ; 408 ; ou d'autres qui sont formés sur le même modèle : 15 ; 20 ; 92 ; 99 ; 95 ; 100 ; 203 ; 205 ; 216 ; 204 ; 218 ; 226 ; 260 ; 261 ; 349 ; 377 ; 408 ; 410, etc.). La Rochefoucauld fait comme s'il répondait à une question, ce qui bien entendu implique une participation active de son lecteur. La maxime est proche de ce côté des jeux de salon, des jeux médiévaux (le « jeu parti ») et des questions d'amour auxquelles Marie Linage a donné leur célébrité. Les rapports entre maximes et jeux d'amour ont été bien étudiés par Henry Grubbs, Margot Kruse, Corrado Rosso et d'autres. Ceux-ci consistaient (voir les *Questions d'amour ou conversations galantes, dédiées aux belles* de Jean-Baptiste Loyson (1671) qui sont en fait de Marie Linage) en questions et réponses autour de l'impossible définition de l'amour. Ces réponses prennent souvent une tournure de maxime du genre « tout est essentiel en amour » ou « quand l'on n'aime point trop l'on n'aime pas assez », etc. Les maximes de La Rochefoucauld concernant l'amour reprennent des questions longuement débattues et bien connues du genre « Il est du véritable amour comme de l'apparition des esprits : tout le monde en parle, mais peu de gens en ont vu » (M. 76) ou « Il est impossible d'aimer une seconde fois ce qu'on a véritablement cessé d'aimer » (M. 286) qui est la réponse à la question implicite : « peut-on aimer une seconde fois ». On voit également que la maxime est proche non seulement de l'énigme, de la question/réponse, mais également de la définition.

La maxime prend aussi parfois une tournure proverbiale dans sa première séquence. La seconde séquence démolit la sagesse résignée, triviale et péremptoire du proverbe en révélant une pensée inhabituelle et provocatrice. Ainsi la maxime 93 « les vieillards aiment à donner de bons préceptes, pour se consoler de n'être plus en état de donner de mauvais exemples ». La virgule est l'indice de l'intervention de l'auteur et la marque de l'écart. Voir également les maximes 33 ; 39 ; 89 ; 94 ; 98 ; 179 ; 196 ; 214 ; 242 ; 243 ; 248 ; 249 ; 345 ; 372 ; 456, etc. La contradiction entre la soi-disant sagesse proverbiale et la manière dont nous agissons met en évidence l'aveuglement des stéréotypes derrière lesquels nous trouvons un confort paresseux et intéressé.

LE PARADOXE

Comme le proverbe la maxime est un énoncé universel, mais sa généralité est paradoxale et nuancée. Le paradoxe a été depuis la Renaissance un instrument de pensée, comme l'a montré V. L. Saulnier. En passant du proverbe et de la scolastique au paradoxe, c'est une nouvelle conception de la vérité qui se fait jour. Le paradoxe va contre l'opinion par une « technique impersonnelle » (Lanson) tel l'emploi de cette « partie carrée de verbes » que l'on trouve dans la maxime 294 : « Nous aimons toujours ceux qui nous admirent et nous n'aimons pas toujours ceux que nous admirons. » Art de la surprise qui déplace la vérité littérale dans l'esprit du lecteur. « La magnanimité méprise tout pour avoir tout » (M. 248). Aussi la maxime est-elle ici beaucoup plus proche de l'épigramme, cette forme brève de la satire, et de son tour surprenant.

L'UNIVERSALITÉ DE LA MAXIME

L'universalité de la maxime (faite de la somme des individualités) s'impose par l'emploi non du « je » mais du « nous » et du « on ». L'énonciation est anonyme, personne ne parle, la vérité s'énonce d'elle-même : « Nos vertus ne sont, le plus souvent, que des vices déguisés. » Discours « sans origine » qui s'impose péremptoirement (l'absence de tout contexte excluant une justification). C'est là son piège : une vérité qui tombe d'on ne sait où, qui éclate, foudroie et se referme sur moi comme un piège. R. Barthes y voit pour cela un instrument masochiste dont la jouissance est à la mesure du mal qu'elle cause. Car la maxime est méchante, autodestructrice, déployant une logique aveugle et létale. Son type d'écriture avec sa frappe, ses pointes, son esprit acéré, aigu, pénétrant témoigne de cette agressivité. Le paradoxe de la maxime consiste en la confiance absolue que lui accorde sa forme oraculaire et lapidaire. L'absence du sujet de l'énonciation prend le sens, selon Barthes, d'un dieu caché qui profère des vérités mortelles. Il y a donc dans cette perspective chez l'écrivain des maximes un art de la distinction, un orgueil qui abaisse celui qui les lit en élevant celui qui les écrit. C'est sans doute pour cette raison que Méré était hostile à la maxime, impropre à « communiquer humainement ». Manifestation permanente de la supériorité du scripteur sur le lecteur, dont la fameuse impersonnalité classique permet d'exercer une position de maîtrise avec ses instruments de torture raffinés (antithèses simples et complexes, constructions retorses, discordances subites, fausses symétries, etc.), la maxime est, selon Barthes, la forme la plus arrogante du langage. Dernière bataille du chevalier désabusé et pessimiste dans le monde indifférencié des courtisans ?

Starobinski voit dans l'écriture de la maxime une « sorte de rédemption par l'expression » de cette « nature corrompue que l'analyse morale condamnait sans retour. » Ainsi le style, la concision disent-ils dans leur brièveté la philosophie pessimiste de l'auteur, dans une sorte d'apaisement par la parole, « masque sur le néant ». Penser qu'« Il n'y a point de gens en qui le mal doive surprendre quand on le voit » est une chose, l'écrire en est une autre. C'est peut-être en cela que réside la vertu tonifiante de tous les nihilistes tentés par l'expression aphoristique : avoir le désir de l'expression. Ne demandez pas à Cioran, où donc il trouve la force et la patience de répéter la désespérance ! Ultime manifestation de l'amour-propre et de l'espérance « toute trompeuse qu'elle est » qui sert au moins « à nous mener à la fin de la vie par un chemin agréable. » (M. 168).

POSTÉRITÉ DE LA MAXIME

Les successeurs de La Rochefoucauld varieront le genre, sans le renouveler. Les maximes de Rousseau (1679), de Sergé (1682), de Vernage (1690), de Boucher (qui met en 1684 les maximes de La Rochefoucauld en vers – ce qui est un procédé assez courant à l'époque, mais qui semble assez absurde, puisque d'une part elles deviennent deux fois plus longues, et que d'autre part la contrainte du vers en affaiblit la pensée, sans parler de certains faux sens ou contresens faits vis-à-vis de l'original), de Leven de Templery (1690) et d'autres sont bien tombées dans l'oubli. Variations, réécritures, développements, rectifications des maximes de La Rochefoucauld, tout cela n'est guère conséquent et Templery aurait dû appliquer à lui-même sa propre maxime : « Si c'est un vice de se servir trop souvent des maximes qui sont déjà inventées, c'en est un encore plus grand d'en inventer de fausses. » Nous sommes bien loin du renversement systématique des maximes qu'opérera bien plus tard Lautréamont.

La postérité se souviendra cependant de Vauvenargues qui se livre à une critique en règle, opposant une conception nouvelle, celle de la philosophie des Lumières à la pensée classique. « En discutant ainsi quelques unes des maximes du duc de La Rochefoucauld je crois sentir, aussi bien que personne, combien elles sont ingénieuses ; mais c'est parce qu'elles ne me paraissent qu'ingénieuses, que je les attaque. » (*Critique de quelques maximes du Duc de La Rochefoucauld*). Ainsi réhabilite-t-il les passions si critiquées par La Rochefoucauld : « Nous devons peut-être aux passions les plus grands avantages de l'esprit » (M. 151) ou la nature. Alors que La Rochefoucauld écrivait que « l'esprit est toujours la dupe du cœur, » Vauvenargues répond que « La raison nous trompe plus souvent que la nature » (M. 123) et que « les grandes pensées viennent du cœur »

(M. 127). La bienveillance et la douceur, la sérénité d'un tempérament en dépit de ses souffrances physiques font que son œuvre apparaît aussi stimulante et optimiste, pleine de sensibilité et de finesse, que celle de La Rochefoucauld est « désolée et désolante » (D. L. Gilbert, Préface aux *Œuvres complètes* de 1857). C'est sans doute pour cette raison que Vauvenargues n'a pas connu la même célébrité que d'autres, misère et noirceur étant les clous du spectacle de l'aphoriste confirmé ! Rivarol, dont les traits d'esprits furent publiés après sa mort (1801), fut le dernier représentant d'un genre qui finit avec la société d'Ancien Régime. « La populace croit aller mieux à la liberté quand elle attente à celle des autres », « Malheur à ceux qui remuent le fond d'une nation » « un peu de philosophie écarte de la religion, beaucoup y ramène » sont de brillantes maximes dispersées d'un siècle qui s'achève.

TENTATION ROMANESQUE

Voltaire avait écrit que les *Maximes* de La Rochefoucauld étaient « moins un livre que des matériaux pour un livre » (*Siècle de Louis XIV*). Albert Camus affirme quant à lui sa préférence pour le genre romanesque en opposition à la maxime « Je donnerais volontiers tout le livre des *Maximes* pour une phrase heureuse de *La Princesse de Clèves*… ». Il voit en effet dans le genre mis en honneur par La Rochefoucauld une forme stérile qu'il oppose au genre vivant qu'est pour lui le roman. D'autres ont pu noter au contraire que les maximes de La Rochefoucauld étaient de petits romans en germe, des romans en miniature. Ainsi Jacques de Lacretelle voyait-il en lui « un romancier, le premier en date de nos romanciers. Chacune de ses maximes est une intrigue découverte. Au lieu de développer l'histoire, il la réduit. » La tradition moraliste exploitera parfois cette idée, et tout comme l'on a fait des comédies de proverbes, on fit de petits romans à partir de maximes (ou fondés sur l'analyse morale). De La Rochefoucauld et Mme de Lafayette jusqu'à Marivaux les exemples ne manquent pas.

Dans cette perspective d'un usage plus étendu de la maxime intervient d'abord le portrait qui souvent peut passer pour l'illustration d'une maxime ou sa peinture en acte.

La Bruyère présente sa propre œuvre comme étant différente des *Pensées* de Pascal et des *Maximes* de La Rochefoucauld : « moins sublime que le premier et moins délicat que le second ». Le moins délicat n'est pas sans une pointe critique sous-entendant le côté artificiel de l'écriture au détriment d'une vérité humaine pour laquelle va la préférence de La Bruyère. « Ce ne sont point au reste des maximes que j'ai voulu écrire : elles sont comme des lois dans la morale, et j'avoue que je n'ai ni assez d'autorité ni assez de génie pour faire le législateur ». Il est difficile de faire des maximes après La Rochefoucauld. Les maximes de La Bruyère ne sont pas inintéressantes, loin de là et certaines soutiennent le parallèle avec celles du grand maître. Mais le génie de La Bruyère n'est pas là :

> Je sais même que j'aurais péché contre l'usage des maximes, qui veut qu'à la manière des oracles elles soient courtes et concises. Quelques-unes de ces remarques le sont, quelques autres sont plus étendues : on pense les choses d'une manière différente, et on les explique par un tour tout aussi différent, par une sentence, par un raisonnement, par une métaphore ou quelque autre figure, par un parallèle, par une simple comparaison, par un fait tout entier, par un seul trait, par une description, par une peinture : de là procède la longueur ou la brièveté de mes réflexions[2].

Il est dans les caractères et portraits qui alternent heureusement avec les maximes en s'opposant et s'unissant avec harmonie les uns les autres.

Chamfort, volontairement ou non, puisque c'est Guinguené qui classe ses papiers, avait réuni *Maximes et Pensées, Caractères et Anecdotes*. Il est intéressant de voir comment une anecdote peut être le germe d'une maxime ou comment une maxime peut être à l'origine d'un portrait.

Un usage important de la maxime est son insertion, dans une trame narrative ou théâtrale. Sainte-Beuve l'appréciait pour cela : « Ce sont des pierres fines gravées qu'on enchâsse ensuite dans le discours. » Le théâtre classique, notre théâtre classique français comme le théâtre classique allemand avec Goethe et Schiller font un grand usage de ces sentences qui ont forme de maxime et qui viennent dans le cours de l'action tirer une leçon universelle de l'expérience ou une sagesse. En ce sens l'on a raison de dire que la maxime est le proverbe des gens d'esprit, car si le proverbe qui renvoie à une vérité générale est laissé aux valets, la maxime qui proclame une vérité universelle est l'apanage des maîtres.

---

2 La Bruyère, *Les Caractères ou les Mœurs de ce siècle, Préface.*

Dans la pratique mémorialiste, elle vient souvent s'intégrer dans la continuité narrative, provoquant un recul qui témoigne de la réflexion et de l'intervention du narrateur qui prend la mesure du temps et de l'expérience. Dans les *Mémoires* du Cardinal de Retz, l'insertion peut se faire principalement en début de paragraphe, après l'élément de séparation visuel que constitue l'alinéa, exergue général d'une vérité qui va recevoir son illustration particulière la confirmant en retour, par une relative faisant de la maxime une proposition rattachée à la principale et appartenant de fait à la narration, ou par une complétive. Les assertions catégoriques chez Retz (présent gnomique et adverbes de temps « toujours », « jamais »), systématisant une pensée à vocation générale peuvent s'intégrer dans un ensemble complexe et fortement lié au contexte historique et elles servent à structurer le portrait en lui donnant sens et signification.

Dans un roman comme le *Voyage au bout de la nuit* de Louis-Ferdinand Céline, les maximes abondent, placées le plus souvent en fin de paragraphe. La qualité de la maxime fait contraste avec la trivialité du langage employé autrement et permet non seulement au narrateur de témoigner d'une culture classique, mais de tirer une leçon radicale et définitive (et toujours la même, car « la vie, c'est des répétitions ») de l'événement. Dans le flux ininterrompu de la vie, la maxime frappe du sceau de l'éternité de fortes vérités, « goutte d'encre échappée à la plume du romancier au milieu d'une page de prose fluide ou mouvementée où elle fait tache. » (Radiguet, cité par C. Rosso).

Le romancier le plus intéressant dans l'emploi de ces maximes est sans nul doute Crébillon fils, dont les œuvres sont remplies de maximes, de maximes ayant bien entendu trait à l'amour (Voir par exemple *Les Égarements du cœur et de l'esprit*, 1738). Octave Uzanne en 1879, puis Adlous Huxley en 1936 ont tous les deux pensé qu'on pourrait tirer de l'œuvre de Crébillon tout un recueil de maximes, qui serait digne des grands moralistes. L'idée est intéressante bien qu'elle n'ait pas été menée à terme. Dans les fictions de Crébillon les maximes sont mises à l'épreuve : épreuve d'abord en ce qu'elles sont placées en situation, dans la bouche des personnages, à certains moments de l'action. Cette mise en situation joue sans cesse entre la vérité de la maxime en elle-même et son emploi. L'ironie avec laquelle Crébillon place ces maximes dans la bouche de ses héros qui disputent sur l'amour, le caprice et la fantaisie est pleine d'un raffinement pervers et subversif. Il se plaît à utiliser les grandes règles de bienséances et les grandes formes classiques à rebours. Si le traité de savoir-vivre devient un traité de séduction, la maxime de La Rochefoucauld devient un instrument de la raison érotique. Le pastiche de La Rochefoucauld est en certains endroits évident, lorsqu'il écrit « ce n'est point le sentiment que nous inspirons, mais le sentiment qu'on nous inspire, qui nous persuade », « Il est plus aisé de feindre ce qu'on ne sent pas, que de cacher ce que l'on sent » ou « Il en est des coups de foudre comme des revenants. On ne voit de ces derniers et l'on n'éprouve les autres, qu'autant qu'on a la stupidité de croire à leur existence » (maxime que l'on peut comparer à la maxime 76 de La Rochefoucauld citée plus haut) ou encore « il est rare qu'une jolie femme soit prude, ou qu'une prude soit jolie femme ». Une partie de la narration semble être une chaîne ininterrompue de maximes qui s'engendrent les unes les autres, qui se répondent, progressent et font une histoire. La forme de la maxime la situe à un autre niveau du discours ; elle fonctionne comme une citation et donne ainsi à la stratégie narrative de Crébillon une complexité très séduisante.

L'APHORISME

NAISSANCE DE L'APHORISME

L'aphorisme est, historiquement, un procédé mnémonique utilisé dans le domaine scientifique et particulièrement médical de Hippocrate à Joanes de Mediolano. Premiers du genre, les aphorismes d'Hippocrate sont un recueil de quatre cents maximes de médecine générale, divisé en huit parties, concernant les diètes, les purges au cours des maladies aiguës, les symptômes des maladies, les influences des saisons et des conditions atmosphériques, de l'âge, les maladies de l'intestin, des poumons, l'action du chaud et du froid, les maladies des femmes, les ulcères, l'hydropisie, etc. Ces maximes sont le fruit d'observations empiriques et la première des maximes, ouvrant le recueil, qui résume fort bien la démarche de l'aphoriste, est devenue fort célèbre : « La vie est brève, l'art est long, l'occasion fugitive, l'expérience trompeuse. » Ces aphorismes de sagesse ont une portée générale : « Pour les maladies les plus graves, les soins les plus précis sont nécessaires » ; « Ce que les remèdes ne peuvent guérir est guéri par le couteau, ce que le couteau ne peut guérir est guéri avec le feu ; ce que le feu ne peut guérir est inguérissable. » Traduits et commentés en de nombreuses langues, les aphorismes d'Hippocrate, compilés comme *Corpus Hippocraticum* dans la bibliothèque d'Alexandrie, ont ouvert la tradition de l'aphorisme médical et scientifique jusqu'à nos jours.

Par ses aphorismes Hippocrate réagissait contre la médecine traditionnelle des prêtres et la thérapie théologique fondée sur des formules magiques, des offrandes, l'interprétation des rêves en substituant à ces pratiques l'observation immédiate de la nature et les réflexions suscitées par l'approche empirique. Au douzième siècle, Joanes de Mediolano, moine bénédictin de l'école de Salerne, met ses aphorismes en forme métrique, que les universités de Paris, de Bologne, de Montpellier utiliseront comme un classique. Cette tradition est poursuivie par Bœrhaave, au début du XVIIIe siècle avec ses *Aphorismi de cognoscendis et curandis morbis in usum doctrinae domesticae digesti.*

Ces *aphorismos gnomikos*, pris dans le sens de théorème scientifique (« ce qu'on regarde comme un principe certain » explique le Dictionnaire de Trévoux et que Leibniz place comme synonyme de « thèses détachées »), ne sont pas réservés à l'unique médecine comme nous le montrent certaines œuvres de Leibniz, Paracelse, Bacon, Kästner (pour les mathématiques), Mesmer (pour le magnétisme animal), Lavater (pour la physiognomonie), A. von Humbold (pour la physiologie chimique des plantes), G. Lebon (pour la psychologie des foules), etc. Un dictionnaire allemand de 1746 les définit comme des courtes phrases par lesquelles on expose « fondamentalement et nerveusement » les vérités d'une science. Ils présentent l'avantage d'une exposition souple, brève et sommaire (« et leur exposoit sommairement par petits aphorismes », écrivait le médecin Rabelais). La définition de l'*Encyclopédie* de Diderot en parle comme étant « en droit et en médecine, de courtes maximes dont la vérité est fondée sur l'expérience et la réflexion, et qui en peu de mots comprennent beaucoup de sens. » En résumé l'aphorisme condense l'essentiel d'une matière avec une extrême concision propre à une bonne mémorisation.

Il est cependant vrai que cette manière d'exposition scientifique n'a guère plus cours aujourd'hui et que les aphorismes écrits par des scientifiques concernent plus la philosophie issue de leur pratique que leur propre système scientifique comme on le voit par exemple avec les aphorismes de Jean Rostand. Il est certains domaines où la forme même de l'aphorisme, dans son expression paradoxale et stimulante, reste privilégiée, en particulier en psychologie, dans les œuvres de Ronald Laing ou dans certains écrits de l'école de Palo Alto.

HIPPOCRATISME POLITIQUE

Dans la tradition de l'aphorisme hippocratique s'est développé tout un courant de textes concernant la politique et l'histoire. Il est bien connu depuis Solon, Aristote, Thomas d'Aquin et bien d'autres, que l'on parle du « corps politique » comme du corps malade auquel il faut appliquer des règles médicales. Aussi l'historien qui, dans les *Annales*, parlera des règles médicales appliquées à l'État, Tacite, reçoit-il le surnom d'Hippocrate de la politique. Le style concis, dense, sentencieux de Tacite a pu également inviter à ce rapprochement, le « tacitisme » désignant une forme d'écriture de la brièveté. Pour de nombreux écrivains, les œuvres de l'historien romain furent le modèle même de l'écriture aphoristique. Lichtenberg, pour ne citer qu'un des maîtres du genre, ne cesse de le louer et de voir dans la concision de son style un modèle insurpassable, intraduisible et opposé à l'esprit des longues périodes de la langue allemande. Un autre allemand, Frédéric Schlegel, dans la revue romantique *Athenäum*, alors qu'il essaye de définir le fragment, voit dans Tacite l'expression d'une haute culture intérieure qui doit poétiser et urbaniser les faits bruts de la pure empirie, élever, épurer et généraliser celle-ci jusqu'à la philosophie. Il rapproche finalement le style artiste de Tacite du *Witz* romantique, autre forme de l'aphorisme.

Tacite, l'Hippocrate de la politique, est encore un modèle pour Filippo Cavriana, diplomate ayant une chaire de « médecine théorique » qui expose sa méthode dans ses *Discours sur les cinq premiers livres de Tacite* (Florence, 1597), « avec l'autorité d'Hippocrate » pour montrer que les aphorismes médicaux appliqués par les hommes politiques au gouvernement permettront de conserver une bonne santé au corps politique.

Cette tradition du tacitisme est capitale pour l'évolution du genre et l'on a sous-estimé son importance dans l'éclosion de la maxime en France, même si l'on sait que Mme de Sablé a lu Gracián et que La Rochefoucauld connaissait la tradition des historiens tacitistes.

L'APHORISME MARGINAL DU TACITISME

L'œuvre de Tacite, dans la traduction de Justus Lipsius (1574), a suscité un grand nombre de commentaires qui soulignent en Tacite le philosophe du politique, soit sous la forme de traités systématiques, soit sous la forme de longues discussions, soit enfin sous la forme de commentaires inscrits dans la marge même du texte de Tacite. Ces observations, notes isolées, manchettes, remarques plus ou moins brèves, sont souvent une paraphrase du texte original ou son résumé, qui servent à mettre d'abord les idées principales et importantes en évidence. Le texte de l'« Hippocrate de la politique » a donc suscité une écriture aphoristique s'inscrivant dans la marge et comme commentaire de l'historien latin. *C. Taciti ab excessu divi Augusti Annalium libri quatuor priores et in hos observationes C. Paschalii* (1581) est le premier texte fondateur d'une tradition d'un genre particulier, l'aphorisme marginal du tacitisme. Montaigne écrit vers 1588 dans les *Essais* (III, 8) que l'œuvre de Tacite est « une pépinière de discours éthiques et politiques pour la provision et l'ornement de ceux qui tiennent quelque rang au maniement du monde. » Sans parler de la pratique assez courante des recueils de sentences tirées de Tacite, l'écriture en marge développe ici un type de textes nommés aphorismes, et son aspect visuel n'est pas le moins original, avec le texte de Tacite à droite et les réflexions de l'éditeur s'inscrivant dans la marge à gauche. Carlo Pasquale publie en 1600 ses *Axiomata politica e Taciti excerpta* qui serviront de modèle pour d'autres recueils.

Pasquale n'est pas le seul, puisque l'espagnol Baltasar Alamos de Barrientos, qui fait une traduction quasi complète des œuvres de Tacite en espagnol, accompagne sa traduction écrite en 1594 (mais publiée en 1614) de commentaires marginaux, qui paraîtront à Madrid en 1614 sous le titre *Tacito español ilustrado con aforismos*. Il s'agit bien d'aphorismes (« sentencias breves sacadas de los casos de la Historia » ainsi qu'il le dit dans sa Préface). Pour lui il s'agit de tirer la substantifique moelle de Tacite par le biais de cette condensation du discours qui garde le sens de remède médical dans le sens d'Hippocrate. Tirer la leçon des événements passés devrait permettre de porter remède aux troubles futurs. Véritable manifeste du tacitisme, l'œuvre de Barrientos ouvre un genre non seulement en Espagne, mais à l'étranger, plus particulièrement en Italie où elle est traduite en 1618 par Girolamo Canini d'Anghiari, qui lui-même publiera quelques années plus tard un autre recueil d'aphorismes politiques (essentiellement tirés de l'*Histoire de l'Italie* de Francesco Guicciardini) en 1625. L'œuvre de Guichardin, et en particulier ses *Riccordi politici e civili* (1500) qui témoignent d'un sens profond des circonstances dans leur variété et leur caractère individuel, a un tour aphoristique dans la mesure où ce sont des pensées forcément éparses en raison de l'incessante mutabilité et variation du cours des choses. Son traducteur espagnol publia un choix d'aphorismes de Barrientos en 1614 ; d'autres choix d'aphorismes tirés et inspirés de Tacite sont publiés à la même époque. La série des aphorismes d'Antonio Pérez publiés dans les *Relaciones* (1598) est elle aussi au départ des annotations en marge de l'édition du Tacite de Lipse. Pérez fut bien connu en France des penseurs politiques y compris de Richelieu. Jacques Gautier le traduisit en 1602 sous le titre *Aphorismes ou Sentences d'Orées, extraites des lettres tant espagnoles que latines.* Avec ses diverses publications d'aphorismes, Pérez, s'il n'a guère été diffusé en Espagne (mais l'on sait combien Quevedo s'en inspire dans ses *Miettes sentencieuses*), eut une grande influence en France, notamment grâce aux traductions de Amelot de la Houssaye.

LES APHORISMES POLITIQUES ET LEURS COMMENTAIRES

L'une des caractéristiques intéressantes de Pérez est d'ajouter aux aphorismes des commentaires. On a ainsi un texte qui engendre un autre texte qui en engendre un troisième : le premier texte est transposé en sentences, brèves et universelles qui à leur tour font l'objet de développements. Ce sont en certaines occasions des artifices typographiques (gras, couleurs) qui permettent de distinguer l'hypotexte de l'hypertexte. Aphorisme vaut pour maxime politique, règle de conduite, conseil, avertissement. En commentant ceux-ci, Pérez éclaircit ce que la maxime pouvait avoir d'obscur, livre des exemples signifiants, ainsi que le mode d'emploi pratique d'une idée de portée générale, dégageant le mouvement qui permet d'aller du général au particulier, de l'universel abstrait à l'individuel concret, essentiel à la lecture de l'œuvre de Tacite et à son actualisation. Le commentaire est dialogue, écrit sous forme du discours direct, non pas dialogue classique faisant intervenir deux partenaires, mais monologue dialogué, « dialogue comprimé ». Ce dialogue introduit une distance, une marge, un espace de jeu et de liberté entre le lecteur et le texte, un esprit et un autre, mettant en évidence l'intertextualité sous-jacente par le jeu de l'allusion érudite de la citation explicite, de l'exemple historique, et faisant éclater le tissu textuel en posant la question de son référent. L'écriture en marge, comme l'autre du texte, espace du monde et du social, comme l'autre face du discours, introduit le problème de la validité du texte non seulement dans sa cohérence interne, mais aussi dans son applicabilité. Le recours à l'expérience, au pragmatisme, à la vérification, place du même coup la sentence dans un superbe isolement langagier qui problématise sa véracité. Crise du langage, crise générale de l'articulation de la pensée humaine et du monde. Le commentaire réinscrit une marge dans l'aphorisme, marge supplémentaire et indéfinie que l'espace blanc, séparant chaque maxime, mettait déjà en scène, non plus comme marge verticale, mais comme marge horizontale zébrant le texte, multipliant le vide, les espaces séparant chaque pensée et introduisant une discontinuité fondamentale dans le discours devenu éminemment instable dans ses cohérences et ses fondements.

Le commentaire de Pérez peut apparaître avec ses principes de *virtu*, de *prudentia* et ses exemples, comme la tentative de réduire le scandale d'une parole éclatée, oraculaire, trop démystificatrice ou trop autoritaire selon le cas. Tout commentaire de maxime semble en effet contradictoire avec la forme choisie et l'on sait combien La Rochefoucauld réduit cette tentation du commentaire dans les différentes éditions de ses *Maximes*. Contradictoire dans la forme, mais pas dans le fond, puisque l'écriture aphoristique appelle le commentaire, que sa brièveté est une invitation à penser, à continuer de progresser dans l'espace spirituel qu'elle ouvre. Il s'agit de savoir qui fait ce travail, l'écrivain ou son lecteur.

L'aboutissement esthétique de ces jeux baroques est sans aucun doute les aphorismes de Baltasar Gracián qui jouent à la fois du texte de l'aphorisme, de la typographie, du commentaire dans une subtile stratégie. Avec *L'Homme de cour* (*Oraculo Manual y Arte de Prudencia*), Gracián clive le texte, d'un côté l'aphorisme, de l'autre son commentaire, d'une manière assez raffinée pour que l'on ne sache plus lequel est la marge de l'autre. On a pu voir dans cette bipartition que séparaient deux points à l'origine, puis ensuite une mise en italique de l'aphorisme devenant titre ou motto, une filiation à l'emblématique. Mais il manque ici le troisième terme de la structure tripartite de l'emblème (image ; proverbe/sentence ; explication) à savoir l'image. L'autre filiation est bien entendu le commentaire classique de Tacite ou les recueils commentés d'adages, de proverbes et sentences de l'humanisme (comme les commentaires de P. Diaz de Toledo des *Proverbiae Senecae*). La filiation est sans doute évidente, mais l'originalité de Gracián est le renversement, la subversion qu'il opère dans la tradition humaniste, rationaliste et didactique : le commentaire n'est plus l'éclaircissement du sens obscur de l'aphorisme, il en est le redoublement, sa multiplication. Il tisse tout un réseau d'allusions obscures, de sens sous-jacents qui, loin d'expliquer l'aphorisme, l'approfondissent et font pénétrer le lecteur plus avant dans les tours et détours de l'*agudeza* (voir le chapitre « Les jeux de l'esprit »).

L'APHORISME, MAXIME DE L'OCCASION

L'*Oraculo Manual* (1647) donne un sens nouveau à l'aphorisme. Si du point de vue formel nous avons toujours une collection non systématique de pensées formulées brièvement et, du point de vue thématique, la description des différentes aptitudes à bien se conduire en société (prudence, dissimulation, ruse, etc.), l'œuvre de Gracián se distingue des précédentes dans le sens que nous avons à faire à un phénomène littéraire qui place désormais au premier rang le jeu créateur du langage, celui de l'esprit et du jeu de mots. L'extension du domaine de la maxime politique à l'ensemble des comportements humains en prenant compte des mécanismes de la nature humaine envisagée dans son extension sociale et psychologique ouvre également de nouvelles et fécondes perspectives.

Un exemple permettra d'expliciter cette subversion du commentaire par prolifération de l'aphorisme :

CCLV

FAIRE PEU DE BIEN À LA FOIS, MAIS SOUVENT

Le don ne doit jamais dépasser les possibilités ; qui donne beaucoup ne donne pas, il vend. Il ne faut pas trop charger la reconnaissance, car celui qui se verra dans l'impossibilité d'y satisfaire dans la même proportion, brisera la réciprocité. Pour perdre beaucoup d'amis, il n'y a qu'à les obliger à l'excès : faute de pouvoir payer de retour, ils se retirent et, d'obligé, deviennent ennemis. L'idole voudrait ne jamais voir son Pygmalion et l'obligé son bienfaiteur. La façon la plus adroite de donner est celle qui coûte peu, qui est désirée vivement et en est estimée davantage.

Ce commentaire est une mosaïque de citations implicites tirées du *De Officiis* de Cicéron, des *Lettres à Lucilius* et des *Bienfaits* de Sénèque, du recueil apocryphe des *Proverbiae Senecae*, des lieux communs, des *Annales* de Tacite, d'un aphorisme de Pérez, des *Emblèmes moralisés* de De Soto sans parler des références au riche répertoire des proverbes espagnols, dont on ne saurait sous-estimer l'importance dans la constitution de l'aphorisme en Espagne. La fiction de l'origine orale de l'aphorisme (chez Gracián comme chez La Rochefoucauld) joue un rôle dans la poétique du genre : elle légitime le désordre du recueil, désordre qui « néanmoins a ses grâces » comme on ne cessera de le répéter au XVIIe qui feint d'y retrouver l'allure libre de la conversation. Ce patchwork, cet assemblage d'allusions et de citations obéissent chez Gracián à une stratégie rhétorique précise dont son *Agudeza y arte de ingenio* (traduit en français sous le titre de *Arts et figures de l'esprit*) donne la recette. Les références culturelles implicites, les figures par allusion dont l'artifice formel est la suggestion mystérieuse, l'énonciation concise, la subtilité chiffrée (« l'artifice de l'allusion, comme des comparaisons consiste en une insinuation qui n'explique pas entièrement, mais qui suffit à occasionner une surprise, à éveiller la curiosité de celui qui ne l'entend pas et la jouissance de celui qui la pénètre »), la « savante érudition » qui fuit l'uniformité et l'homogénéité, et l'ingéniosité avec laquelle l'orateur l'applique au cas présent, la recherche de la consonance, du rythme proverbial ou encore la figure par accommodation, tout cela est au service d'une subversion du commentaire traditionnel qui fait place au jeu conceptueux du langage que Benito Pelegrin baptise heureusement de rhétorique élargie au plaisir.

On voit combien alors le texte est kaléidoscope, combien il engendre à son tour de multiples aphorismes dans une technique que l'on pourrait nommer de répétition dans la différence. Le commentaire de l'aphorisme ici cité engendre au moins six nouveaux aphorismes dont se souviendront La Rochefoucauld, La Bruyère, Chesterfield, Nietzsche, Valéry (« Il faut toujours s'excuser de bien faire – Rien ne blesse plus ») et bien d'autres.

Un des grands thèmes de cette tradition aphoristique est son application à la vie, l'application concrète et particulière d'une règle générale. Comment la règle peut-elle s'appliquer au cas, la maxime générale à la variété des circonstances ? L'aphorisme ne risque-t-il pas d'être de la sagesse en pilule pour esprits médiocres et paresseux ? Lorsque Chamfort dit que seuls les esprits supérieurs saisissent ce qui rend la maxime

« plus ou moins applicable à tel ou tel cas, ou ne l'est pas du tout », c'est le contenu même du discours aphoristique qui risque d'être frappé de nullité, puisque le mode d'emploi est ailleurs et ne saurait être enseigné dans les livres. C'est un *je ne sais quoi*, échappant à toute formulation qui permet de savoir appliquer une règle à un cas individuel. S'il y a des aphorismes, c'est donc moins pour distribuer des vérités qui n'en peuvent être que pour amener l'esprit à l'exercice du paradoxe, à l'exercice de la pointe, à exercer son acuité et suivre une démarche socratique, celle de l'aiguillon, et pour s'adonner à une forme aristocratique de l'esprit, celui du coup d'œil qui embrasse immédiatement les extrêmes, les domine et les utilise.

Une autre raison tient à la nature même du champ empirique qui s'oppose à toute systématisation et à toute prédétermination. Les tranches de savoir de l'aphoriste sont un savoir du temps, de la fortune et de l'occasion. L'aphorisme met en évidence l'indéfinissable de l'écoulement temporel, d'une expérience sans cesse changeante, sans cesse soumise à l'altération. « Il faut traverser la vaste carrière du temps pour arriver au centre de l'occasion » écrit Gracián. C'est dire que l'aphoriste est l'homme de la promptitude et de l'impromptu, mêlant prudence et audace à la captation de l'instant. Pour l'homme de cour comme pour le prince, l'homme est « l'ingénieur de l'occasion », il oblige ingénieusement le *kairos* à travailler pour lui ainsi que le rappelle pertinemment Jankélévitch (*La manière et l'occasion*[1]). La pertinence comme sens de la conformité au temps et à l'occasion caractérise l'homme des bonnes fortunes. Savoir jeter les dés, courir la chance au jeu, telle est la voie de l'aphoriste qui sait que toute occasion est un hapax qui n'a ni précédent ni réédition, ni signe précurseur ni répétition. « *Perché la fortuna è donna* » (parce que la fortune est femme), c'est-à-dire changeante, il faut la saisir par les cheveux ! Point de règles générales, seul un fulgurant à-propos est requis. L'acuité sentencieuse est le modèle au niveau du langage de cette fulguration préméditée au niveau de l'action. Gilbert Romeyer Dherbey a fort bien montré comment la perception du monde chez La Bruyère aboutit nécessairement à une déconstruction de l'écriture : « l'instant perturbateur ne peut qu'interdire la construction d'une œuvre et ne tolère qu'une expression dispersée, une écriture aphoristique, gnomique,

1 Vladimir Jankélévitch, *Le Je-ne-sais-quoi et le presque-rien*, PUF, 1957.

de pensées et de scènes[2]. » C'est dire qu'il y a dérapage, décalage, que l'aphorisme est un perpétuel décentrement, qu'il introduit en son sein même un écart, qu'il est pensée de la marge et de l'écart.

On voit que l'aphorisme a été d'abord essentiellement lié à un mode de transmission du savoir, qu'il était une forme réservée plus particulièrement à un type d'expression médicale, politique, religieuse et que celle-ci s'est élargie à l'ensemble des comportements sociaux et psychologiques pour se constituer par un art particulier du langage en maxime qui est à notre avis une forme historiquement déterminée de la forme aphoristique générale.

Mais les efforts de simplification et de définition ne peuvent masquer le problème des dénominations qui sont d'une instabilité déconcertante. M. Nemer indique que la maxime semble procéder de trois champs de définition complémentaires : une définition formelle, une définition de contenu, et une définition par l'effet produit ou la fonction envisagée. Pour ce qui concerne la maxime, nous devons rappeler le caractère impersonnel de sa formulation péremptoire et universelle. « Ce sont ces deux éléments constitutifs du vrai, sur lesquels se fondent la maxime de La Rochefoucauld – impersonnalité et éternité – qui craquent dans l'aphorisme aux époques ultérieures » (M. Nemer). En effet l'aphorisme moderne est caractérisé par la subjectivité fondamentale de l'énonciateur qui présente son point de vue et prend en compte les conditions et situations changeantes de l'énonciation. Révolution copernicienne !

CHAMFORT

Avec Chamfort, l'auteur des *Maximes et pensées. Caractères et anecdotes* (1795), qui furent rassemblés après sa mort par son ami Guinguené qui, pour le plan de l'ouvrage projeté que son auteur appelait « produits de la Civilisation perfectionnée », n'avait que de fort vagues indications, nous assistons à la dissolution complète de la forme classique de la maxime. Albert Camus, qui comme on l'a vu n'appréciait guère la

2 Gilbert Romeyer Dherbey, « Temps et contre-temps chez La Bruyère », *RHLF*, 1984, n° 3, p. 355-372.

maxime, cette « équation où les signes du premier terme se retrouvent exactement dans le second, mais avec un ordre différent », formule algébrique qui peut toujours être retournée, combinatoire indifférente à l'expérience, Albert Camus appréciait Chamfort parce qu'il « n'écrit pas des maximes », que chez lui « il n'y a rien de généralisé » et qu'il procède au contraire par remarques : « Ce sont des traits, des coups de sondes, des éclairages brusques, ce ne sont pas des lois ». L'originalité de Chamfort est dans ces anecdotes, bons mots cyniques qui, loin de rechercher une portée universelle, visent à épingler le singulier, ainsi que dans la part subjective importante de l'énonciation qui tend à rapprocher certaines assertions du journal intime du XIXe siècle. « Lorsque mon cœur a besoin d'attendrissement, je me rappelle la perte de mes amis que je n'ai plus, des femmes que la mort m'a ravies ; j'habite leur cercueil, j'envoie mon âme errer autour des leurs. Hélas ! je possède trois tombeaux. » Ce sont des réflexions où l'humeur de l'individu et l'état d'âme prédominent.

L'écriture de Chamfort se remarque par un ton personnel et énergique, une « âpreté dévorante » qui faisait dire à Diderot que Chamfort est « un petit ballon dont une piqûre d'épingle fait sortir un vent violent ». Cette tête « la plus électrique que j'ai jamais connue » (Mirabeau) et qui dit avoir été empoisonné à l'arsenic sucré n'écrit que pour recommencer une société humaine qu'il faut auparavant détruire. « C'est après les éruptions des volcans que la terre est plus fertile. » Mais cette passion violente qui cherche à « fixer, éterniser chaque instant de son être » essaye de s'oublier, de retirer la vie de soi-même pour échapper au tourbillon nerveux qui la consume. Retrait en soi, dans la solitude ironique et amère, car « la perte des illusions amène la mort de l'âme. »

Ce moraliste désolé, dont on a pu dire qu'il joint l'humour féroce de Swift à la grâce d'un Beaumarchais, et qui préconise le rire pour exorciser le désespoir, alliant le sarcasme de la gaieté avec l'indulgence du mépris, est un être hanté de contradictions, qui n'aime point les princes et est attaché à une princesses, qui écrit des maximes républicaines et dont les amis portent des décorations monarchistes, qui aime la pauvreté volontaire et qui vit avec des gens riches, qui croit enfin les illusions nécessaires à l'homme et qui vit sans illusions.

Observateur perspicace d'une société dont il se sent exclu, ses « produits de la civilisation perfectionnée » tracent par petites touches le tableau d'une société qui se décompose et nul n'a eu plus que lui le sentiment de la fin de l'Ancien Régime. Le terme « produits » signifie que les vices d'une telle société sont le résultat du développement de la civilisation, mais qu'ils ne sont pas le fait unique de la nature humaine. Aussi ses aphorismes ne sont guère tendres pour la société qui est « une foire, un tripot, une auberge, un bois, un mauvais lieu et des petites-maisons », « un bois rempli de voleurs, dont les plus dangereux sont les archers, préposés pour arrêter les autres », pour le grand monde « un mauvais lieu que l'on avoue », pour les Français dont « le caractère naturel est composé des qualités du singe et du chien couchant », pour le Roi « un homme dont la figure est sur un petit écu », les différents ordres et états, la noblesse (« La Noblesse, disent les Nobles, est un intermédiaire entre le Roi et le Peuple… Oui, comme le Chien de chasse est un intermédiaire entre le Chasseur et les Lièvres »), les courtisans « pauvres enrichis par leur mendicité », les bourgeois qui « par une vanité ridicule font de leurs filles un fumier pour les terres des gens de qualité ». Quant à l'amour, cet « échange de deux fantaisies et le contact de deux épidermes », cette « épilepsie de quelques minutes », il ne nous rapproche guère des femmes par qui commence toute dégénérescence. Quant à la gloire littéraire qui n'est qu'une « espèce de diffamation », soutenue par un public qui n'est qu'une « bête et un coquin » (« Le public, le public ! combien faut-il de sots pour faire un public ? »), mieux vaut ne pas y songer. Bref, « ce n'est pas un bon moyen de corriger les hommes que de vouloir leur prouver qu'ils sont incorrigibles ».

« La société n'est pas, comme on le croit d'ordinaire, le développement de la nature, mais bien sa décomposition. C'est un second édifice, bâti avec les décombres du premier. On en retrouve les débris avec un plaisir mêlé de surprise. » Dans une belle image, il compare la société à « une bibliothèque où tout paraît en règle au premier coup d'œil, parce que les livres y sont placés suivant le format et la grandeur des volumes, mais où dans le fond tout est en désordre, parce que rien n'y est rangé suivant l'ordre des sciences, des matières ni des auteurs. » Ce désordre fondamental est dû aux égoïsmes particuliers et à la sottise générale. Il faut savoir dire non, et l'aphoriste qui est un négateur prend des allures de prérévolutionnaire lorsqu'il proclame « Les pauvres sont les nègres de l'Europe », « Qu'est-ce que le Tiers État, Tout. Qu'a-t-il ? Rien » ou « Guerre aux châteaux, paix aux chaumières ».

Avec élégance, simplicité, Chamfort use du parallèle (« Il y a des sottises bien habillées comme il y a des sots bien vêtus »), du balancement (« On souhaite la paresse d'un méchant et le silence d'un sot »), de l'image (« un sot qui a un moment d'esprit étonne et scandalise comme des chevaux de fiacre au galop »), des paradoxes (« on ne sait bien que ce que l'on n'a point appris »). Mais le goût de la formule (« Il est plus facile de légaliser certaines choses que de les légitimer » ou « Célébrité : l'avantage d'être connu de ceux qui ne nous connaissent pas ») est toujours au service de l'idée, sans virtuosité artificielle, ni éclat tapageur ou exagération : rien n'est gratuit dans le moule élégant et robuste de la phrase dont la concision sert la pensée et son mordant.

Le rejet de la maxime comme paresse de l'esprit provient d'une vive sensibilité à la complexité des choses : « Dans les choses, tout est affaires mêlées, dans les hommes, tout est pièces de rapport. Au moral et au physique, tout est mixte. Rien n'est un, rien n'est pur. » Cette philosophie d'un monde multiforme est en rapport avec les séismes historiques, avec le sentiment d'éclatement d'une société qui n'est que la lutte de mille intérêts opposés, lutte de toutes les vanités qui se croisent, se choquent… « En France, il n'y a plus ni public, ni de nation par la raison que la charpie n'est pas du linge ».

D'une manière beaucoup plus évidente encore que l'œuvre de Chamfort (qui du reste a été très appréciée en Allemagne, en particulier par les Schlegel, Schopenhauer, Nietzsche, etc.), encore tributaire d'un vernis d'Ancien Régime qui craquelle cependant de toutes parts, celle de Lichtenberg, qui est le grand maître de la tradition aphoristique moderne, met encore plus l'accent sur l'importance du point de vue.

LICHTENBERG

Lichtenberg, ce « Christophe Colomb de l'hypocondrie », professeur de mathématiques et sciences expérimentales à l'Université de Göttingen en 1770, admirateur de Bacon et de Tacite, moraliste, homme de science, critique littéraire admiré avec passion par Jean Paul, Schopenhauer, Nietzsche et André Breton, s'était donné, en homme authentique des

Lumières, un plan d'études encyclopédique qu'il semble regretter par la suite : « une grande faute que j'ai commise dans les études de jeunesse, a été de tracer le plan de l'édifice sur une trop large échelle. Les conséquences, c'est que je n'ai pu terminer l'étage supérieur ; bien plus, je n'ai même pas réussi à mettre une toiture… je me suis vu obligé de me contenter d'une paire de mansardes que j'ai passablement aménagées, mais je ne pouvais cependant empêcher la pluie d'y entrer, en cas de mauvais temps. C'est l'histoire de bien des gens. » De fait, une répugnance à la spécialisation mais un goût marqué pour les vagabondages : « Une lecture à bâtons rompus a été, de tout temps, mon plus grand plaisir » et « il n'est pas rare que la flânerie sans ordre, les divagations de l'imagination lèvent un gibier dont la philosophie méthodique fera usage dans son ménage bien tenu ».

Le refus du systématique, l'usage ludique du mot d'esprit comme moyen de connaissance, la valeur accordée à l'observation concrète et à l'expérience, le refus de la déduction et la place accordée à la pensée autonome invitent l'homme des Lumières à une écriture rapide, immédiate, sous la forme de notes qu'il jette dans des cahiers dépositaires de ses trouvailles. L'usage de la raison ne réside pas dans l'application figée et rigide d'une faculté, mais dans le libre jeu d'une subjectivité libre. Recueillies dans les « livres-brouillards » (*Südelbücher*) ou ce qu'il appelle les tirelires de notes, les trouvailles sont jetées pêle-mêle, de manière discontinue et hétérogène. De telles « vérités d'un sou », écrites suivant la méthode de la « main courante » des commerçants qui consignent au jour le jour, sans aucun ordre, achats et ventes, prennent souvent une tournure aphoristique bien que lui-même n'ait pas employé ce terme pour désigner ses cahiers qui sont un peu les journaux d'observation de la marche de l'esprit.

La subjectivisation de l'expression aphoristique est frappante, mais également, par rapport à la maxime classique, son champ thématique qui devient illimité. Tout peut être aphorisme, puisque l'aphorisme révèle un tour d'esprit, la parole d'un sujet, l'humeur d'un moment. Ce qui ne signifie pas la gratuité, bien au contraire, et Goethe, dans ses *Maximes et Réflexions*, lui rend hommage en disant que Lichtenberg est une baguette magique : « quand il fait une plaisanterie, il y a un problème dessous. »

Laisser libre cours à l'association et au vagabondage des idées fait partie de cette pensée expérimentale qui est en quête d'expériences de pensée : « Si tout venait du Moi et non du monde… si tout les hommes étaient pétrifiés à trois heures de l'après-midi… » Homme des franges, des marges, des zones frontières, l'être humain « est peut-être mi-esprit, mi-matière, comme le polype est mi-plante mi-animal. C'est à la frontière des deux que se tiennent toujours les créatures les plus étranges ». « Aller tout de suite aux frontières de la science. On connaîtra vite le point où il manque quelque chose. »

Homme d'humeur, il met l'accent sur le malaise physique de son moi pour interpréter l'origine de ce style acide et corrosif. Il déclare posséder « un talent spécial […] pour tirer la plus grande quantité de poison de chaque événement […] pour son propre usage ». L'expression subjective de la vérité est à la fois la garantie de son authenticité et la condition d'une expression originale et efficace. La naissance d'une pensée dépend de conditions très concrètes, atmosphériques et climatiques, car tout est question de perspective et une pensée dépend de ses conditions de surgissement. « Nos pensées prendraient une tout autre direction si c'étaient les seules pensées et pas autre chose qui les dirigeaient. » Mais l'homme est une résultante, de la nature, de la société, d'un nombre incalculable de facteurs. « J'ai remarqué très distinctement que mes opinions diffèrent suivant que je suis couché ou debout. Surtout si j'ai peu mangé et si je suis fatigué. » Suivant le point de vue les choses diffèrent : « Aussi fou qu'il doit sembler aux crabes quand ils voient les hommes se déplacer en avançant » ; ou telle expression laconique pleine de conséquences : « Ceci semble évidemment tout différent aux barbus ». L'ivresse, la fièvre, la constitution physique, les modes de perception (« Il n'est pas indifférent qu'une idée pénètre dans l'âme par l'oreille ou par les yeux »), les situations spécifiques qui amènent des conceptions particulières (« quand on fait cadeau d'une heure à un condamné à mort, cette heure a la valeur d'une vie ») constituent une théorie de la connaissance qui n'exclut pas les premières impressions de l'enfance, l'étude des rêves et les influences météorologiques : « Je voudrais bien avoir pu écrire mes remarques quand le vent d'Est soufflait encore ». Ceci conduit à une universelle relativité, ainsi qu'en témoigne l'aphorisme suivant : « Théorie des Beaux Arts pour l'année 1774 ».

UN ENTOMOLOGISTE DE LA PENSÉE

Les variations exploratoires de perspective sont un véritable procédé de découverte et de connaissance. Les paradoxes sont une manière de voir et concevoir les choses autrement : « Avec les cadrans solaires, les ombres ne bougent pas et les montres tournent ». Révolution copernicienne : c'est le cadran qui se déplace ! Ce principe de renversement par la pensée est le principe de la découverte et de l'invention : « C. Colomb partout ! ». Problèmes d'optique : « microscope et télescope – liens analogiques – clefs de la découverte ». Pensée à rebours : « Il est très étrange que l'on parle toujours de la vie après la mort et si peu de la vie avant la naissance. »

Cet esprit des Lumières est un homme qui doute et un découvreur de zones d'ombre et d'irrationnel : « Chercher à voir dans chaque chose ce que personne n'y a encore vu, ce à quoi personne n'a jamais pensé ». Pour cela, il faut collecter dans la corne d'Amalthée toutes idées, ne rien laisser, pas une expression ou une tournure. « La richesse vient en épargnant tous les sous ». Aussi le détail, l'anecdotique, le bizarre doivent-ils entrer dans les cartons de l'entomologiste de la pensée, que ce soient les pommes de terre lumineuses, une histoire naturelle de la mouche domestique, les mathématiques des oiseaux, le fait qu'on appelle mille-pattes des animaux qui sont loin d'en avoir autant, de savoir pourquoi les jeunes veuves en deuil sont-elles si belles ? Un bruit étrange, comme si soudain un régiment entier éternuait, une perruque faite avec les cheveux les plus intimes d'une jeune fille, la théorie des plis dans un oreiller, la description d'une tache d'encre, sur la forme des nuages d'été et d'hiver, etc.

Les modèles d'écriture, qui seront aussi ceux de Jean Paul, sont les livres de pensées, les recueils de tout genre où pullulent notes et contre-notes. Et si chacun notait toutes les idées qui lui traversent la tête, on aurait finalement un bon livre, car chacun est au moins une fois l'an un génie ! disait Herder.

BRIÈVETÉ DE LA FORME

À travers la diversité des notes de Lichtenberg et de leurs formes, essayons de préciser les caractéristiques principales de cette nouvelle écriture aphoristique. La brièveté tout d'abord comme forme opposée aux longues périodes et marque d'une pensée puissante. S'il est vrai que certains énoncés sont plus proches de l'essai chez Lichtenberg, d'autres en revanche atteignent une brièveté formidable, qui peut être constituée de segments de phrase sans verbe (« densité des pensées et minceur des particules ») ou même d'un seul mot, ultime stade de la sédimentation, de la distillation et de la cristallisation ! Pratique que l'on pourrait qualifier de *laconisme* dans le sens où Lessing évoque la manière dont les Spartiates s'expriment, conscients qu'ils étaient de ne pouvoir rivaliser avec le langage fleuri et riche des Athéniens. Très souvent le segment d'une phrase est une expression antithétique (« Les catholiques et les autres hommes »), une opposition qui retrouve la fonction primitive non seulement de la prose littéraire comme le voulait Hugo Friedrich, mais la fonction oppositive du langage lui-même (voir Saussure).

> Là où me conduit mon destin et ma voiture
>
> Ubiquité
>
> Catéchisme lacté
>
> A en bouche et non-A dans le cœur

L'économie du verbe est d'autant plus remarquable qu'elle incite le lecteur à construire mentalement tout un commentaire ; phrases brèves semblables aux fleurs japonaises de papier qui s'épanouissent dans l'eau du cerveau. C'est dire que de l'*inventio*, de la *dispositio* et de l'*elocutio* constitutifs de l'ancienne rhétorique ne subsiste que l'*inventio*, c'est-à-dire la trouvaille (en allemand *Einfall*). *Einfall* c'est l'idée qui surgit sans lien, la trouvaille spontanée qui ouvre à de nouvelles représentations et qui rapprochant souvent des réalités étrangères se rapproche du *Witz* (voir le chapitre « Les jeux de l'esprit »), ainsi « amour d'un embryon dans l'alcool » ; « Roméo et Juliette par un singe et un caniche » ; « Lettres mâles et femelles ». La trouvaille naît souvent de rapprochements incongrus de l'abstrait et du concret : « Il travaillait toujours à s'aiguiser, et, à la fin, il s'émoussa avant d'être affilé » ; « Il est impossible de porter à travers la foule le flambeau de la vérité sans roussir ici et là une barbe ou une perruque » ; « Corps et âme, un cheval attelé à côté d'un bœuf ». Elle naît aussi des comparaisons (« Comparaison entre la faim et la curiosité » ; « Comparaison entre des choses très hétérogènes »). Logique des contradictions, énigmes, métaphores, auto-analyse du langage, conditionnel d'expérimentation, tous ces moyens sont conçus comme des procédés de découverte « scientifique ».

Si la première personne apparaît dans les aphorismes de Lichtenberg, comme point de vue et perspective, une troisième personne est également présente : « Il s'étonnait que les chats eussent la peau percée de deux trous précisément à la place des yeux. » ; « Il aimait le poivre et les lignes brisées » ; « Quand il voit quelque chose voler, il pense tout de suite que c'est l'oiseau Rock ». Ce « Il » mystérieux, objectivation d'un narrateur personnel, que l'on rencontre également chez Kafka, est une médiation entre le moi et la généralité morale ; il marque la frontière langagière entre solitude et communauté.

Parmi tous les éléments caractérisant l'aphorisme, aucun n'est pleinement satisfaisant et les définitions théoriques achoppent souvent à déterminer le genre exact d'une phrase brève qui tantôt sera proverbe, sentence, aphorisme, note, essai ou tout autre chose. Pour cette raison il faut ajouter à toutes les caractéristiques relevées la situation et la réception. Par situation nous entendons la place que telle phrase a dans un contexte. Lorsque Lichtenberg écrit : « Théorie des Beaux Arts pour l'année 1774 » on pourrait prendre cet énoncé comme une note indiquant que l'auteur songe à écrire un petit traité poétique contemporain. Si on replace cette note dans l'ensemble des autres, il est visible qu'il s'agit là d'un aphorisme destiné avec humour à évoquer la relativité des théories esthétiques, l'opposition entre théorie (impliquant une certaine intemporalité, surtout pour la définition du Beau) et l'année précise, 1774, qui est mentionnée.

Tel énoncé comme « Ne pas franchir la barrière » sera une injonction interdisant le franchissement de la limite d'une propriété privée. Placé dans un ensemble d'aphorismes, il stigmatisera l'esprit borné qui s'interdit toute démarche transgressive et créatrice !

Ne pouvant donc nous satisfaire de la structure de la phrase en elle-même pour déterminer ce qu'est l'aphorisme, il faut considérer le contexte et l'intention. Lorsqu'un écrivain va extraire d'une œuvre – romanesque par exemple – telle phrase pour l'ajouter à un recueil d'aphorismes, il arrive fréquemment que la phrase n'était pas du tout un aphorisme ni conçue comme tel par l'auteur. Mais le fait d'isoler celle-ci, de la déplacer et de la mettre en évidence suffit à la transformer en aphorisme.

Placé dans un recueil d'aphorismes, tout devient alors aphorisme en raison de la situation créée et en raison de la lecture qui en sera faite pour cette raison. Ce rôle de la situation, de la focalisation contextuelle, l'orientation de la lecture et de la réception déterminent ce qui est aphoristique et ce qui ne l'est pas. C'est dire que dans ce cas (si elle peut éventuellement l'être dans d'autres) la détermination générique ne peut se faire intrinsèquement.

DES PENSÉES QUI DONNENT À PENSER

Comme genre littéraire, l'aphorisme comporte une série de contradictions structurelles qui font de cette prose brève un type d'écriture compliqué, en particulier parce que la brièveté s'oppose à l'étendue de la pensée, parce que le sérieux de l'énoncé prend la forme de la note négligente, jetée comme « en passant », fuyant toute théorie et toute élaboration explicite, parce que bien que de forme limitée il tend à la généralisation, parce que son origine scientifique prend des allures non systématique, etc. Charron dans son traité *De la Sagesse* (1601) expose fort bien cela quand il écrit : « Au reste je traite et agis ici non scolastiquement ou pédantesquement, ni avec étendue, de discours et appareil d'éloquence, ou aucun artifice. La sagesse n'a que faire de toutes ces recommandations, elle est trop noble et glorieuse ; mais brusquement, ouvertement, ingénument : ce qui peut-être ne plaira pas à tous. Les propositions et vérités y sont espesses, mais souvent sèches et crues comme aphorismes, ouvertures et semences de discours. »

Il n'est pas trop étonnant de constater que l'aphorisme est une forme fréquente d'expression pendant des périodes de crise. Cette forme, comme conscience de modernité, semble être le dernier refuge de l'individu, l'atomisation et l'isolation étant le seul recours face à un monde en décomposition. Mais cette forme n'est pas que l'expression d'un éclatement, elle est aussi la recherche d'une solution au conflit entre l'expérience et le système, de la pensée et de la vie, d'une perspective universelle à partir du moi. Plus qu'une fuite devant la crise, l'aphorisme serait alors l'expression du conflit entre connaissance et subjectivité, le conflit mis en scène dans une perspective qui en ferait quasiment une catégorie critique de la connaissance au sens kantien.

Comme genre spécifique de perception et d'expression, la pensée aphoristique est une méthode précise de recherche de la vérité. Francis Bacon en fait une forme de communication scientifique opposée au système. Car la science peut être abordée suivant deux voies différentes, suivant la voie systématique ou suivant la voie aphoristique. L'aphorisme présente de nombreux avantages que n'a pas le système. Bacon oppose donc *methodus magistralis* et *methodus initiativa*, c'est-à-dire le dogmatique et l'aphoristique, ce qui recouvre d'ailleurs en un sens la distinction pascalienne de l'esprit de géométrie et de l'esprit de finesse. Lichtenberg, professeur de physique prônant la méthode expérimentale en Allemagne, voit dans le *Novum Organum Scientiarum* de Bacon un « levier heuristique ». L'opposition, non sans pointe polémique de la part de Bacon, entre tradition *per aphorismos* et tradition *methodica* montre que la voie aphoristique est celle d'une pensée autonome, critique, progressive, pensée de l'immédiat et de la situation, pensée du doute et de l'invention, capable de réfléchir non seulement son objet mais également les conditions mêmes de son énonciation, puisqu'elle est non seulement pensée antithétique, paradoxale, contradictoire, mais également pensée ouverte qui joue de son instrument d'invention qu'est le langage. Véritable art de l'invention et de la découverte, l'aphorisme apparaît, face au système, comme une pensée de la combinatoire, de l'expérience concrète, empirique, ouverte aux côtés marginaux, aux aspects pittoresques comme à la dissidence.

La pensée aphoristique est une pensée de l'immédiat, une pensée en situation qui a horreur du systématique. « Pense toujours et doute toujours » disait l'un des plus grands aphoristes allemands, Jean Paul. Plusieurs dizaines d'années plus tard, Nietzsche, lui aussi un maître du genre, dira : « Je me méfie de tous les systèmes et je les fuis. La volonté de système est un manque de rectitude ».

La pensée aphoristique est donc une pensée qui fuit l'habitude, les préjugés et la convention, pensée ouverte par excellence. « L'habitude est une bien mauvaise affaire en de nombreuses choses. Elle fait que l'on tient l'injuste pour le juste et l'erreur pour la vérité » (Lichtenberg). Pensée ouverte à tous les possibles, à toutes les combinaisons, à l'expérience concrète et empirique en opposition à la tradition reçue, aux détails, aux curiosités, aux aspects marginaux, à l'hétérogène, au quotidien, au banal voire au trivial, elle fait dans le domaine du petit ses plus grandes découvertes. « Microscope. Nous découvrons des mondes toujours plus grands » écrivait Heinrich Wiesner. Pensée ouverte et décapante, puisque fondamentalement irrespectueuse, elle démasque, découvre, dévoile : « Rien n'est plus caché que les choses dont nous parlons sans cesse » (Hofmannsthal).

Pensée non systématique, c'est aussi une pensée autonome, l'expression de la pensée d'un individu, qui pense par lui-même et non selon des modes et des traditions reçues. L'aphorisme stigmatise le parapluie de l'opinion dans l'aventure spirituelle. Mais cette énergie passionnée pour atteindre une vision subjective, qui passe par une critique linguistique sévère des formes habituelles du langage, formes non réfléchies et pleines de clichés (« Danger du langage pour la liberté de l'esprit : chaque mot un préjugé » (Nietzsche), sert une pensée progressive, et donne des pensées qui font les pensées. Toujours en chasse par l'usage des combinaisons, des parallèles, la recherche de l'analogie, le vagabondage exploratoire, aiguisée au sens de la contradiction, pensée expérimentale qui laisse l'esprit et l'imagination explorer librement, par associations et chemins de traverses, la pensée aphoristique est une exploration et une combinatoire, une pensée spéculative et audacieuse. Comme le disait Karl Kraus, « les vraies vérités sont celles que l'on peut inventer. » Forme de pensée aristocratique, du coup d'œil, l'aphorisme donne beaucoup de choses à entendre sans les exprimer. Ce sont, pour reprendre l'expression de Nietzsche à propos des moralistes français, des pensées qui donnent à penser.

FORMES HYBRIDES DE L'APHORISME

LES PENSÉES

Il convient de distinguer l'aphorisme comme tel de cette forme brève appelée pensée. Les pensées sont ordinairement, comme le rappelle de Jaucourt dans l'*Encyclopédie* « des réflexions de l'auteur même, enchâssées dans le sujet qu'il traite. Quelquefois c'est une maxime de morale, de politique : *Rien ne touche les peuples comme la bonté*; d'autres fois c'est une image vive ». Distinguer la pensée de l'aphorisme est une tâche difficile. Ce qui les sépare est sans doute la mise en forme que l'aphorisme exige, mais qui n'est pas l'essentiel d'une pensée. Ce qui ne signifie point que les *Pensées* de Pascal ne soient point écrites avec une concision artistique remarquable. Un certain nombre d'entre elles relèvent d'ailleurs du pur art de l'aphoriste. Le problème des *Pensées* de Pascal est qu'elles n'étaient pas l'état définitif de l'œuvre envisagée. Maeterlinck, grand auteur d'aphorismes par ailleurs, disait que « si Pascal avait eu le temps de mener à bien la grande apologie qu'il ébauchait, il est probable que personne ne la lirait aujourd'hui. Il aurait dû sacrifier à l'ambiance grisâtre d'un traité méthodique, aux nécessités du style interstitiel, au tissu conjonctif, tous les raccourcis, tous les traits de génie, tous les éclairs, tous les coups de foudre qui font de ses *Pensées*, l'un des plus grands livres de l'humanité. Bien des livres sont mort-nés, parce que leurs auteurs eurent le loisir de les achever et de les mettre au point. »

Bien des recueils de pensées sont souvent des recueils de sentences ou d'aphorismes. Rien cependant n'incite une pensée à la brièveté (si ce n'est – et ce n'est pas là un critère suffisant pour cela – son unicité : on dit « une » pensée). Les recueils de pensées (on ne connaît pas de recueil de raisonnements !) ont l'avantage et le désavantage de présenter une idée sans les enchaînements qui l'ont amenée. La diversité des pensées est appréciée en ce qu'elle remplace « peut-être ce qui manque du côté de la liaison et de la suite du Discours [...] une certaine confusion qui a ses charmes aussi bien que l'ordre », car ce sont « des diamants, qui ont leur prix, mais qu'on n'a point enchâssés... » écrit le Père D. Bouhours (*Pensées ingénieuses des Anciens et des Modernes*, 1734).

Les pensées ainsi écrites, formes brèves de l'esprit, sont collationnées, comme les sentences. Mais le désordre surprend un peu plus en ce cas et une plus grande attention est requise « sur la manière d'écrire par pensées détachées ». Les avantages semblent évidents si l'on songe que dans un ouvrage suivi, l'auteur est souvent contraint de laisser des endroits faibles, que les transitions sont une des sources les plus ordinaires de la langueur du style, que ce « découpage » peut être d'un grand secours pour la mémoire. Bouhours écrivait que : « Le meilleur moyen de bien retenir ce qu'il y a de plus essentiel dans un ouvrage d'une certaine étendue, c'est de le réduire en maximes, sentences, en plusieurs articles ». D'autre part l'esprit n'aimant pas à être trop longtemps occupé du même objet, ce type de recueil de pensées détachées peut être quitté et repris à volonté : grande commodité !

Inversement certains critiqueront une sagesse acquise à si peu de frais, pensée à la paresseuse, tel Vauvenargues, amateur de clarté, écrivant : « Lorsqu'une pensée s'offre à nous comme une profonde découverte, et que nous prenons la peine de la développer, nous trouvons souvent que c'est une vérité *Qui court les rues* ».

L'ESSAI

Dans le même ordre d'idées, la forme de l'essai mérite de retenir l'attention. Non pas que les essais soient forcément brefs, il s'en faut. Mais l'essai est une composition non systématique, mosaïque, laissant cours à la subjectivité, à l'esquisse, l'arbitraire même, à l'association libre, exprimant avec souveraineté une matière dont dispose l'auteur, explorant à l'aventure et de manière ouverte, progressant avec une méthode critique dans laquelle le doute est toujours présent, exposant des vérités fragmentaires sans prétendre ni à l'exhaustivité ni à la totalité.

Aussi une proche parenté existe-t-elle entre essai et aphorisme, souvent dans le contenu des idées et la subjectivité de la représentation. La différence réside dans la manière de poser la problématique, qui dans l'essai a une logique propre se développant de manière autonome, alors que la thématique de l'aphoriste est beaucoup plus fortement liée à l'énonciateur qui exprime immédiatement un vécu et une pensée. L'essai reste un ensemble cohérent, bâti sur un enchaînement en opposition au caractère abrupt, voire primesautier de l'aphorisme qui privilégie le jeu de mots et la pointe, techniques rhétoriques fort secondaires dans l'essai… mais pas toujours, il suffit de songer à Montaigne !

LE PARADOXE

Le paradoxe est une des formes les plus courantes de l'aphorisme qui recourt sans cesse à l'antithèse, au renversement, au chiasme, et à toutes formes de provocation et de démystification. Une telle pensée antithétique, paradoxale, contradictoire (« Celui qui aime la pensée, se contredit » écrit Hans Kudszus) va essentiellement contre l'opinion (ce qui est le sens étymologique du paradoxe). Le paradoxe comme pensée

« augmentée, intensifiée, transcendante » (« On ne va jamais aussi loin que quand on ne sait plus où l'on va » dit Goethe) sollicite l'intuition de nouveaux rapports. William Blake avec ses *Proverbes du ciel et de l'enfer* retourne le sens commun et introduit la différence créatrice : « Les tigres de la colère sont plus sages que les chevaux de l'instruction ». Ces 70 aphorismes expriment une philosophie de l'énergie sibylline qui affirme en décapant, exigeant une compréhension et une adhésion immédiate à l'expression iconoclaste. « La route de l'excès mène au palais de la sagesse. »

D'autres poètes ou philosophes usent de cette forme pour aiguiser leur pensée ou exprimer l'impossibilité d'une expression continue et systématique, que ce soit Schopenhauer, Kierkegaard, Wittgenstein ou Adorno. Mais le plus célèbre est Nietzsche qui, tout comme Blake, se sert de la parodie aphoristique des expressions bibliques et oraculaires pour dire les contradictions de la pensée en mouvement, qui démasque les conventions, les ruses et les mensonges du langage. Nietzsche s'insurge contre les « critiqueurs de la brièveté » : « Une expression brève peut être les fleurs et les fruits d'une chose longuement pensée : mais le lecteur nouveau-venu ne voit dans l'expression brève qu'un embryon. » Il n'est pas question ici de développer la complexité de la philosophie de celui qui pense que « Les livres les plus profonds et les plus inépuisables auront toujours quelque chose du caractère aphoristique et soudain des Pensées de Pascal » ; nous nous contenterons simplement de souligner combien l'aphorisme est pour l'auteur du *Gai savoir* la forme qui permet de dire non, la forme du non-savoir qui est renoncement à la certitude finie, qui ouvre une dialectique de la *rumination*, un aphorisme lu n'étant pas et de loin un aphorisme déchiffré.

UN PESSIMISME INVÉTÉRÉ

Le terme grec *aphorizein* signifie la dé-limitation. L'aphorisme circonscrit, mais ce faisant met en relief, noir sur blanc, dans le sens de la caricature que la généralité autorise. « L'aphorisme ne coïncide jamais avec la vérité : il est soit une demi-vérité soit une vérité et demie ». Il lui manque la nuance. Blanchot écrivait : « L'aphorisme est la puissance qui borne, qui enferme : forme qui est en forme d'horizon, son propre horizon. Par là, on voit ce qu'elle a d'attirant aussi, toujours retirée en elle-même, avec quelque chose de sombre, de concentré, d'obscurément violent qui la fait ressembler au crime de Sade – tout à fait opposée à la maxime, cette sentence à l'usage du beau monde et polie jusqu'à devenir lapidaire, tandis que l'aphorisme est aussi sociable qu'un caillou… » (« Nietzsche et l'écriture fragmentaire », *NRF*, 1 déc. 1966). En montrant les contradictions entre la réalité et l'idée, en donnant la vision d'une réalité morcelée, l'aphorisme est le mode d'expression privilégié des pessimistes, des misogynes et des humoristes. E. M. Cioran, qui a « l'humeur d'un Pascal venant d'apprendre qu'il a perdu son pari », rêve d'une « pensée acide qui s'insinuerait dans les choses pour les désorganiser, les perforer, les traverser ». Le sentiment du néant le conduit à refuser l'écriture traditionnelle : « refléter la vie dans ses détails, dégrader nos stupéfactions en anecdotes, quel supplice pour l'esprit ! » s'exclame ce métaphysicien du néant qui choisit l'aphorisme, « axiomes du crépuscule » comme mode d'expression. Avec Cioran l'aphorisme rumine, il répète, mieux il rabâche depuis le *Précis de décomposition* (1949) ces « ébauches de vertige ». À l'origine, un mauvais démiurge invente l'existence, dérapage fatal, clinamen vicié, irrattrapable : « ma vision de l'avenir est si précise que, si j'avais des enfants, je les étranglerais sur l'heure. » Ainsi les aphorismes sont-ils des syllogismes de l'amertume pour celui qui définit le spermatozoïde comme « le bandit à l'état pur ». L'idéal de la forme aphoristique, « naufrage quelque part entre l'épigramme et le soupir », est de « concevoir une pensée, une seule et unique pensée, mais qui mettrait tout l'univers en pièces. »

Cette perception de la précarité, hissée chez lui au rang d'expérience d'une mystique du désespoir, amène une vision fondamentalement misanthropique : « la médiocrité de mon chagrin aux enterrements. Impossible de plaindre les défunts. Inversement, toute naissance me jette dans la consternation. Il est incompréhensible, il est insensé qu'on puisse montrer un bébé, qu'on exhibe ce désastre virtuel et qu'on s'en réjouisse. » Seul reste le jeu avec l'idée du suicide et la lucidité, qui n'arrive pas à extirper le désir de vivre, mais qui rend seulement « impropre à la vie ». L'aphoriste n'a plus qu'à *noircir* les pages.

Il n'est guère d'aphoriste heureux. Sans doute la forme même de son mode d'expression qui fait tomber les masques et dévoile le caché favorise-t-elle une vision désenchantée du monde. L'aphoriste aborde tous les sujets, mais il en est qui sont privilégiés : et d'abord les femmes dont le célèbre aphoriste viennois Karl Kraus dit qu'elles sont des cas limites : « Rien n'est plus insondable que la superficialité de la femme ». Pour lui, « La nuit, toutes les vaches sont noires, même les blondes. » Il est vrai que : « On ne peut surestimer assez haut une femme. » L'aphoriste serait-il un célibataire misogyne aigri dont la misanthropie chagrine n'épargne personne, même pas lui-même ? Elle n'épargne pas en tous cas l'aphorisme : « Pourquoi certain écrit-il ? Parce qu'il n'a pas assez de caractère pour ne pas écrire. » Et finalement pour un Richard von Schaukal « un aphorisme est moins une idée qu'un précipité : une pensée qui prend trop de poids finit par échapper au penseur. » Florence Delay n'a pas tort quand elle écrit que l'aphorisme est désespéré. Sans rémission. Le vers ouvre, est en pente, appelle un chant. L'aphorisme ferme. Vers liquide, aphorisme solide. Mais ce sont également des pavés jetés dans les marais du politique : l'aphorisme épingle les systèmes, l'oppression, l'injustice, etc., comme on le voit chez le polonais Stanislaw Jerzy Lec par exemple.

LE FRAGMENT

Parole errante, contrainte à ne jamais trouver son gîte, le fragment existe sans feu ni lieu.
Jean-Michel MAULPOIX, *Émondes*, 1986.

Si le fragment est un morceau d'œuvre, rien ne permet d'en préciser la longueur. Aussi faut-il définir la brièveté dans une perspective relativiste. La partie est plus petite que le tout. Définition de la brièveté, on en conviendra, bien inessentielle, superficielle et insatisfaisante. Le fragment est défini comme le morceau d'une chose brisée, en éclats, et par extension le terme désigne une œuvre incomplète et morcelée. Il y a, comme l'origine étymologique le confirme, brisure et l'on pourrait parler de bris de clôture du texte. La fragmentation est d'abord une violence subie, une désagrégation intolérable. On a souvent répété que les mots latins de *fragmen*, de *fragmentum* viennent de *frango*, briser, rompre, fracasser, metttre en pièces, en poudre, en miettes, anéantir. En grec, c'est le *klasma*, l'*apoklamsa*, l'*apospasma*, le morceau détaché par fracture, l'extrait, quelque chose d'arraché, de tiré violemment. Le *spasmos* vient de là : convulsion, attaque nerveuse, qui tire, arrache, disloque.

FRAGMENT LITTÉRAIRE, LITTÉRATURE DU FRAGMENT

Les raisons de cette fragmentation peuvent être très différentes. Le premier sens historique signifie que l'œuvre n'a pas été transmise intégralement, soit en raison d'une destruction partielle, soit en raison de la perte du texte, connu uniquement par citations et extraits comme les fragments des présocratiques, soit en raison de la mort de l'auteur qui n'a pas permis l'achèvement de l'œuvre, comme le roman *Heinrich von Ofterdingen* de Novalis ou les *Pensées* de Pascal. Dans l'Antiquité, le mot n'existait pas en littérature et sa seule acception était du registre physique (*fragmentum lapidis*). C'est pendant la Renaissance que le terme commence à désigner une chose littéraire, un morceau ou partie d'une œuvre. D'autres raisons externes peuvent expliquer l'état fragmentaire d'une œuvre, seulement esquissée ou interrompue, comme la fatigue du créateur, son désintéressement progressif ou l'incapacité de l'achever. Ce qui soulève la question de savoir à partir de quand une œuvre peut-elle recevoir son point final, de savoir si elle le reçoit jamais et d'évoquer ceux pour qui c'est toute la littérature qui est elle-même fragment et qu'en raison de son caractère spécifique elle le restera toujours. Goethe n'appelle-t-il pas la littérature « *das Fragment aller Fragmente* » (le fragment de tous les fragments) ?

Nous résumerons cet aspect en citant Diderot : « un fragment, c'est une partie d'un ouvrage qu'on n'a point en entier, soit que l'auteur ne l'ait pas achevée soit que le temps n'en ait laissé parvenir jusqu'à nous qu'une partie. »

Ce bris de clôture ne nous intéresse guère ici, car les raisons externes ou internes provoquant l'incomplétude ou l'inachèvement ne sont pas l'objet d'une intention. En revanche il existe des œuvres volontairement fragmentaires, écrites de manière morcelée, qui ne visent ni la totalité ni la complétude. En ce sens le fragment tend à devenir un genre littéraire spécifique dont nous pouvons cerner historiquement l'émergence. Nous la situerons dans la deuxième moitié du dix-huitième siècle, au moment où la maxime classique des moralistes français, forme brève par excellence mais également close sur elle-même, achevée, perd sa belle totalité pour se métamorphoser en aphorisme, c'est-à-dire à une époque où la sentence brève perd sa valeur d'universalité pour affirmer la singularité d'un regard et la subjectivité d'une énonciation. Au regard souverain du moraliste se substitue le balayage d'un regard minutieux parcourant le champ empirique dans sa variété et son hétérogénéité (Voir Monique Nemer, « Les intermittences de la vérité », in *Studi francesi*, 1982, p. 484-493). Chamfort et Lichtenberg en seront les modèles pour la constitution des théories du fragment à l'époque romantique.

FRAGMENTS ET PENSÉES

Parler de forme fragmentaire peut sembler être un paradoxe, car le fragment est la partie d'un tout qui a été rompu. Éclat, pièce, miette, morceau, il est ainsi forme brisée, reste. Sans entrer dans la problématique des fractales, on peut s'interroger sur ce qui reste, dans le fragment de la forme primitive – ce qui présuppose qu'il y ait eu une forme primitive. Lorsqu'on construit au XVIIIe siècle des ruines, celles-ci n'ont pas connu une forme première, intacte ; elles sont dès le départ fragments, colonnes brisées, signes d'une destruction, signes du temps qui passe et anéantit, mais également signes de ce qui subsiste, de ce qui demeure, de ce qui est, monuments d'une mémoire et d'un passé qui n'existent que par elles et comme telles, forme.

Dès que l'on parle de fragment, les textes des présocratiques font référence, étant les modèles originaires d'un genre. Pourtant ces fragments n'ont pour la plus grande part jamais été écrits comme fragments et la brièveté n'est ici que contingente et illusion rétrospective. Ces *membra disjecta* ne le sont qu'en raison de l'histoire de la transmission des textes, parvenus jusqu'à nous à travers les citations que maints auteurs ont pu en faire. Le fragment est ce qui subsiste d'un texte disparu et comme toute citation il présuppose un texte implicite derrière le texte explicite. Le prélèvement du citateur de phrases ou segments de phrases choisies dans un texte continu transforme l'extrait en le sortant de son contexte, en énoncé autosuffisant ayant forme d'aphorisme ou de parole oraculaire. Ce serait donc fallacieusement que les fragments sont présentés comme unité autarcique en raison de la disparition de leur tissu conjonctif. Il est vrai cependant que ni la perte du contexte ni l'arbitraire du citateur ne rendent raison du sentiment d'incomplétude inscrit à l'intérieur même de certaines pensées dans leur évidente concision. Mais une telle concision est inhérente à la sentence, à l'aphorisme, à l'énoncé oraculaire, à la gnômè, etc.

HÉRACLITE

Héraclite occupe une position privilégiée dans l'ensemble du corpus présocratique, en raison de la difficulté à juger de l'achèvement ou de l'inachèvement de chaque fragment. Diogène Laërce écrivait que Héraclite a écrit « des phrases à moitié achevées, ou qui sont disparates ». Cet apparent inachèvement a été condamné par tous les tenants d'une rhétorique cohérente. Il semble que l'Éphésien ait pu avoir recours à la forme de pensées détachées. Même si l'existence d'un recueil d'énoncés séparés est problématique, l'obscurité due à une absence de ponctuation, rendant Héraclite difficilement lisible suivant Aristote ou Démétrios, est attestée. Ainsi que le remarque Alain Petit (« La brièveté héraclitéenne » in *Formes littéraires brèves*) le grief à l'égard d'Héraclite n'est pas la discontinuité radicale, mais la continuité atypique d'un discours auquel la brièveté est immanente, « brièveté tendant à conférer à chaque unité énonciative son auto-suffisance sans rompre l'unité du dessein présidant à la totalité de l'œuvre ».

Héraclite récuse la tradition de la révélation oraculaire, s'exprime de manière oblique, voilée, polémique. Il est frappant de constater qu'il n'a pas eu de disciples, mais des exégètes, qui du reste ne peuvent arriver à se mettre d'accord sur un quelconque point. Cette pensée paradoxale, énigmatique, sans progression argumentative manifeste, serait surtout une tentative de cerner une loi d'unité cosmique dans une multiplicité de symboles équivalents tout en aiguisant l'intellection avisée pour montrer l'inapparent sous l'apparent.

Loin d'un quelconque archaïsme oraculaire, l'expression héraclitéenne s'opposait à la rhétorique émergente de l'époque et au discours long qui exerce un effet de persuasion faisant écran à l'intellection. « La longueur n'implique pas l'administration de la preuve, mais l'empire sur les âmes, donnant l'illusion de la communauté de pensée ». La concision aphoristique irait donc à l'encontre de l'effet de persuasion en raison de son caractère paradoxal. Le discours long lie sans distinguer et distingue sans lier ; il lie de proche en proche par inventaire, par taxinomie, par inférence, etc. pour constituer une encyclopédie de contradictions opposant le même et l'autre de manière irréductible. Héraclite au contraire affirme la *coincidentia oppositorum* et l'unité totale de chaque affirmation. Chaque fragment est l'expression de l'ensemble, du « Un-Tout » (ce dont se souviendront Hölderlin, Schelling et Hegel à Tübingen).

Ici la rhétorique de la brièveté est aussi une rhétorique de l'ambiguïté féconde qui fonctionne non pour cacher la pensée, mais pour amener celle-ci à la reconnaissance de « ce qui est commun à tout ». Représentation intuitive, intellection unitive, la pensée héraclitéenne dans la brièveté des énoncés et leur auto-suffisance débouche sur une circularité de chaque élément avec le Tout. Ainsi une conception originale du fragment est-elle livrée en ce que chaque partie, chaque morceau est pensé à partir du Tout. La représentation du fragment issue d'Héraclite est une composante originale résultant d'une conjonction singulière dans l'histoire de la pensée occidentale qui unit brièveté et totalité, concision et obscurité, archaïsme oraculaire et ultime profondeur. Rejeté par la tradition rhétorique classique, Héraclite fera un retour en force avec le romantisme allemand et la philosophie nietzschéenne, avant que de devenir une référence incontournable de la pensée contemporaine où le fragment donne à penser, et où il donne à penser le penser même.

PASCAL

Assez curieusement les *Pensées* de Pascal ont été qualifiées parfois de fragments, dans un sens évidemment différent de celui que nous venons d'examiner. Relique d'une œuvre perdue, le fragment peut être considéré aussi comme ébauche d'une œuvre inachevée ; ici comme là c'est dans le rapport au temps que le fragment se situe. Mais son caractère « scandaleux » tient à l'absence d'ordre univoque, à l'écriture discontinue qui génère un vide textuel, écriture pathologique, mutilée opposée à celle d'une « bonne santé ».

> J'écrirai ici mes pensées sans ordre et non pas peut-être dans une confusion sans dessein, C'est le véritable ordre qui marquera mon objet par le désordre même. Je ferai trop d'honneur à mon sujet, si je le traitais avec ordre, puisque je veux montrer qu'il en est incapable.

Vide en soi, vanité du monde, silence éternel des espaces infinis, la pensée pascalienne, comme le montre Ralph Heyndels dans *La pensée fragmentée*, est prise de conscience d'une négativité de l'existence humaine qui se saisit comme fragment incompréhensible dans l'univers :

> Quand je considère la petite durée de ma vie, absorbée dans l'éternité précédant et suivant le petit espace que je remplis et même que je vois, abîmé dans l'infinie immensité des espaces que j'ignore et qui l'ignorent, je m'effraie et m'étonne de me voir ici plutôt que là, car il n'y a point de raison pourquoi ici plutôt que là, pourquoi à présent plutôt que lors. Qui m'y a mis ?

Et peu importe ici qu'un fragment prenne le tour d'une maxime ou d'un aphorisme, ce qui nous intéresse est l'ensemble fragmentaire comme forme de rupture avec tout système dans la recherche de la vérité. De Pascal à Kierkegaard une même quête passe par des formes « marginales », en dehors des normes, détour obligé d'une pensée en train de s'élaborer autour de son propre mystère. Comme le dit Charles Du Bos dans *Approximations* : « Une pensée d'ailleurs ne comporte pas nécessairement un tour : songez aux lacs profonds, limpides de Goethe, de Schopenhauer, de Joubert ; une maxime au contraire, et la plus décantée, et fût-elle de La Rochefoucauld, si loin qu'elle aille ne saurait s'en passer. » L'œuvre qui livre une suite de pensées ne ressortit pas toujours, tant sans faut, du fragment. Nombreux furent les recueils de pensées, mélanges variés où la diversité sert d'agrément et crée une certaine confusion qui a ses charmes. La manière d'écrire par pensées détachées n'est qu'une méthode servant à gommer les endroits faibles, les transitions qui sont une des sources les plus ordinaires de la langueur du style et une commodité offerte au lecteur qui peut quitter et reprendre à loisir un livre de pensées détachées. Tel n'est évidemment pas le cas de Pascal chez qui la discontinuité des notes, outre l'aire de jeu créée (*Pensées* 22), signifie la fragmentation de l'existence humaine que seul un pari religieux pourrait surmonter. Nouvelle liaison, nouvelle ligature et nouvel ordre spéculé dans l'écriture fragmentaire.

PAUL VALÉRY

Les réticences que l'on peut avoir à parler de fragment à propos des *Pensées* de Pascal s'atténuent si on le rapproche de Valéry. Jean-Louis Galay dans un important article (« Problèmes de l'œuvre fragmentale : Valéry » in *Poétique*, n° 31, septembre 1977) a souligné le paradoxe de cet écrivain qui formule dans des fragments une conception de l'œuvre qui condamne le fragment. On peut se demander pourquoi il a tant pratiqué un genre qu'il dévalorise explicitement. Il les appelle de noms différents : « notes pour moi », « impromptus », « boutades », « germes »,

« exercices », « ébauches », « tâtonnement », « commencements », « sujets », « propos », « études », « brouillons », « essais », « esquisses », etc., qui témoignent tous d'un défaut d'explicitation, d'achèvement, d'élaboration, de construction et d'ordre.

« Tâtonnement » marque l'hésitation prolongée, le manque de maîtrise ; « brouillons », un état provisoire, un premier stade du processus créateur ; « ébauches ou esquisses », l'attestation d'un manque à combler dans un autre état ultérieur ; « impromptu » met l'accent sur l'aléatoire et l'instantané de la production ; « propos et boutade » sont du registre du discours quotidien caractérisé par un manque d'élaboration ; les « pensées » supposent un désir d'amplification et d'explicitation ; les « exercices », les « études », les « notes pour moi » sont des sortes de réalisations préalables différentes du produit achevé, mais nécessaires pour la production de l'auteur.

Ce régime de l'hétérogénéité, du désordre et de la surprise est considéré par Valéry de manière négative : ce sont les manques, les défauts, les hésitations d'une pensée encore imparfaite, des états embryonnaires et il appelle les fragments : « débris du futur », témoignant par là le souci d'effacer l'échafaudage, une fois que l'architecture – commencée par les ruines – s'est achevée.

Le fragment est habité par une polarité concernant l'achevé et l'inachevé : tantôt l'inachèvement tantôt l'achèvement est pensé comme l'essence même de l'art. À propos de Degas, Valéry se livre à une véritable apologie de l'inachèvement : « Une œuvre était pour Degas le résultat d'une quantité indéfinie d'études, puis, d'une série d'opérations. Je crois bien qu'il pensait qu'une œuvre ne peut jamais être dite achevée... » Mais à cette conception d'une œuvre toujours fragment d'elle-même, il oppose l'œuvre dans sa perfection classique, achevée, c'est-à-dire qui a réussi à faire disparaître tout ce qui montre et suggère sa fabrication. Le travail efface les traces du travail. Car « le génie le plus pur...ne projette point sur son ouvrage l'ombre laborieuse et excessive de quelqu'un. Ce que je nomme Perfection élimine la personne de l'auteur ». Valéry hésite entre une conception classique de l'œuvre achevée et parfaite et une conception moderne qui insiste sur le travail en train de se faire et les mécanismes qui prévalent à la création. Ce dernier aspect retient l'attention de celui qui s'intéresse aux mécanismes de l'intelligence et de la création. L'instabilité du cerveau, le désordre, le chaos, etc. qui président à la création sont autant de paradoxes, et en particulier celui qui veut que la pensée procède par discontinuité, par touches, fragments. « Chaque pensée est un fragment ou une face d'un système de relations ». Certes l'œuvre fragmentale est destinée plus à éveiller qu'à conduire l'esprit, d'ailleurs « le trop court et le trop intense sont contre la connaissance », mais « le peu que l'on sait, parfois est plus actif et fécond que le beaucoup. Car il excite ou oblige à inventer le manque, et ce produit vivant, naissant est plus actif – parfois plus vrai que le vrai-mort ». Aussi le fragment-facette est-il l'image de la vie et de son produit qui ne peut s'envisager séparément du faire. Ainsi le fragment pour Pascal comme pour Valéry est-il une forme réflexive, un miroir dans lequel la pensée dans sa discontinuité peut espérer se saisir du signe d'un autre ordre.

FRAGMENTS ET CARACTÈRES

Pascal Quignard présente dans *Une gêne technique à l'égard des fragments* (Fata Morgana, 1986) un La Bruyère, célibataire morose, narcissique, possédé par une manie harcelante des petits morceaux, par une attention au déchet, par une polissure du lambeau ou de la miniature pour laquelle il n'éprouve guère de sympathie. L'affirmation faisant de La Bruyère le premier à avoir composé de façon systématique un livre sous forme fragmentaire peut surprendre. « Ce n'était ni livre de maximes, ni suite d'arguments, ni galerie de portraits, ni agroupement de chapitres aux thèmes scrupuleusement observés, mais une suite décousue de lambeaux de texte moins appariés au bout du compte que contrastants ». Il est sans doute exact que certains critiques de l'époque ont considéré qu'un livre fait de fragments n'était pas un livre et que « Maximilien » a encouru le reproche d'être incapable dans l'art des transitions. On a pu écrire que cet « ouvrage ne peut être appelé un livre que parce qu'il y a une couverture, et qu'il est relié comme les autres livres. Ce n'est qu'un amas de pièces détachées, qui ne peut faire connaître si celui qui les a faites auroit assez de génie ou de lumière pour conduire un ouvrage qui seroit suivi. »

Pascal Quignard, qui cite avec bonheur l'anecdote de Saint-Simon sur le roi ne recevant que des bribes et des fragments d'information sur la bataille d'Hochstedt, ce qui engendre angoisse et vertige devant un événement qu'il ne peut maîtriser par la pensée, insiste d'abord sur une forme littéraire aristocratique, mondaine, tout à la fois anti-pédante, anti-systématique, anti-philosophique et anti-théologique, qui serait apparue au cours du XVIe siècle dans une France blessée ou déchirée par les troubles religieux et civils et « conçue en réaction à la théologie, à la philosophie, à la scolastique s'essoufflant, phraseuses et viles ». Parler de provocation de pensée et non de pensée achevée, c'est-à-dire d'une « espèce de petite convulsion noétique ou linguistique lié au scepticisme, à la conversation, au jeu brillant, à l'empirisme nihiliste », semble contredire ceux qui considèrent le grand art de la composition de l'écrivain dans la mesure où sous l'apparent désordre La Bruyère s'avère être un maître dans le jeu avec les différentes formes que sont la maxime, le portrait, etc. Il y a une cohérence réelle et indéniable (voir à ce sujet les analyses d'André Stegmann ou de Van Delft). La variété mouvante en est tout l'art, que P. Quignard ne méconnaît pas quand il écrit qu'il excelle dans « la disparité des attaques ».

« La Bruyère a le mérite d'une infinie variété de tons : ce sont des petits problèmes curieux posés tout à coup laissant une réponse incertaine, un emportement brusque, une remarque tendre, ou une confidence mélancolique, un cri violent qui paraît arraché, une maxime plus sentencieuse, une définition sèche, une allusion réaliste, une petite dissertation grammaticale, une hébétude qui se révèle une lourde malice, une argumentation philosophique plus scolaire, une petite scène de roman, une objurgation morale, une métaphore longuement filée, une question délicate, un morceau de patois, une notation pédante ou ingénieuse, une description fidèle, un trait qu'inspire une méchanceté pure, une liste d'objections réfutées point par point, des petits tableaux hallucinés de la campagne ou de la ville, une lourde construction morale, une mise à nu cinglante ou cynique, une anecdote tirée de l'histoire ancienne, une oraison funèbre, un court compte rendu de voyage, un pastiche, un monologue intérieur, une vieille inscription romaine, une harangue, des dialogues, enfin mille sortes de portraits, miniatures, en pieds, rébus, comédie, biographie, etc. » Cette absolue variété crée une « forme d'hétérogénéité radicale du texte lui-même » bien que le jeu avec les genres assure une unité profonde par toutes sortes de renvois intertextuels qu'il serait trop long d'analyser ici.

Chaque « fragment » de La Bruyère est un ensemble clos, autonome, refermé sur lui-même. L'ensemble de tous ces énoncés, aussi variés puissent-ils être, n'a pas plus d'incohérence ou de désordre que les recueils de pensées tels que nous les connaissons depuis le Moyen Age. Ils sont d'ailleurs classés, par rubriques, assurant la clôture des différents mondes représentés, isolés, imperméables : les femmes, la ville, la cour, etc. Roland Barthes parle à ce sujet de clôture et d'individuation d'une société qui nous est devenue étrangère. C'est une collection ayant la structure sémantique du fragment, métaphorique et métonymique. Barthes écrivait : « c'est un livre de fragments parce que précisément le fragment occupe une place intermédiaire entre la maxime qui est métaphore pure puisqu'elle définit et l'anecdote qui n'est que récit ». Forme unique, les *Caractères* sont rapprochés du *scraps-book*, recueil varié de réflexions et d'informations : *scraps-book* de la mondanité.

Le meilleur exemple du caractère fragmentaire inhérent aux *Caractères* est, me semble-t-il, cette forme brève toute particulière qu'est le portrait et qui montre, mieux que tout autre discours, que l'écrivain est hanté par la perte de l'unité, la vision d'un monde éclaté en de multiples identités, monde fragmenté par essence et dont la forme même de son œuvre témoigne.

Le portrait – et le portrait à clé – est d'abord apparu dans le roman (*Cyrus, Clélie*, etc.), par jeu, curiosité et mode comme le rappelle Léon Levrault[1], et son succès a déterminé la création de ces *Galeries* ou *Dictionnaires*, véritables recueils de « photographies » des personnalités de l'époque. La Bruyère se place dans la lignée de Théophraste en observateur pour se livrer à cette « science qui décrit les mœurs, qui examine les hommes et qui développe leurs caractères. » Mais le moraliste rompt avec la tradition classique par la vision qu'il a du morcelé. La clarté de la composition est factice, la division fragmente la réalité, l'atomise. S'il garde la nostalgie d'un ordre parfait, s'il condamne le mouvement comme agitation et sortie hors de soi, il se heurte sans cesse à l'écart entre les valeurs et la vie. L'homme est vide, schizophrène en puissance, mécanique plaquée sur du vivant. Aussi le style suit-il son objet, « style cruel » qui construit et déconstruit dans le même temps : « c'est le père

1 Léon Levrault, *Maximes et portraits (évolution d'un genre)*, Paris, Librairie Delaplane, 1909.

de nos impressionnistes, de nos stendhaliens, de nos nietzschéens, de nos gidiens, de tous nos miliciens de l'écriture sporadique, de tous nos officiants du penser pulsatile » (Julien Benda[2]). Qu'est-ce qu'un portrait ? l'image d'une mécanique : « Les roues, les ressort, les mouvements sont cachés ; rien ne paraît d'une montre que son aiguille, qui insensiblement s'avance et achève son tour : image du courtisan, d'autant plus parfaite qu'après avoir fait assez de chemin, il revient souvent au même point d'où il est parti. » Cette oscillation, cette démarche antithétique, ces actes qui se détruisent mutuellement caractérisent la pantomime sociale et humaine. Le texte cité a l'allure d'une maxime, il engage le portrait, il invite à l'anecdote qui l'illustrerait. Voici le portrait de Narcisse :

> Narcisse se lève le matin pour se coucher le soir ; il a ses heures de toilette comme une femme ; il va tous les jours fort régulièrement à la belle messe des Feuillants ou aux Minimes [...] Il se promène avec des femmes à la Plaine ou au Cours, et il est d'une ponctualité religieuse sur les visites. Il fera demain ce qu'il fait aujourd'hui et ce qu'il fit hier ; et il meurt ainsi après avoir vécu.

Les tableaux de ces contretemps du temps amènent un style de la fragmentation caractérisé par la parataxe, la suppression des liens de coordinations, une syntaxe du discontinu pour parler de ces hommes, tels Giton, Phédon, Emire, Théramène ou anonymes (*De la Cour*, 31, 32, etc.), perpétuellement décentrés et animés par des rouages extérieurs. L'abondance et la précipitation des verbes disent le mouvement sans but et la violence interne. Le fragment porte mélancoliquement la marque du deuil, d'un ordre perdu, évanoui, dont il ne reste que les brisures éparses.

LE FRAGMENT ROMANTIQUE

Le fragment est-il une forme brève ? Nous constatons que la perte de la belle totalité précipite la concision et amène des effets de rupture continuels. Mais le fragment peut-il être inclus parmi les formes littéraires ou n'est-il pas plutôt ce qui casse la forme ? Forme brisée et briseur de forme. La brièveté du fragment fait problème. Si le fragment est une

2 Julien Benda, « À Jean de La Bruyère » publié dans *La Revue de Paris* le 1er janvier 1934.

œuvre non achevée, celui-ci peut être fort long : à ce titre des romans romantiques ont pu être caractérisés comme fragments tels *Heinrich von Ofterdingen* de Novalis ou *La Loge invisible* (« ruine née » suivant son auteur, Jean Paul), etc. Mais la *Symphonie inachevée* est-elle un fragment ? Certes non puisqu'elle est achevée comme œuvre, même si elle ne l'est pas comme forme.

L. Dällenbach (dans *Fragment und Totalität*, éd. de Lucien Dällenbach et Christian L. Hart Nibbrig, Suhrkamp, Frankfurt, 1984) distingue trois sortes de fragments, l'un de perspective archéologique signifiant « le reste, la ruine, la miette, la trace, le mémorandum », le second dans une perspective eschatologique signifiant « germe de l'avenir » et le troisième comme hiatus absolu avec une totalité perdue. L'image de la ruine reste à cet égard pertinente, à la fois comme signe d'une perte, mais aussi comme témoignage d'un ensemble. Image du temps ravageur et de ce qui reste pour l'éternité. La poétique des ruines et la poétique du fragment cheminent assez longuement ensemble.

En Allemagne, le fragment, que l'on ne distingue guère de l'aphorisme dans la seconde moitié du XVIIIe est à la mode. Le terme sert de titres à des œuvres anciennes, car il comporte un relent d'archaïsme et d'authenticité. Et surtout, on privilégie particulièrement la pensée à bâtons rompus, le discontinu, l'association libre et sans contrainte. Ce qui n'est pas toujours bien vu par la critique comme en témoigne l'auteur du compte rendu « *Sonderbare Fragmente aus dem paebstlichen Rechte* » (1788) d'un auteur anonyme paru dans l'*Allgemeine Literatur Zeitung* de 1790 (p. 532 et suiv.) :

> Nombreuses sont les têtes légères et désordonnées, remplies d'une culture superficielle, qui sont incapables de réfléchir à ce qu'elles lisent, de le mettre en ordre et de le rapporter à des principes généraux, en un mot de lui donner chair et substance, mais qui ont la démangeaison de la plume ; d'où la mode si répandue de nos jours d'écrire des fragments, des variétés, des rapsodies, des bagatelles, des mélanges d'essais, des Olla podrida, etc., que le public recherche et apprécie.

On voit que ces fragments, qui reçoivent par ailleurs d'autres noms tels « notes », « remarques », « observations », « réflexions », « considérations », n'ont aucune unité formelle, pas même la brièveté. La seule mode est celle du fragmentaire qui suppose un ensemble (d'où également des termes comme « extraits », « choix », etc.). Ce caractère d'échantillon de pensée plaît par son caractère apparemment expérimental et non systématique.

Ainsi Lessing, dont F. Schlegel louera la pensée fragmentaire, affirme-t-il dans sa *Dramaturgie de Hambourg* (n° 95) :

> Je rappelle ici à mes lecteurs que ces feuilles n'ont pas la prétention de renfermer un système dramatique. Je ne suis donc pas obligé de résoudre toutes les difficultés que je soulève. Que mes pensées ne se lient pas parfaitement entre elles, et même qu'elles paraissent se contredire, peu importe, pourvu que ce soient des pensées où mes lecteurs trouvent eux-mêmes matière à penser. Je ne cherche qu'à semer des fragments de recherches (*fermenta cognitionis*).

FONCTION PÉDAGOGIQUE

Dans cette perspective, le fragment a une fonction également pédagogique : la représentation fragmentaire fonctionnant comme initiation et propédeutique. Il est particulièrement destiné par ailleurs aux lectrices n'aimant pas de trop longues lectures. Autrement dit, il apparaît également comme une autre forme d'organisation textuelle, mêlant variété, surprise, ruptures pour éviter le dogmatique, le systématique et le déductif. Le désordre apparent, signe de la vie de la pensée et de la liberté, l'éclectisme bariolé ne veulent être en fait que les masques d'une pensée profonde que la perspicacité du lecteur devinera. Ainsi Sébastien Mercier dans ses *Fragments de politique* : « Au milieu de tout ce désordre, réel ou apparent, on trouvera de l'unité dans mes principes politiques ». Peut-être plus intéressante est la conscience qu'a l'éditeur de fragments d'être un index. Ainsi Schubart dans la Préface de ses *Fragments littéraires* écrit : « L'auteur de fragments a atteint son but quand il a attiré l'attention sur une matière importante, quand il a donné un signe, un indice au futur rédacteur de cette matière, lorsqu'il a mis en avant un aspect oublié ou trop peu éclairé, ouvert une nouvelle perspective, complété un ensemble, bref quand il a amené dans son projet un nouvel intérêt ».

DIMENSION THÉOLOGIQUE DU FRAGMENT

Il convient d'ajouter une autre dimension, quasi théologique celle-là et dont le romantisme se souviendra, à savoir l'origine luthérienne de la vénération du fragmentaire. Dans la traduction du *Nouveau Testament*, les références aux miettes, comme symbole de la finitude humaine, sont particulièrement retenues, du genre : « Recueillez toutes les fragments restant, que je ne périsse pas » (Jean. 6,12) ou « Car notre savoir est un fragment » (1 Cor. 13,9). Cette double perspective eucharistique et eschatologique, qui souligne le sens profond du fragment comme signe de notre finitude et comme témoin vivant et présent d'une parole vivante a une importance fondamentale pour la littérature allemande qui va donner pendant la période romantique au fragment une importance considérable. Hamann par exemple, dans son *Journal d'un Chrétien* introduit sa troisième partie par le titre « *Brocken* » qui fait référence au passage biblique cité. « Nous ne vivons ici que de morceaux. Nos pensées ne sont rien d'autre que des fragments. Notre savoir n'est qu'un assemblage ». Il est évident qu'ici le fragment a sa propre qualité. « Vérités, principes fondamentaux, systèmes ne sont pas à ma mesure. Des miettes, des fragments, des lubies, des trouvailles. Chacun suivant sa propre loi » (12.10.1759). On pourra citer également Lavater, auteur de *Fragments physiognomoniques* (1775-1777) qui use du terme dans un sens théologique pour signifier que le fragment, c'est l'écriture d'avant la pleine révélation, l'écriture de l'homme dans son imperfection. Le fragmentaire est l'indice d'une incomplétude, d'une insuffisance de la créature pensante, tout comme il est dans le même temps le lieu d'une révélation.

UNE FORME AUTONOME

L'emploi du terme reste des plus vagues, il suffit de songer à Novalis employant lui-même une multiplicité de noms tels *Traités, Remarques, Vues, Dissertations, Devoirs, Annotations, Lettres, Caractéristiques, Trouvailles, Essais, Pensées, Idées, Matériaux, Notes, Philosophèmes, Réflexions, Phrases, Sentences, Textes, Exercices.* On parle souvent indifféremment d'aphorisme ou de fragment. Et la critique voit dans le fragment l'aphorisme romantique. Les romantiques pourtant ont un projet radicalement neuf, même si Chamfort peut servir de référence et de modèle. Il s'agit d'un « genre entièrement nouveau » comme l'écrit F. Schlegel à son frère A. W. Schlegel.

Le fragment n'est pas la miniature d'une totalité comme la sentence, l'aphorisme ou le haïku. Il ébranle la construction tendue de l'aphorisme en qui l'on voit un frère ennemi, un opposé irréconciliable, et il vagabonde dans le libre jeu, la pensée s'ouvrant, sans être liée par une forme fixée, à de nouveaux horizons. Aussi l'impression produite est-elle opposée à celle de l'aphorisme ; le fragment donne l'impression de l'inachevé. À une architecture classique, ordonnée, maîtrisée, voici le jardin des ruines, irrationnel, chaotique.

Le « nouveau genre » du romantisme allemand trouve son origine dans la découverte d'une forme autonome faite à la lecture des *Œuvres* de Chamfort sur lesquelles August Wilhelm Schlegel écrit une chronique en octobre 1796. Friedrich Schlegel se situe délibérément quant à lui dans une perspective qu'il juge révolutionnaire par les perspectives qu'elle ouvre, autrement dit la liberté spirituelle du fragmentaire et sa concision. Chamfort et avec lui la tradition des moralistes anglais et français (Shaftesbury, La Rochefoucauld, Pascal, Montaigne) offrent un modèle d'écriture caractérisé par l'absence de développement discursif (« pensée »), par le caractère primesautier du discontinu, le relatif inachèvement (« essai »), la variété et le mélange des objets traités sans souci de la forme, avec cependant, préservée, l'unité de l'ensemble assurée par la pensée. L'aphorisme chamfortien est pour Schlegel l'épigramme de l'esprit, terme qu'il écrit toujours en français afin de souligner la spécificité d'un concept répondant à son projet par son caractère lapidaire, provocant, concis, corrosif, plein d'une mordante et satirique ironie, art de l'inattendu et du paradoxe et dont l'origine antique est garante d'une urbaine universalité. Schlegel a pu être appelé « Friedrich le Chamfortisant ». À Novalis, il écrit le 26/11/1797 : « J'ai envoyé dans le monde, c'est-à-dire à l'imprimerie, une Chamfortade critique ». Choisir cette forme répond chez lui à « un instinct » qu'il partage avec Novalis. « Je ne peux donner de moi, de mon moi tout entier, nul autre échantillon qu'un tel système de fragments parce que je suis moi-même quelque chose de semblable ». « Aucune autre manière d'écrire que celle de mes fragments ne m'est tout à fait naturelle et facile ». Cette dimension personnelle et subjective est d'importance et répond au caractère individualisé d'une pensée que son frère Wilhelm n'approuve pas. Lorsque Friedrich fait paraître ses *Fragments critiques*, celui-ci écrit : « Les gloses marginales de mon frère… lui réussissent beaucoup mieux que des lettres entières, et aussi les fragments mieux que les essais, et les mots qu'il forme lui-même mieux que les fragments. À la fin du compte tout son génie se borne à une terminologie mystique ». Il y a deux manières de considérer cette tentation du fragment : soit d'y voir l'impossibilité personnelle de faire une œuvre construite, soit d'y trouver une « forme synthétique », instinctive qui s'oppose au systématique en ouvrant de nouvelles perspectives de pensées, « forme grande et noble » comme le dit Friedrich à Novalis qu'il encourage dans cette voie, mais forme combien peu définie !

En effet, entre les fragments critiques du *Lycée* de 1797, les fragments du premier volume de l'*Athenäum* de 1798 et ceux des *Idées* du troisième volume de l'*Athenäum* de 1800, on ne trouve aucune unité, ni dans le contenu ni dans la forme. La brièveté n'est guère un facteur d'unité, certains fragments étant beaucoup plus longs que d'autres. Aussi les « Chamfortades critiques » ne valent-elles que pour certains fragments frappés de concision (et dont certains sont fortement imités de l'écrivain français). Friedrich abandonnera d'ailleurs assez vite cette forme dont il ne reprendra même pas les fruits dans ses *œuvres complètes* de 1822. Déjà les *Idées* sont autre chose, plus didactiques et prophétiques (Voir à ce sujet l'ouvrage capital pour cette question de Ph. Lacoue-Labarthe et J. L. Nancy, *L'absolu littéraire. Théorie de la littérature du romantisme allemand*, Paris, Seuil, 1978).

Il faut considérer avec attention le fait que le romantisme dans son essence est avant tout plus un projet qu'une réalisation, et que le fragment comme « genre », comme « forme » est bien plus à considérer comme un idéal que sous la forme d'un corpus de textes ayant mené à bien une telle philosophie. Ils ne constituent d'ailleurs pas un groupe homogène et indifférencié, l'idéal fragmentaire se réalisant de diverses manières (essais, recensions, dialogues, lettres etc.) et pas seulement sous forme de « fragments » constitués explicitement. L'inachèvement est pour ainsi dire constitutif, le fragment étant projet, promesse d'avenir, signe d'une restauration utopique de l'unité perdue. En ce sens le fragment a à voir avec la temporalité dans une perspective originale, puisqu'il est la « faculté de tout ensemble idéaliser et réaliser immédiatement ». La ruine est esquisse, retour sur elle-même. Le caractère philologique, antique, voire archaïque du fragment signe sa pérennité et son universalité. « Beaucoup d'œuvres des anciens sont devenus des fragments ; beaucoup d'œuvres des modernes le sont dès leur naissance ». Le fragment se donne ainsi comme la réalisation fulgurante du passé et de l'avenir dans l'éclat de l'instant présent essentiellement inachevé. Il se distingue en cela de l'aphorisme en dépit des définitions contradictoires qu'en donne parfois F. Schlegel. En disant que « les aphorismes sont des fragments cohérents », il souligne le manque d'unité et de complétude de l'énonciation fragmentaire. Pourtant dans le même temps est mise en valeur l'individualité de chaque fragment qui est, comme l'indique le fragment 206 de l'*Athenäum*, « clos sur lui-même » : « Pareil à une œuvre d'art, un fragment doit être totalement détaché du monde environnant, et clos sur lui-même comme un hérisson ». Le recours à l'image animale en souligne l'individualité organique. Ce détachement vient recouvrir la complétude et la totalité essentielles au projet romantique (Voir à ce sujet T. Todorov, *Théories du symbole*, Paris, Seuil, 1977). Le phénomène d'individuation pointe le devenir spécifique d'un processus interminable, celui de la « poésie universelle, progressive… et c'est son essence propre de ne pouvoir qu'éternellement devenir et jamais s'accomplir » (*Athenäum*, 116). C'est dire que le fragment est le projet de l'œuvre, à l'image de ce que sera plus tard le Livre mallarméen, comme une infinie possibilité et dont les virtualités arbitraires sont le signe de sa fondamentale et républicaine liberté.

LE *WITZ*

Le cœur du fragment romantique est le *Witz*, jeu spirituel qui porte sur les mots ou la pensée ou les deux à la fois. Le style elliptique y est à son apogée et si le fragment est bien « la plus grande masse de pensées dans le plus petit espace », le *Witz* est bien le redoublement et la potentialisation de cette condensation. Jean Paul, dans son *Cours préparatoire d'esthétique* écrit que « la concision est à l'esprit, et son corps et son âme, elle est l'esprit lui-même » et pour confirmer cette idée il cite Polonius qui, dans *Hamlet* (II, 2), dit que « la concision est l'âme de l'Esprit et rien n'est plus ennuyeux que les atermoiements et les fioritures extérieures. Je serai bref ».

La concision n'est pas simple réduction, elle est transformation qualitative qui nous entraîne d'une logique à l'autre. Le *Witz* transgresse le principe de non-contradiction pour cette logique supérieure dont nous parlions précédemment. Si nous examinons ses procédés, sa première démarche nous apparaît être comme la conscience du fragmentaire et comme un acte de décomposition. « Nous avons dit autrefois que nous ne sommes qu'un morceau de nous-même… Mais cette possibilité par laquelle la conscience se saisit comme fragmentaire est le *Witz* ». Le *Witz* correspond au pouvoir ingénieux de l'esprit de « découvrir les choses plus cachées » ainsi que le disait déjà le chevalier Méré dans son ouvrage *De l'Esprit.* Voltaire dans l'article « Esprit » du *Dictionnaire philosophique* écrivait que : « Ce qu'on appelle esprit, est tantôt une comparaison nouvelle, tantôt une allusion fine : ici l'abus d'un mot qu'on présente dans un sens, et qu'on laisse entendre dans un autre, là un rapport délicat entre deux idées peu communes : c'est une métaphore singulière ; c'est une recherche de ce qu'un objet ne présente pas d'abord, mais de ce qui est en effet dans lui ; c'est l'art, ou de réunir deux choses éloignées, ou de diviser deux choses qui paraissent se joindre, ou de les opposer l'une à l'autre ; c'est celui de ne dire qu'à moitié sa pensée pour la laisser deviner ». Cette faculté « de réunir deux choses éloignées, cet art de l'instantané qui suspend non seulement la logique mais le temps, « qui se répand de tous côtés en un moment à peu près comme un éclair ; car l'esprit est une espèce de lumière, et la lumière se produit et se réfléchit tout d'un coup, ou du moins en fort peu de temps » (Méré), est un art de l'invention. La trouvaille (*Einfall*) (le *Witz* est un « amas bariolé de trouvailles ») est un phénomène chimique involontaire : « une idée soudaine et chargée de Witz est une décomposition de matières spirituelles qui avant leur subite dissociation, devaient donc être intimement mélangées ». « Le *Witz* est la chimie universelle » et les romantiques vivant à l'époque d'un Lavoisier ont conscience de vivre une époque « chimique » qui est celle des révolutions. « Le *Witz* est explosion d'esprit stable ». « Le système des fragments chimiques doit se terminer dans l'apothéose du *Witz* ». Ce processus qui est « constante création et constante destruction » est hautement spéculatif du savoir absolu (rappelons la parenté de *Witz* et de *Wissen*, esprit et savoir) dont il est l'étincelle. Mais il n'est qu'un moment ainsi que le souligne un fragment de l'*Athenäum* (n° 426) : « L'entendement est esprit mécanique ; le *Witz*, esprit chimique ; le génie, esprit organique ». La trouvaille est synthèse de pensées. Elle réunit et unit ce qui est séparé et dans le fragmentaire elle est signe de l'unité, d'où sa « socialité » : « Le *Witz* est socialité absolue, ou génialité fragmentaire » (*Lycée*, n° 9).

Le caractère involontaire semble être une garantie d'universalité, car le *Witz* issu d'une production subjective dépasse toute intentionnalité consciente. Vouloir être spirituel, c'est sombrer dans la « *Witzelei* », le faux esprit, l'esprit d'artifice (*Cf.* *Athenäum*, n° 32, 106). La stratégie de la brièveté n'est pas seulement transgression de la norme logique (« Le *Witz* est bien à vrai dire le produit et le domaine de l'arbitraire logique absolu »), de la norme temporelle et de la norme linguistique, mais également transgression de sa propre brièveté dans le sens où grâce au *Witz* la brièveté se retourne en son contraire, en puissance infinie, comme en témoigne cette note de Friedrich Schlegel : « Chaque trouvaille, un roman en miniature » (*Literary Notebooks*, H. Eichner, London, 1957, n° 1337).

Ce pouvoir d'infinitisation propre à la brièveté fragmentaire a, pour les Romantiques, un pouvoir prophétique pour les romantiques en raison de sa capacité combinatoire illimitée. Comme synthèse (« *Imperativ der Synthetik* »), il se révèle « suprêmement prophétique et divinatoire ». Comme organe de l'infini il appartient à une véritable mystique, liée à son caractère de révélation immédiate. « Tout *Witz* dans son essence la plus secrète est divinatoire et astrologique ». « Le *Witz* est l'apparition, l'éclair extérieur de l'imagination. De là ce qu'il y a de divin en lui et d'analogue au Witz dans la mystique ». On retrouve ainsi le sens religieux du fragment dont nous parlions au début. Ainsi Novalis et Friedrich Schlegel considèrent-ils les « fragments comme philosophie biblique », éléments fondamentaux de cette Bible encyclopédique que doit être l'œuvre romantique. « La forme véritable de la philosophie universelle sont les fragments ». Ainsi conçu au départ comme essai subjectif, le fragment devient-il sous l'influence de Novalis l'instrument de l'encyclopédie, gardant cependant cette tension dialectique (car le fragment est dialogie) entre la partie et le Tout, entre la génialité fragmentaire du *Witz* et le système.

En conclusion, on voit que le fragment romantique, s'il instaure une approche radicalement nouvelle, conserve cependant non dans la forme, mais dans la pensée la référence à une totalité, devenue certes extérieure au fragment, mais qui n'en demeure pas moins le moteur de son écriture. L'ordre du désordre est inauguration d'une spontanéité que d'autres, de Valéry au surréalisme, sauront souligner à loisir.

MODERNITÉ DU FRAGMENT

Que le fragment appelle la complétude est ce qu'on pourrait appeler une idée résurgente. Qu'on le considère comme état temporaire qui doit être complété par le temps, ou par le lecteur (Valéry : « l'incohérence d'un discours dépend de celui qui l'écoute » (*Monsieur Teste*) ou enfin par d'autres bâtisseurs comme le dit Melville dans *Moby Dick* (ch. 32 « Cétologie ») : « Pour finir, comme je l'avais dit au départ, ce système ne saurait trouver ici son aboutissement, vous ne pouvez manquer de reconnaître que j'ai tenu parole et je laisse ma classification cétologique inachevée, comme la grande cathédrale de Cologne fut abandonnée, la grue demeurant sur la tour non terminée. Les petites constructions peuvent bien être menées à terme par leur premier architecte, mais la postérité doit parfaire les œuvres grandes et vraies. Dieu me garde de jamais achever quoi que ce soit. Tout ce livre n'est qu'une ébauche, non, l'ébauche d'une ébauche ».

De cet état d'inachèvement, lié au caractère même de l'œuvre, Edgar Allan Poe déduit une poétique de la brièveté qui reprend l'idée shelleyienne de l'impuissance de la poésie qui ne saurait donner que des ombres fragmentaires.

> Inspiré par une prescience extatique des splendeurs situées au-delà du tombeau, nous nous efforçons par des combinaisons multiples parmi les objets et les pensées du Temps d'atteindre une portion de ce Charme dont les éléments, peut-être, n'appartiennent qu'à l'éternité… Nos larmes sont dues à un certain chagrin irrité, impatient devant notre incapacité à nous approprier dans l'instant totalement sur cette terre, aussitôt et à jamais, ces joies divines et ravissantes, dont à travers le poème… nous n'obtenons que des visions éphémères et indistinctes. (*Le Principe poétique*)

L'œuvre n'est pas véritablement fragment dans sa forme, mais dans son contenu thématique. Ce qui nous intéresse ici est également l'idée que cette vision éphémère, ce fragment d'absolu entrebâillé ne peut être communiqué que dans un espace de temps réduit, contraignant le poétique à s'exprimer dans une brièveté qui ne saurait excéder un temps de lecture psychologique déterminé et qui en poésie correspond pour Poe à une centaine de vers. Particulièrement signifiant est le rapport établi entre brièveté et intensité poétique qui détermine la puissance d'une écriture thématiquement fragmentaire. Poe ne fait qu'esquisser ce qui sera une obsession récurrente chez maints poètes au XIXe siècle : le caractère essentiellement fragmentaire de la poésie, qui fonde le hiatus entre fragment et totalité inaccessible. Un tel hiatus éclate dans sa violence élémentaire aussi bien chez Hölderlin que chez Coleridge, dont le poème *Kubla Khan* peut servir de paradigme au fragment poétique en ce qu'il témoigne à l'excès de la crise et qu'il annonce de manière très moderne que la poésie n'est que le montage de ce qui ne peut être uni. Le fragment, avant que d'être peut-être une forme de l'absence de forme, est une conscience aiguë de la perte de l'unité et du sens. Hofmannsthal, qui pense que « mon cas est, en bref, celui-ci : je suis totalement privé de la capacité de penser ou de dire quelque chose de manière suivie », fait dire à Lord Chandos : « Tout se désagrège pour moi en morceaux et les morceaux à nouveaux en morceaux ». Le fragment n'est plus que le reflet en négatif d'une perfection à jamais disparue. Reviendront-ils ces dieux ? Le « fragmentiste » ne cessera pourtant jamais de poser la question quand bien même il aurait une vision asymptotique de la littérature ou une conscience désespérée de sa condition. « L'éclair me dure », écrit le poète René Char, soulignant ainsi aussi la lumière interstitielle d'une fragmentation qui est dévoilement et recouvrement d'une vérité de la frange. À quoi le personnage de Beckett dans *Fin de Partie* dira non sans une acide et désespérante ironie : « Y a-t-il des secteurs qui t'intéressent particulièrement ou rien que le tout ? » La disparition de l'universalité de la langue dans laquelle la subjectivité cherchait à s'exprimer, à s'affirmer, la relativité d'une réalité qui n'est plus que réalité minimale, le sentiment d'une pulvérisation du sujet instaurent l'ère du météorite, de la parole en archipel, de la bouée de sauvetage et de la balise (« *These fragments I have shored against my ruins* » (*The Waste Land*, Eliot), ou même moyen d'échapper à la dégradation de la vie devenue mode de consommation comme le signale Adorno, non sans un nouveau romantisme glacial, impersonnel et désincarné dont le fragment est désormais la forme oraculaire d'expression.

Fragmente,
Seelenauswürfe,
Blutgerinsel des zwanzigsten
Jahrhunderts

> « Fragments
> Crachats de l'âme
> Caillots de sang du vingtième siècle »
> (Gottfried Benn)

L'autre choix est la forme du discontinu. Mais différent du recueil d'aphorismes qui reste quand même affirmation d'un continu. « L'aphorisme est un petit continu tout plein, l'affirmation théâtrale que le vide est horrible » (Barthes, *Essais critiques*, Seuil, 1964).

NIETZSCHE ET BLANCHOT

Nietzsche se définit comme aphoriste et repousse l'idée du fragment en raison de ses consonances romantiques. Certes il y a bien chez lui « écriture fragmentaire » comme le dit Blanchot, car on ne peut ramener sa pensée à une cohérence organisée. « L'aphorisme où je suis le premier des maîtres allemands est une forme d'éternité ; mon ambition est de dire en dix phrases ce que cet autre dit en un livre – ne dit pas en un livre. » Mais dans le même temps, l'exigence fragmentaire de la pensée voyageuse ne peut se satisfaire d'un genre qui borne, enferme, concentre. « Moi je ne suis pas assez borné pour un système – pas même pour mon système. Il me semble important qu'on se débarrasse du Tout, de l'Unité…, il faut émietter, perdre le respect du Tout » et courir le risque d'une pensée que ne garantit plus l'unité, qui s'offre au pluriel, ignorant la contradiction, d'une parole de l'entre-deux, de la limite : « le désert s'accroît » écrit Nietzsche

La fracture ne permet plus d'inférer la totalité. Héritier en un sens du fragment romantique, Nietzsche en dissout la nostalgie. Le fragment chez lui n'isole pas le noyau irréfragable d'une sentence ; bien au contraire il met en scène une énonciation qui sape tout énoncé de la vérité. Il indique la posture d'une énonciation radicalement nouvelle du sujet, en tant qu'il est pris dans le mécanisme de son dire, ainsi que le souligne Dominique Rabaté. Une certaine brièveté consiste à empêcher que cela « prenne ». Le fragment n'est pas fragmentation d'une réalité déjà existante, ni moment d'un ensemble encore à venir. Il est violence d'un dieu qui se manifeste.

Il est intéressant de voir combien l'essai de définition d'un fragment qui ait perdu toute référence à un ensemble est difficile à penser et que pour ce faire, il faut avoir recours à l'obscurité héraclitéenne, à la métaphore ou au mythe. Blanchot parle ainsi de Nietzsche dans l'*Entretien infini* : « La fragmentation de Dionysos ce n'est pas le renoncement hardi à l'unité ou l'unité qui reste une en se pluralisant. La fragmentation, c'est le dieu même, cela qui n'a nul rapport avec un centre, ne supporte aucune référence originaire et que par conséquent, la pensée, pensée du même et de l'un, celle de la théologie, comme de toutes les façons du savoir humain (ou dialectique) ne saurait accueillir sans le fausser. » Une telle difficulté était déjà contenue dans le fragment romantique qui devait servir à lever le principe de contradiction dans un dépassement (ce que Hegel appellerait *Aufhebung*). Ignorant la contradiction même quand même il se contredit, « deux textes fragmentaires peuvent s'opposer, ils se posent seulement l'un après l'autre, l'un sans rapport à l'autre, l'un rapporté à l'autre par ce blanc indéterminé qui ne les sépare pas, ne les réunit pas, les porte à la limite qu'ils désignent et qui serait leur sens, si précisément ils n'échappaient là, hyperboliquement, à une parole de signification ». Ce refus de la dialectique et l'affirmation du hasard (voir Novalis) récusent la suffisance de la parole aphoristique. Car « la parole de fragment ne suffit pas, elle ne se dit pas en vue d'elle-même, elle n'a pas pour sens son contenu. Mais elle ne se compose pas davantage avec les autres fragments pour former une pensée plus complète, une connaissance d'ensemble. Le fragmentaire ne précède pas le tout, mais se dit en dehors du tout et après lui ». La violence inhérente au fragment, Blanchot la compare au dépaysement qui ne signifie pas seulement la perte du pays, mais « une manière plus authentique de résider, d'habiter sans habitude. Le poème fragmenté est un poème non pas inaccompli, mais ouvrant un autre mode d'accomplissement, celui qui est en jeu dans l'attente, dans le questionnement ou dans quelque affirmation irréductible à l'unité. »

L'expérience de la fragmentation entraîne à repenser la notion même de littérature. « Le livre véritable, le livre juste est nécessairement lui-même ruine, délabrement découvreur ; ce que le poète propose ne peut être qu'un ensemble de fragments… » Butor (in : J. Roudaut, *Butor ou le Livre futur*[3], 1964). L'impossibilité d'achèvement et de clôture,

3 Jean Roudaut, *Butor ou le Livre futur*, Gallimard, 1964.

qui à l'inverse de l'œuvre infinie du romantisme, ne peut rester que brouillon, qu'une esquisse à jamais éclatée, se retourne en jubilation de la structure textuelle qui triomphe du sens. Ainsi les *Fragments d'un discours amoureux* de Roland Barthes qui use très consciemment de la forme fragmentaire, refusant la continuité du discours pour un ordre « absolument insignifiant », mais adapté à son objet, le non articulable du désir. Ce qu'affirme le fragment est la déchirure, la cassure, la frange, le blanc et l'alinéa d'une concrétion poétique (pour reprendre l'étymologie allemande du verbe *dichten*) qui ne peut sauver le hasard non aboli par le coup de dés. Et cette vérité toujours aléatoire dont témoigne son absence d'ouverture et de coda, a une fonction disjonctive qui marque avec violence (car le fragment témoigne d'une violence fondamentale, originelle et polémique) dans la différence de sa trace la dislocation, le dépaysement, le devenir Autre d'un discours qui toujours échappe dans l'extériorité et dans le désarroi. Cette distance maintenue qui conserve, préservée, la possible irruption d'un sens toujours ajourné, relève d'une poétique du météore improbable.

L'ANECDOTE

UN FAIT, UN RÉCIT

Conçu comme un assemblage de moments narratifs distincts, sans lien de solidarité significatif, le recueil d'anecdotes, qui a son origine dans les histoires secrètes, est devenu au cours des siècles une véritable forme littéraire. Le terme désigne moins un contenu qu'une technique de publication dans le sens de l'inédit. Anekdotos (αν εχδοτος) signifiait qui n'a pas été publié. C'est avec l'historien grec de l'antiquité tardive, Procope de Césarée et son histoire secrète (*historia arcana*) de la cour impériale de l'empereur Justinien, que le terme s'imposa pour désigner les nombreux détails privés et scandaleux de la vie de la cour. Ainsi l'anecdote désigne-t-elle une particularité historique peu connue, secrète, dont le récit est révélateur. Les *Anecdotes de la Cour de Florence* (1685) de l'historien Varillas sont bien connues pour les histoires secrètes et « ragots » de cour qu'il livre au public. Croustillante, l'anecdote peut être sulfureuse et calomnieuse. Swift parle de « la mauvaise foi et l'ignorance de ces chroniqueurs spécialisés dans l'anecdote ou "histoire secrète" qui vous expédient sous terre tant de rois à l'aide de coupes empoisonnées, qui vous répètent les paroles échangées sans témoins entre un prince et son premier ministre, qui vous crochètent aussi bien les cervelles que les tiroirs des ambassadeurs ou secrétaires d'État et qui ont la perpétuelle malchance de tomber à côté » (*Voyage à Glubbdubdrib*).

La publication d'histoires secrètes et de petits détails longtemps cachés ouvre un vaste champ à la curiosité, à ce désir de savoir irrépressible, et à ce qui est secondaire et marginal. C'est dans ce dernier sens que Voltaire parlait des anecdotes comme d'un « champ resserré où l'on glane après la vaste moisson de l'histoire » (*Siècle de Louis XIV*) et l'on conçoit que l'adjectif anecdotique ait pu prendre un sens péjoratif, inessentiel, accessoire, etc. Inversement le détail peut être révélateur et le méconnu significatif. Plutarque n'en use pas autrement dans sa biographie d'Alexandre.

Il reste à distinguer le mot et la chose, l'événement et sa narration. Pour qu'il y ait anecdote d'un point de vue narratif, on s'accorde sur quelques caractéristiques fondamentales telles que l'authenticité présumée, la représentativité, la brièveté de la forme et l'effet qui donne à penser. « La légèreté, la vérité, la rapidité du récit, telles sont les principales règles et les conditions de l'art de conter des anecdotes » (Larousse). Elle se termine le plus souvent par une pointe ou un renversement qui dans ce cas la rapproche du mot d'esprit. Ainsi celle de Napoléon demandant en 1812 au passeur à Niemen s'il a vu beaucoup de déserteurs et auquel ce dernier répond : « Non, Monsieur, vous êtes le premier » a-t-elle (même si elle est fictive) tous les caractères d'un fait authentique.

Tout l'art de l'anecdotier réside d'abord dans le choix de l'histoire, dans le fait de prélever dans le continuum de l'expérience un événement pour le mettre dans l'évidence d'une singularité piquante ou significative. Sens de l'observation auquel s'allie un art de construire le segment narratif de la manière la plus économique possible. Cet art est moins celui de l'écrivain – et il est vrai que le genre n'intéresse guère, si ce n'est de manière accidentelle, les grands écrivains –, que celui de l'observateur spirituel. « *Story-telling is not an art, but what we call a "knack"* » pouvait-on lire dans le *Guardian* du 29 avril 1713.

Aussi l'anecdote reste-t-elle limitée à sa fonction de relation d'un fait court, saillant, authentique, remarquable, souvent paradoxal, renonçant à toute amplification et à tout développement littéraire. Les possibilités formelles et stylistiques en sont limitées, mais non sa représentativité et ses conséquences philosophiques, morales ou autres. Ceci explique qu'elle soit souvent proche d'autres formes brèves, tout en s'en distinguant nettement : les *Maximes et pensées. Caractères et anecdotes* de Chamfort illustrent particulièrement bien ce passage d'une forme aphoristique à une forme narrative, l'anecdote étant un apophtegme en action. Il en est de même avec la nouvelle, le récit bref, les farces, les mots d'esprit, les facéties, etc. Inversement les sujets en sont infiniment variés : politiques, moraux, historiques, didactiques, dramatiques, érotiques, etc.

« Biographème » détaché de la totalité, sélectionné, fait épinglé, cette forme narrative minimale peut avoir :

- une fonction exemplaire (dans la littérature médiévale, chez Rabelais, etc.),
- une fonction rhétorique (ayant valeur d'exemple et d'illustration donnant autorité au discours dans lequel elle se trouve insérée),
- une fonction de caractérisation (d'un milieu social par exemple). Telle l'anecdote rapportée par Chamfort :

> C'est un fait avéré, que Madame, fille du roi, jouant avec une de ses bonnes, regarda à sa main, et, après avoir compté ses doigts : « Comment ! dit l'enfant avec surprise, vous avez cinq doigts aussi comme moi ? » Et elle recompta pour s'en assurer.

- et une fonction dialogique en se substituant aux propos de table tout en conservant le caractère aléatoire de l'information indirecte (« j'ay ouï dire. »).

Forme marginale, l'anecdote outre sa fonction d'exemplarité a d'abord le charme et la saveur de la vie. Si elle n'est pas l'universel, l'anecdote est d'abord l'individuel concret, le particulier que l'on aime à entendre non en raison de grandes leçons, mais tout simplement d'abord en raison du fait que nous y retrouvons le réel dans toute sa singularité.

UN BIOGRAPHÈME

Max Dalizsch[1] définit l'anecdote comme une histoire brève sans péripéties secondaires traitant d'une personne singulière, dans laquelle par des traits individuels de comportement et de langage sont caractérisées une personnalité ou les marques distinctives d'un groupe humain. Il est essentiel que cette histoire repose sur une donnée historique ou tout au moins qu'elle ait la prétention à l'authenticité. L'anecdote, ramassée sur un instant de la vie d'un individu, se distingue de la farce (le *Schwank* allemand) en ce que cette dernière concerne plusieurs événements et plusieurs personnes et qu'elle est dramatisée intentionnellement.

1 Max Dalitzsch, *Studie zur Geschichte der deutschen Anekdote*, Diss. Freiburg, 1922.

L'art de la conversation comprend en tout premier chef l'art de raconter des histoires, curieuses ou plaisantes, insolites ou comiques, qui font ressortir l'esprit du locuteur (ce que Cicéron appelait « salinas »). Pour venir en aide à ceux qui veulent s'initier à l'art de converser, de nombreux recueils offrent des exemples pouvant servir en telles ou telles occasions. Ainsi le petit livre *Joe Miller's Jests* avec ses sentences morales et facétieuses, ses bons mots, ses épigrammes, connut un énorme succès au XVIIIe siècle, maintes fois réimprimé et imité. Les anecdotes présentées se donnent pour originales et se terminent par une formulation spirituelle (exercice accompli du *wit*). Il est sans doute vrai que « les recueils d'anecdotes ont été composés à l'usage de ceux qui n'ont pas d'esprit » (Chamfort), mais la fonction didactique a été fort appréciée.

Miscellanées, mais aussi essai journalistique, l'anecdote devient une forme privilégiée de narration dans les journaux moraux anglais, tel le *Spectator*, permettant la caractérisation d'un personnage représentatif de la vie quotidienne et de la société d'une époque (tels Sir Roger de Coverly, représentant de la petite noblesse de campagne ou Will Honeycomb, le connaisseur et favori des dames). L'anecdote remplit ici le rôle que le caractère jouait chez un La Bruyère. Dans cette recherche du *prodesse et delectare*, l'intention didactique est évidente au lecteur des Lumières pour lequel l'anecdote présentant l'histoire d'une personne est bien plus instructive par l'exemple de l'expérience que toutes les règles et préceptes abstraits.

Depuis les débuts de l'historiographie, l'insertion d'anecdotes a été une pratique courante, recherchée ou condamnée suivant les différents historiens. L'anecdote insérée chez un Plutarque sert à l'illustration et au plaisir du lecteur. Elle est un peu une image singulière placée dans un récit général. On comprend que l'anecdote ait le même rôle que l'exemplum et qu'elle puisse servir à des fins pédagogiques. La valeur de témoignage de l'anecdote est précieuse et appréciée. Au XVIIIe siècle, lorsque l'histoire devient délibérément histoire des mœurs, elle est un recours indispensable pour pénétrer l'intimité et la réalité d'une société, et pas seulement quand il s'agit d'histoires scandaleuses. Gibbon présentant la chute de l'empire romain ou Hume dans son *Histoire de l'Angleterre* (1778) stigmatisent la corruption des mœurs en montrant le rôle joué par les personnalités et les individus. Plus généralement l'histoire continuera à user de l'anecdote comme d'un *exemplum*, d'une illustration et d'un indice de vérité, introduisant ces micro-récits qui viennent briser l'ordonnance de la description, en réintroduisant la dimension humaine et privée, et dont la collection des « Vies quotidiennes » est friande pour un public plus avide de sensationnel et de vécu que de statistiques révélatrices.

Si l'objet privilégié paraît être au XVIIIe siècle l'être humain (souvenons-nous de la célèbre maxime, emblématique de tout un siècle, de Pope : « The proper study of mankind is man »), on conçoit l'expansion qu'a pu prendre le genre biographique à cette époque. Il n'est plus question de vénération pieuse, mais d'authenticité. On recherche moins des types ou des modèles que des individus uniques. La littérature des Ana (qui sont des pseudo-biographies faites d'anecdotes juxtaposées) fournit ici un matériel important pour servir à l'*observation* et accroître l'intérêt psychologique du personnage. On attend du biographe qu'il s'attache à ces détails minuscules de la vie privée, ces « invisibles circonstances » et « faits particuliers » qui créent une image proche, familière et authentique. La biographie la plus célèbre de ce genre est celle écrite par James Boswell, *La Vie de Samuel Johnson* dont le charme et la saveur résident dans cette quête du détail vrai, de l'anecdote authentique que Boswell pourchasse avec ardeur et exhaustivité chez un modèle qu'il admire et qui le fascine. Citons un exemple du pieux Boswell : « Lorsqu'il reçut une lettre que son serviteur lui apporta, il [Johnson] dit : "Une étrange pensée me frappe : nous ne recevrons pas de lettres dans la tombe" ». L'anecdote n'est pas un bon mot et peut sembler curieuse, mais elle prend tout son relief quand on en connaît la date (1784), car elle prend, chez celui qui a souffert toute sa vie de dépression, le sens d'un pressentiment de sa mort prochaine. Boswell, qui a l'art de rendre un dialogue et le moindre fait ou mot de la vie et opinions de Johnson, sait également regrouper celles-ci de manière thématique tout en restant dans un cadre chronologique. Ces détails biographiques n'ont pas pour effet de proposer Johnson à être imité mais de faire connaître et comprendre un homme. Mrs. Thrale, dans un désordre incroyable, et les autres qui s'intéressent à Johnson vont parfois plus loin dans la narration de détails insignifiants et il n'est nullement étonnant qu'une parodie anonyme parue en 1786 ait narré avec beaucoup d'humour la biographie d'un cochon savant (*Anecdotes of the learned pig. With Notes critical and explanatory and Illustrations from Bozzy, Piozzi etc.*). La biographie n'a plus pour fonction l'aide ou la consolation, mais devient synonyme d'anecdote, et le public avide de sensations est ravi des biographies des criminels qui sont autant de recueils d'anecdotes horribles.

D'une manière plus générale l'anecdote désigne tout ce qui est rare, original, exotique, étranger. Les relations de voyage rapportant les mœurs d'un pays prennent le titre d'anecdotes (W. Richardson, *Anecdotes of the Russian Empire*, London, 1784) et ainsi le terme est-il quasiment synonyme de mœurs. Il désigne non seulement un contenu (rare, curieux, remarquable) ou une forme narrative brève, il prend également le sens d'extrait intéressant d'œuvres oubliées (non plus inédites, mais tombées en quelque sorte dans l'oubli). Il s'agit là maintenant d'une forme d'intertextualité qui cherche l'anecdote non dans la vie, mais dans le livre. Ainsi peut-on faire des Ana d'Ana, des anecdotes d'anecdotes comme le firent Isaac d'Israeli et ses *Curiosités littéraires* ou John Nichols. L'anecdote a pris ainsi, temporairement, le sens de détail intéressant et inconnu extrait d'un ouvrage.

LES ANA

Forme narrative privilégiée de la « biographie manquée » (c'est-à-dire incomplète dans son achèvement linéaire et s'attachant essentiellement aux curiosités biographiques), les Ana constituèrent un genre qui connut son heure de gloire et qui rassemblent les anecdotes afin de caractériser une vie ou de donner des informations encore inconnues. Ce sont des recueils d'anecdotes, de pensées, de bons mots attribués à un personnage célèbre. Suivant A.-F. Aude, l'auteur qui aurait employé le premier la dénomination d'Ana dans le sens que nous attachons aujourd'hui à ce mot, serait Pierre Pithou qui écrivit en 1616 un recueil resté manuscrit, des propos de son oncle auquel il donna la nom de *Pithoeana.* Le Dictionnaire de Trévoux les définit ainsi :

> ANA. Ce mot signifie rien et n'est qu'une terminaison de noms adjectifs neutres pluriels ; mais parce que, depuis quelque temps, on a formé de ces sortes d'adjectifs latins, des titres à des livres, même françois, qui sont des recueils de pensées détachées, de contes, de traits d'histoire, on appelle ces livres des livres en *ana.* [...] Les livres en *ana* font souvent dire aux gens des choses auxquelles ils n'ont jamais pensé, ou qu'ils devraient n'avoir jamais dites.

C'est là évidemment mettre l'accent sur une difficulté inhérente à ce genre d'écrit rapportant des années après des conversations et propos oraux de personnes disparues. Si la naissance du genre comme tel se laisse assez facilement dater – le premier ouvrage imprimé donné au public sous le nom d'Ana est le *Scaligeriana* qui voit le jour en 1666 – la chose remontrerait à la plus haute Antiquité ainsi que le remarque Wolfius (Christophe Wolff 1683-1739) qui a fait l'histoire des livres en ana dans sa préface des *Casauboniana*. Si ces sortes de titres sont nouveaux, la chose est pour lui ancienne, et de citer les livres de Xénophon sur les dits et faits de Socrate. Pour lui les dialogues de Platon sont des *Socratiana*. De même tous les apophtegmes des philosophes recueillis par Diogène Laërce, les sentences de Pythagore, celles d'Épictète, les ouvrages d'Athénée, de Stobée, etc. sont des livres en *ana*. Les recueils de bons mots, les entretiens a posteriori sont de tous les pays et de toutes les nations, non seulement de l'Antiquité gréco-latine (recueils d'apophtegmes de Plutarque et de Valère Maxime souvent cités), mais également des Hébreux et des civilisations orientales.

La mode de ce type de recueil qui connut son apogée pendant plus d'un siècle débuta en 1669 avec la parution indépendante de trois volumes (*Scaligerana*, *Perroniana* et *Thuana*) qui rassemblèrent, longtemps après la mort des personnages ainsi livrés à l'indiscrétion des lecteurs, des anecdotes, traits d'esprit, fragments inédits, pensées détachées, fragments de certaines conversations, etc. permettant une meilleure connaissance des hommes, de leur caractère et de leur comportement. Les années 1690 voient en effet paraître les *Sorberiana* (1691), les *Valesiana* d'Adrien de Valois (Paris, 1694), les *Furetiriana* (Paris, 1696), les *Chevroeana* (Paris, 1697), les *Parrhasiana* (Amsterdam, 1699) de Jean Le Clerc qui se cache sous le pseudonyme de Théodore Parrhase. Certains ana sont une compilation de traits fugitifs dignes de postérité. Ainsi Auguste de Chevanes dans les *Chevaneana* (composés vers 1680 et publiés en 1752) écrit-il :

> J'ai cru qu'un récit fidèle de ce que j'ai appris dans les conversations, pourroit sauver de l'oubli tant de belles paroles et de belles actions [...] et que je ne devois pas ensevelir dans l'oubli tant de rares instructions, pour n'avoir pas été communiquées à la postérité.

Le caractère oral ou pseudo-oral contribue à l'intérêt de ces recueils, avec l'impression de vie et d'instantané qui plaît au lecteur. Très souvent ces ana recueillent les anecdotes de la conversation. Les titres des ouvrages sont éloquents : *Ménagiana, ou les bons mots et remarques critiques, historiques, morales et d'érudition, de Monsieur Ménage, Recueillies par ses Amis* ou encore *Naudaeana et Patiniana, ou singularités remarquables, prises des conversations de Mess. Naudé et Patin*, etc.

L'originalité des ana est d'être des croquis rapides et vivants de la vie intellectuelle du siècle, pris de multiples perspectives et décrits dans le ton libre et familier de la conversation. « Il est certain que l'imagination et la mémoire excitées par la chaleur de l'entretien fournissent bien des choses qu'elles ne fournissent pas dans le cabinet, la plume à la main » (A. Galland, Avertissement au *Menagiana*). En outre toute une stratégie d'écriture est en jeu pour conserver la qualité orale des propos, ce qui varie d'un rédacteur à l'autre et même peut varier chez un même rédacteur dont la relation personnelle avec le personnage célèbre a pu évoluer et dont le regard s'est transformé.

La diversité et le caractère mélangé de ces formes qui font appel au portrait, à la maxime, au caractère, à la fable sont une caractéristique d'un genre qui se veut informatif et dont les « ragoûts spirituels » visent à l'enrichissement du lecteur. Dans les *Huetiana*, Huet explique la popularité de Montaigne par cette diversité de sauts et de gambades qui ravissent le lecteur par la brièveté obligée que les perpétuelles ruptures, digressions et solutions de continuité créent.

> Les Essais de Montaigne sont de véritables Montaniana, c'est-à-dire un recueil des pensées de Montaigne, sans ordre et sans liaison. Ce n'est pas peut-être ce qui a le moins contribué à le rendre si agréable à notre Nation, ennemie de l'assujettissement que demandent les longues dissertations ; et à notre siècle, ennemi de l'application que demandent les traités suivis et méthodiques. Son esprit libre, son style varié, et ses expressions métaphoriques, lui ont principalement mérité cette grande vogue, dans laquelle il a été pendant plus d'un siècle, et où il est encore aujourd'hui : car c'est, pour ainsi dire, le bréviaire des honnêtes paresseux, et des ignorants studieux, qui veulent s'enfariner de quelque connaissance du monde, et de quelque teinture des Lettres.

La mode en fait fureur encore au XVIIIe (au grand dam de certains qui protestent contre « ces interminables ana[2] ») où l'on réédite d'anciens

2 Certains appellent des contradicteurs, tel les *Anti-Menagiana* (1693) ou des parodies comme ces *Arliquiniana* (1694). L'Abbé d'Olivet parle en 1743 avec indignation de « ces ana, dont le nombre se multiple impunément tous les jours à la honte de notre siècle. »

volumes tel Formey en 1740 ou Charles Garnier qui de 1789 à 1791 publie *Ana ou collection de bons mots* en dix volumes ! « Tout le monde sait avec quelle avidité les Ana sont présent reçus » (*Naudoeana*, 1703). *L'Élite des bons mots* (1708) s'autorise de « l'empressement du public » et encore vers le milieu du dix-huitième siècle Michault constate à regret que la mode de ces « pirates bouffis d'orgueil » et de ces « furets de la littérature » n'en est absolument pas tombée. Pierre Bayle dans une lettre à Minutoli en 1693 écrit : « Une lecture qui m'a bien réjoui, c'est celle des *Menagiana*. J'y ai trouvé mille bons mots et mille bons contes ; de la bagatelle aussi : marchandise mêlée, par conséquent ». Mais leur style retient surtout l'attention : « Les plaisanteries sont si élégantes, les railleries si fines, les divers points d'érudition si variés, que de tous les ouvrages de ce genre édités après la mort de l'auteur, aucun ne procure au lecteur plus d'agrément et plus d'occasions de s'instruire, ni plus de louange et d'estime à l'auteur et aux rédacteurs. » (préface au *Casauboniana*).

L'intérêt des ana est, ainsi que le montrent les fines analyses de Richard Maber, de révéler d'une part la personnalité du narrateur (« car l'anecdote devient un jeu de miroirs à double reflet, qui révèle presque autant sur celui qui raconte l'histoire que sur le sujet de l'histoire même ») et d'autre part de constituer une source de documentation culturelle souvent unique, originale, faite de croquis rapides et vivants de la vie intellectuelle d'une époque. Car ces ana concernent majoritairement la vie matérielle et intellectuelle d'hommes de lettres, élevés ainsi à un rôle historique.

ANECDOTE ET NOUVELLE

ANECDOTE DU MARÉCHAL DE BASSOMPIERRE

Le *Journal de ma vie*, connu sous le titre de sa publication *Mémoires du mareschal de Bassompierre, contenant l'histoire de sa vie et de ce qui s'est fait de plus remarquable à la cour de France pendant quelques années* (1665,

---

Barroux les qualifie de « genre bas et facile ». Brillon dans le *Théophraste moderne* écrit : « Qu'à la faveur des ana on a fait dire de mauvaises choses à d'excellents auteurs ».

Cologne) est un exemple intéressant d'une autobiographie rassemblant quelques anecdotes dont certaines connurent une postérité littéraire notable. L'une d'entre elles, celle de la belle lingère, est « une aventure qui me survint, qui, pour n'être pas de grande conséquence, est néanmoins extrêmement agréable ». Observant que chaque fois qu'il passe sur le « petit pont » à Paris, une belle lingère lui fait force salutation, il envoie son laquais lui faire savoir qu'il veut bien s'entretenir avec elle. Celle-ci lui répond « qu'elle irait où je voudrais, pourvu que ce fût à condition de coucher entre deux draps avec moi. » Ils se rencontrent chez une maquerelle nommée Noiret pendant une nuit qui ne donna jamais autant de plaisir à Bassompierre. Il accepte un second rendez-vous, chez une tante, mais quand Bassompierre s'y rend, c'est une voix d'homme qui répond. Troublé, il hésite, puis revient et découvre alors la porte d'une chambre ouverte, la paille du lit en train de brûler et deux cadavres nus étendus sur la table. Il se retire étonné et part en Lorraine sans jamais avoir pu par la suite savoir qui était cette belle lingère et ce qu'elle était devenue.

L'anecdote est particulièrement intéressante par le suspense créé par l'épisode amoureux et le mystère qui l'entoure, et par l'absence de clôture du récit, qui reste ouvert (cette absence de conclusion en constituant la « pointe »). Particulièrement originale dans ce petit récit qui unit étroitement l'amour, la mort, le secret, le désir sexuel, etc., est la stratégie narrative qui multiplie au fur et à mesure de la progression les possibilités d'interprétation, ce qui a pour conséquence son indécidabilité. On ne sait qui est cette femme, adultère ou espionne (car Bassompierre est à l'époque chargé d'une mission diplomatique importante), ni pourquoi elle a disparu.

Le moment unique du désir comblé au-delà de toute attente échappe tragiquement à la répétition ; il n'est qu'un souvenir qui a creusé le vide nostalgique de l'inassouvissement. Un tel scenario met en place tout un réseau d'associations inconscientes relatif au conflit œdipien, à la scène primitive, au châtiment et à l'exclusion, autant d'indices qui inspireront d'autres écrivains.

Cette anecdote répond à toutes les caractéristiques du genre, même si elle n'est qu'un élément rapporté à l'intérieur d'un ensemble plus vaste qui n'est pas un simple recueil d'anecdotes. L'épisode amoureux n'a en lui-même rien d'exceptionnel pour un Bassompierre, homme de grande beauté et célèbre par ses bonnes fortunes. Elle a (et personne n'a mis en doute la réalité de cette aventure) toutes les caractéristiques de l'épisode authentique. Bassompierre situe géographiquement et temporellement l'anecdote à Paris dans des lieux précis (Petit Pont, rue du Bourg-Labbé, rue aux Ours, etc.), en juin 1605, dans la nuit de jeudi à vendredi puis de dimanche à lundi. La vraisemblance garantit ce caractère d'authenticité.

Un second élément est son caractère inédit, inouï, non public et son caractère remarquable, unique et « historique », qui en fait un événement digne d'être divulgué et de susciter l'intérêt et la curiosité des lecteurs.

Le long désir muet de cette femme, sa réponse rapide et frappante, le fait qu'elle soit très belle et se donne immédiatement à lui dans une passion peu commune, les conditions qu'elle pose de la double fidélité (à son mari et à Bassompierre), la substitution finale (à la place d'une belle deux cadavres). Il y a bien anecdote dans les deux sens du terme : comme événement et comme narration. Comme événement, elle répond à la définition de « circonstance privée et inconnue, petit événement de peu d'importance de la vie privée ». Comme forme narrative elle est conforme aux exigences maintes fois répétées de brièveté et de simplicité. Le récit très court ne donne jamais que des détails essentiels à l'action centrale : point de description de la beauté de la femme par exemple. Les seuls détails ont pour unique fonction de préciser et d'authentifier la réalité de l'événement et d'en augmenter le mystère relaté avec une écriture serrée et concentrée, sans développement ni commentaire, sans délai retardant l'action dramatique qui converge vers sa pointe finale, à la fois sommet épique et conclusion paradoxale.

Le scenario *provocatio-occasio-dictum/factum* qui (selon Rudolf Schäfer[3]) caractérise l'anecdote est ici exemplaire : l'*occasio* consiste en une brève description des circonstances, des faits, des dates, des conditions, etc. nécessaires à la bonne compréhension de l'histoire. La provocation est la nuit d'amour absolue. Le factum est sa non réitération et cette mystérieuse substitution qui a la forme d'un Witz énigmatique.

Parmi les quatre éléments fondamentaux de l'anecdote (facticité, brièveté, représentativité et effet qui donne à penser), nous voyons que la représentativité est d'abord sociale, par l'action conforme des protagonistes

3 Rudolf Schäfer, *Die Anekdote: Theorie-Analyse-Didaktik*, München, Oldenburg Verlag, 1982.

à leur état, mais la véritable représentativité n'est pas ici sociale mais symbolique des relations de l'homme et de la femme. L'absence de clôture finale laissant libre champ à toutes les hypothèses crée bien cet « effet qui donne à penser ». Finalement l'anecdote ne caractérise pas un type social ou psychologique, mais les aléas de l'existence qui au cours des hasards de la vie créent bonnes surprises et frustrations dans un même temps.

DE L'ANECDOTE À LA NOUVELLE

La réécriture de l'anecdote, dans la traduction allemande qu'en fait d'abord Goethe, va dans le sens d'une stylisation et d'une esthétisation. Rapportée à l'intérieur des *Conversations des émigrés allemands*, l'anecdote ne connaît cependant pas de modifications importantes. Mais on mesure l'incertitude des théories de l'époque quand on voit que Goethe définit la nouvelle comme « un événement inouï » et que l'histoire de Bassompierre est prise comme modèle de nouvelle. L'héritage de la nouvelle au sens traditionnel est ici évident, qui trouve souvent sa source dans la pseudo-anecdote. Le cas de Boccace, dont le *Décaméron* est fait pour une part d'anecdotes authentiques, montre bien les confusions qui peuvent être faites entre nouvelle et anecdote (« *cento novelle, o favole o parabole o istorie che dire le vogliamo !* »)

La différence entre anecdote et nouvelle, au sens moderne du terme, apparaît dans la lecture comparée que l'on peut faire de celle du Maréchal de Bassompierre et de la réécriture que le jeune Hofmannsthal livre en 1900. Situant l'action dans une atmosphère hivernale, créant de multiples contrastes entre intérieur et extérieur, le froid glacial du dehors et l'ardente chaleur du feu de la cheminée, la grisaille d'un matin sans lumière opposée à l'éblouissement lumineux de la rencontre nocturne amoureuse, Hofmannsthal rehausse le mystère en effaçant certains détails réalistes, crée des tableaux symboliques (en opposant la vieille maquerelle répugnante « cachée sous un châle noir » à la jeune femme, comme la nuit à la lumière, l'indifférence à la passion).

En insistant dès le début sur le motif de la peste qui, comme ces lourds nuages, pèse sur tout le récit comme une menace, l'écrivain autrichien dramatise l'ensemble tout en développant une importante dimension symbolique. Il introduit un certain nombre de thèmes annexes, comme celui du sommeil magique, du décor mystérieux, de la pomme, de la bague du mystérieux personnage entrevu à travers les volets ou psychologiques (curiosité et impatience de l'amant). On pourrait parler d'une romantisation de cette passion qui n'était chez Bassompierre qu'une aventure physique. Tout devient vibrant d'émotion, de légèreté et de gravité simultanées.

Devenue une figure complexe, le personnage féminin a un aspect animal, proche de la tentatrice originelle. Aux mèches de ses lourds cheveux qui sont comme des serpents répond la pomme qu'elle fait manger à celui qui partage sa couche. Démonisation et féerie sont appelées par cette beauté-fin-de-siècle, à l'expression sauvage, déconcertante et quasi oxymoronique.

Ce qui distingue l'anecdote de la nouvelle est que cette dernière comporte plusieurs moments caractéristiques, en rapport avec un événement central. À l'unicité événementielle de l'anecdote s'opposent donc les répétitions thématiques de la nouvelle. Ainsi le récit de Bassompierre est uniquement déterminé par la conséquence de la première rencontre qui aboutit à la substitution inexplicable, tandis que celui de Hofmannsthal crée autour de l'événement un réseau de récits secondaires qui ont d'une part pour fonction de retarder l'avènement de la pointe et d'autre part de diversifier la diégèse par des éléments digressifs qui l'amplifient. L'une des conséquences est l'importance prise par les détails qui dans l'original n'avaient qu'une fonction très limitée.

Dans l'anecdote l'écrivain est un chroniqueur qui rapporte objectivement un témoignage avec une grande concision et avec un art consommé pour parvenir à la pointe finale. Robert Petsch[4] a bien montré que l'unité singulière événementielle caractérise le champ de l'anecdote, tandis que celui de la nouvelle comporte plusieurs moments caractéristiques, en rapport avec un événement central. Le novelliste au contraire s'affirme comme écrivain révélant immédiatement une perspective subjective (ce que R. Petsch appelait « l'infinité intérieure de la représentation »).

L'anecdote est foudroyante : elle va directement à son terme, à la différence de la nouvelle, plus lyrique, qui s'intéresse non à l'histoire mais à sa représentation. Certes le fondement de l'anecdote est la nouveauté tout comme la nouvelle (dont l'étymologie *novela* est soulignée par F. Schlegel), mais ce qui est fondement et raison même de l'existence de la narration pour l'une n'est pour l'autre qu'un prétexte, une ruse (pour

4 Robert Petsch, *Wesen und Formen der Erzählkunst*, Halle, 1934.

Maupassant) ou même un fantôme (pour Tchékhov). Ainsi l'anecdote du maréchal est-elle devenue chez l'auteur de la *Lettre de Lord Chandos* un espace nocturne érotique aux teintes post-wagnériennes et aux couleurs d'un symboliste décadent.

NARRATION ET BRIÈVETÉ

La narration a toujours posé un problème quant à la délimitation de son ampleur, entre la nouvelle en deux lignes et le roman fleuve. Dès l'Antiquité Quintilien s'interrogeait déjà sur les raisons rhétoriques de la concision et de la brièveté :

> [...] les rhéteurs grecs distinguèrent entre la narration concise, c'est-à-dire συντμος, et la narration brève, la première, à leur avis, ne comportant rien de superflu, l'autre pouvant laisser à désirer quelque élément nécessaire. Pour moi la brièveté ne consiste pas à dire moins qu'il ne faut, mais à ne pas dire plus. Car les itérations, les répétitions des mêmes idées, les redondances d'expression que certains traités recommandent d'éviter dans la narration, à vrai dire je les passe ; ce sont des défauts que l'on ne doit pas seulement éviter par souci de brièveté.
>
> Il ne faut pas moins rendre garde au défaut qui résulte d'un abrègement excessif : l'obscurité ; et il vaut mieux, dans une narration, qu'il y ait excès en plus plutôt qu'en moins ; car le superflu dégage de l'ennui, mais la suppression du nécessaire n'est pas sans risque (Quintilien, *Institution oratoire*, IV, 2, 42-44).

Si la brièveté réside dans le rien de plus que nécessaire, toute narration exige cependant que tout ce qui est nécessaire soit dit. Quintilien ajoutait précisément que « ce souci de brièveté ne m'empêcherait jamais d'introduire dans l'exposé des faits des détails qui le rendent plausible » (IV, 2, 47), car sinon ce ne serait plus une narration.

L'usage des raccourcis, des ellipses, des synthèses font partie de l'art d'abréger, tout en respectant l'exigence de clarté et de plausibilité (*probabilitas*). Car dès l'antiquité, la *brevitas* est au cœur d'un débat entre clarté et obscurité. Le bref est pour Gracián le plaisir de découvrir « en un corps si petit, une âme si grande » (*Oraculo Manual*). Or dans l'*Arte de Ingenio* Gracián comme de nombreux auteurs d'aphorismes et de maximes ne manque pas d'évoquer la stimulation du lecteur par le sentiment de l'incomplétude. Autrement dit, la brièveté exige de la part du lecteur une plus grande attention et imagination, car il doit lui-même participer activement.

La notion de brièveté impliquant le fait d'écourter, de condenser, réduit inévitablement le temps de la lecture. D'un certain point de vue l'économie est une perte, mais d'un autre elle est nécessaire à la psychologie du lecteur. Edgar Allan Poe a insisté dans sa *Genèse d'un Poème* et dans d'autres essais sur l'acte psychologique de l'attention du lecteur. Pour lui « dans presque tous les genres de composition, l'unité d'impression est de la plus grande importance ». Ceci légitime la forme courte de la nouvelle et du conte : « Dans le conte bref, l'auteur est en mesure de mettre intégralement son dessein, quel qu'il fut, à exécution. Pendant l'heure que dure la lecture, l'âme du lecteur demeure sous la coupe de l'écrivain. Il n'y a alors aucune influence extérieure ou extrinsèque – résultant de la lassitude ou d'une interruption[5] ». Un critique allemand, Martin Rockenbach définissait, par la durée de lecture, l'histoire brève comme « le roman 5-minutes[6] ». Bernard Teyssèdre lui écrivit dès 1961 des « *Romans éclairs*[7] ». Le microrécit, à la différence du conte et de la nouvelle, porte en lui une temporalité bien plus resserrée impliquant la prise en compte de son statut dans le livre.

La forme brève a également un statut particulier dans l'espace textuel. Le récit bref a en effet une lisibilité spécifique. Sans parler de l'espace blanc qui sépare les textes brefs les uns des autres, l'appréhension que l'œil du lecteur peut faire quasiment d'un coup de la page ou des quelques pages d'une microfiction dont on peut percevoir presque simultanément l'ouverture et la clôture dans l'espace contigu du texte, est une part essentielle de son dispositif.

Le resserrement de l'espace et du temps engendre des parcours de lecture nouveaux. On ne peut lire un recueil de microhistoires comme on lit un roman. Le lecteur peut se promener, au hasard, sans ordre et vagabonder parmi les histoires. En fait le récit bref peut être soit inséré dans une histoire plus longue, soit être autonome et alors faire partie d'une série. Enchâssée, l'histoire conserve cependant son identité comme

5 « Edgar Allan Poe », *L'Herne*, n° 26, p. 114.

6 Cité par Klaus Doderer, *Die Kurzgeschichte in Deutschland*, Wissenschaftliche Buchgesellschaft, Darmstadt, 1980, p. 5.

7 Bernard Teyssèdre, *Romans éclairs*, Grasset, 1961.

telle et ses caractères spécifiques. En série, c'est un ensemble discontinu (comme dans le cas des anecdotes d'un Chamfort par exemple). Cet aspect mosaïque permet de multiplier les parcours de lecture. On se souvient de la célèbre dédicace des *Petits poèmes en prose* de Baudelaire à Arsène Houssaye :

> Mon cher ami, je vous envoie un petit ouvrage dont on ne pourrait pas dire, sans injustice, qu'il n'a ni queue ni tête, puisque tout, au contraire, y est à la fois tête et queue, alternativement et réciproquement. Considérez, je vous prie, quelles admirables commodités cette combinaison nous offre à tous, à vous, à moi et au lecteur. Nous pouvons couper où nous voulons, moi ma rêverie, vous le manuscrit, le lecteur sa lecture ; car je ne suspends pas la volonté rétive de celui-ci au fil interminable d'une intrigue superflue. Enlevez une vertèbre, et les deux morceaux de cette tortueuse fantaisie se rejoindront sans peine. Hachez-la en nombreux fragments, et vous verrez que chacun peut exister à part. Dans l'espérance que quelques-uns de ces tronçons seront assez vivants pour vous plaire et vous amuser, j'ose vous dédier le serpent tout entier.

Baudelaire dit que chacun des fragments peut exister à part, mais que le « serpent » forme un tout puisqu'il le dédie « tout entier ». Mais la solution de continuité n'est pas non plus sans un inconvénient maintes fois révélé : celui de la fatigue du lecteur engendrée par la discontinuité des formes brèves, qui prend le lecteur au dépourvu.

Qu'en est-il du lecteur face à ces micro-histoires ? Il n'a pas en face de lui une narration ou un discours continu, mais des matériaux qu'il butine. Ce qui retient l'attention, c'est la complexité, la non-systématicité et la diversité. Ce désordre n'exclut cependant pas un ordre intérieur qui peut s'établir non par succession mais par renvois implicites à l'intérieur du recueil. Il y a ainsi de multiples parcours possibles suivant les associations faites par le lecteur et la liberté qu'il s'accorde de lire suivant son gré les narrations brèves proposées.

POURQUOI DES MICROFICTIONS ?

Les formes brèves, appelées microrécits ou microfictions ou encore nouvelles hyperbrèves – qui ont la particularité de ne pas excéder 300 ou 400 mots – sont particulièrement appréciées de nos jours, sans doute en raison du rythme accéléré de la vie contemporaine exigeant des lectures rapides (à lire dans le métro par exemple). Ces microrécits s'enracinent dans la vie quotidienne, s'inspirant de faits divers, de légendes urbaines, au carrefour du conte traditionnel, de la littérature et du folklore urbain. Cette forme brève « absorbe, imite, réécrit des genres (littéraires et populaires), des formes (*faits divers*, *haïku*, *cadavre exquis*), des registres différents (comique, tragique, grotesque, fantastique), recycle des stéréotypes, parodie des textes littéraires et non littéraires, reconfigure des cadres de référence, s'adapte à de multiples supports, media et arts. La forme concise, elliptique, compacte et intense des microfictions, ainsi que ses contaminations par des formes et genres non narratifs (genres gnomiques, lyriques), pose la question de la particule minimum de narrativité (comment raconter ou ébaucher le changement d'un état vers un autre état avec le moins de mots possible). Fragmentaires, fractales et fugaces, les microfictions, notamment celles qui paraissent sur des blogs et dans Twitter, s'accumulent sous forme de séries ouvertes à l'infini (écriture de liste), établissant ainsi une connexion entre le minuscule, l'immense ou l'infini. » (définition donnée sur le site internet de *French Fixxion* et qui résume fort bien les divers aspects de ces microfictions).

Si l'appellation « micro » est assez récente en France (les *Microfictions* de Régis Jauffret datent de 2007), de fait les fictions brèves sont en réalité fort anciennes, il suffit de penser par exemple à l'anecdote et aux « ana ». On pourrait penser que la brièveté, l'économie, la concision font de l'anecdote une écriture « anonyme ». Ce serait cependant oublier que tout l'art de l'écrivain se cache dans cet anonymat. On en a pour preuve avec, par exemple, les minihistoires de Thomas Bernhard dans *L'imitateur*, texte qui se compose de cent quatre récits brefs. Ces historiettes courtes, concises, caractérisées par une platitude et une simplicité quasiment exagérées (surtout si l'on songe à la prolixité des longues proses romanesques de l'auteur) sont autant de faits divers d'une triviale banalité. La frontière entre fiction et réalité est une frontière instable pour Thomas Bernhard dont les petites proses se présentent comme un « discours emprunté qui, à l'instar de l'imitateur, n'aurait pas de voix propre[8] ». Ce serait cependant méconnaître l'art de la pointe du narrateur reproducteur :

> Un jeune Autrichien tue ses parents pour leur éviter la douleur d'un suicide.
>
> P.T.T. Des années après la mort de notre mère, les P.T.T. lui distribuaient encore des lettres qui lui étaient adressées. Les P.T.T. refusaient d'admettre sa mort.

8 Marie-Pascale Huglo, *Métamorphoses de l'insignifiant*, L'Univers des discours, Balzac-Le Griot éditeur, Montréal, 1997, p. 225.

Les récits sont présentés comme des rapports circonstanciés, avec des noms de lieu, des déictiques, mais sur fond de brouillages référentiels ; la compilation d'unités distinctes, autonomes finit par signifier un dérèglement dans un monde hyper-signifiant, témoignant de cette « zone ambiguë où l'événement est pleinement vécu comme un signe dont le contenu est cependant incertain[9] ».

En cela les récits de la modernité diffèrent de ceux de la fin du dix-huitième siècle qui, certes, décrivent des anecdotes révélatrices de l'état de la société, mais à des fins didactiques et critiques, telles les anecdotes de Chamfort, qui souvent comme moraliste établit des ponts et des liens serrés entre maximes et anecdotes. Aussi l'anecdote apparaît comme une exemplification, une représentation, une visualisation de la maxime (abstraite) à laquelle on donne un tour concret et singulier. Inversement la maxime apparaît comme la généralisation, l'universalisation d'une loi tirée d'un exemple singulier, mis en forme et réfléchi. Les Lumières voyaient dans l'anecdote comme dans la fable et la parabole un moyen efficace et amusant d'instruire. Le goût pour les anecdotes chez Kleist débuta dans une lettre à sa fiancée en 1800. Il en publia ensuite de nombreuses dans les *Berliner Abendblätter* prenant souvent comme exemple des personnages historiques :

> Lorsqu'on lui demanda où il voulait être enterré après sa mort, Diogène répondit : « Qu'on me laisse au milieu d'un champ ». « Quoi ! rétorqua quelqu'un, tu veux être mangé par les oiseaux et les animaux sauvages ? ». « Qu'on laisse mon bâton à côté de moi, répondit-il, afin que je puisse les chasser ». « Les chasser ! s'écria un autre ; mais quand tu seras mort, tu ne ressentiras plus rien ! ». « Alors quoi, qu'est-ce que ça me fera que les oiseaux me mangent ou pas ? »

> Lorsque sa femme mourut, Bach dut prendre des dispositions pour son enterrement. Mais le pauvre était habitué à ce que sa femme s'occupât de tout ; si bien que lorsqu'un vieux domestique arriva et lui demanda de l'argent afin d'acheter du crêpe pour le deuil, il répondit en pleurant doucement, la tête appuyée sur la table : « Parles-en à ma femme ».

Enfin pour évoquer une dernière fois l'insertion de microrécit dans un ensemble romanesque, non comme anecdote, mais comme parabole, pensons à Kafka, digne émule du style sobre et précis de Kleist. Dans *Le Procès*, un récit dans le récit met celui-ci en abyme lorsqu'est racontée

---

9 Roland Barthes, « Structure du fait divers », *Essais critiques*, Seuil, 1964, p. 197.

l'histoire du gardien de la porte. Elle se trouve à la fin du roman et reflète la condition du héros. Elle raconte la vie d'un homme qui attend toute sa vie devant la porte de la Loi, une sentinelle surveillant la porte et lui interdisant d'entrer. Ce n'est cependant pas une interdiction absolue : la sentinelle lui affirme qu'un jour il pourra franchir cette porte. À la veille de sa mort, la sentinelle lui dit que cette porte était pour lui, qu'il était le seul à pouvoir la franchir. Ici le micro est en quelque sorte une anamorphose du macro et cette brusque condensation dans la trame romanesque fait du petit récit une cristallisation signifiant la tragédie de l'ensemble.

L'exemple inverse serait celui de l'incipit de *L'homme sans qualités* Robert Musil, une histoire fort brève relevant du fait divers puisqu'il s'agit d'un bulletin météo :

> On signalait une dépression au-dessus de l'Atlantique ; elle se déplaçait d'est en ouest en direction d'un anticyclone situé au-dessus de la Russie, et ne manifestait encore aucune tendance à l'éviter vers le nord. Les isothermes et les isothères remplissaient leurs obligations. Le rapport de la température de l'air et de la température annuelle moyenne, celle du mois le plus froid et le mois le plus chaud, et ses variations mensuelles apériodiques, était normal. Le lever, le coucher du soleil et de la lune, les phases de la lune, de Vénus et de l'anneau de Saturne, ainsi que nombre d'autres phénomènes importants, étaient conformes aux prédictions qu'en avaient faites les annuaires astronomiques. La tension de vapeur dans l'air avait atteint son maximum, et l'humidité relative était faible. Autrement dit, si l'on ne craint pas de recourir à une formule démodée, mais parfaitement judicieuse : c'était une belle journée d'août 1913.

Ici la microfiction ouvre un des romans les plus totalisants qui soit. « Elle témoigne de manière exemplaire comment le ponctuel se trouve lié au général, le fragment à l'ensemble, le micro au macro[10]. »

Les *Nouvelles en trois lignes* Félix Fénéon sont des anecdotes resserrées en microhistoire. Elles étaient destinée au journal *Le Matin* à partir de 1905 (et ne furent publiées en ouvrage que seulement en 1948). La rubrique était constituée de dépêches de dernière minute sous formes de « brèves » dans les pages intérieures du quotidien. Ces « nouvelles » étaient divisées en sous-sections en fonction de leur provenance géographique et de leurs

10 Dominique Rabaté et Pierre Schoentjes, *Revue critique de fixxion française contemporaine*, N° 1 MICRO/MACRO.

sujets. Elles ressortissent à la causalité troublée qui selon Roland Barthes caractérise le fait divers, « riche de déviations causales[11] ». Fénéon ne se privait pas de subvertir la dépêche suivant son goût anarchiste pour les faits particulièrement sanglants et d'inventer avec toutes les ressources de sa rhétorique des faits divers fictifs qu'il manipule avec cynisme, férocité et une cruelle ironie dont les lecteurs du journal n'ont souvent pas perçus l'aspect caustique.

> Marie Jandeau, jolie fille que bien des Toulonnais connaissaient, s'est asphyxiée hier soir dans sa chambre, exprès (Dép. part.) [500,95]
>
> Deux Italiennes se houspillaient à Thil (Meurthe-et-Moselle). Les maris s'émurent. L'un tua l'autre et le couple passa la frontière (Dép. part.) [621, 109]
>
> Plage Sainte-Anne (Finistère), deux baigneurs se noyaient. Un baigneur s'élança. De sorte que M. Étienne dut sauver trois personnes (Dép. part.) [336, 76]
>
> Le professeur de natation Renard, dont les élèves tritonnaient en Marne, à Charenton, s'est mis à l'eau lui-même : il s'est noyé.

Jean-Yves Jouannais a pu parler à leurs propos de « romans elliptiques », qui, mis bout à bout, formeraient « une *Comédie humaine* condensée ». Il est d'ailleurs notable que plus l'histoire est resserrée et plus elle invite à parler de la mort. Sur 104 minirécits de Thomas Bernhard, 77 parlent de la mort. Pensons aussi aux *Crimes exemplaires* de Max Aub. D'autre part, plus la narration est concise et plus le jeu sur la langue est intense. Pensons par exemple aux fameuses brèves de comptoir de Jean-Marie Gourio[12].

FLASH FICTIONS

Depuis l'origine de ce qu'on a appelé microfiction et dont certains attribuent l'origine à Hemingway (ce qui est par ailleurs douteux) avec sa micronouvelle de six mots : « *For sale : baby shoes, never worn* » (« À vendre : chaussures de bébé, jamais portées ») qui permet au lecteur d'imaginer tout un roman et divers possibilités d'interprétation, on a essayé de réduire au minimum le nombre de mots. Anatole France a livré une version éclairante avec l'histoire du prince de Perse qui voulait être éclairé par l'exemple du passé et demande qu'on lui compose une histoire universelle.

11 Roland Barthes, « Structure du fait divers » in *Essais critiques*, Seuil, 1964, p. 192.
12 Jean-Marie Gourio, *Brèves de comptoir*, Robert Laffont, Bouquins, 2 vol., 2002.

Celle-ci est au bout de trente ans amenée par douze chameaux portant chacun cinq cents volumes. Le prince occupé par le gouvernement de son royaume n'ayant pas le temps de tout lire demande qu'on lui raccourcisse l'histoire. On lui apporte alors quinze cents volumes sur trois chameaux. Le prince se trouve trop vieux pour lire tout cela et demande d'abréger. Il n'y a alors plus qu'un seul chameau porteur de cinq cents volumes. Le prince dit alors « Abrégez, si vous voulez que je sache, avant de mourir, l'histoire des hommes ». Un âne lui apporte alors un gros volume. « – Je mourrai donc sans savoir l'histoire des hommes ! » s'exclame le prince. « – Sire, répondit le doyen, presque aussi mourant que lui, je vais vous la résumer en trois mots : Ils naquirent, ils souffrirent, ils moururent. C'est ainsi que le roi de Perse apprit l'histoire universelle. »

La microfiction contemporaine joue de l'implicite et de l'allusif inhérents à la concision. Elle isole un fait, une image, un événement, avec la fulgurance de ce qu'on appelle aussi *flash fictions*, en les privant du récit qui leur donnerait sens[13]. Cette perte veut être compensée par leur reproduction indéfinie, la microfiction étant du côté de la liste et de la sérialisation.

Dans cet art du micro, de ce que Fénéon appelait la « prose émaciée », la palme avait été décernée à l'écrivain guatémaltèque Augusto Monterroso avec *El Dinosaurio* :

> *Cuando despertó, el dinosaurio todavía estaba allí.*
>
> « Quand il se réveilla, le dinosaure était encore là. »

Considérée comme la plus courte microfiction, elle fut cependant détrônée par un autre écrivain de langue espagnole, le mexicain Luis Felipe Lomelí avec quatre mots :

> *¿Olvida usted algo ? – ¡Ojalá !*
>
> « Oubliez-vous quelque chose ? – Pourvu que oui ! »

On pourrait ainsi multiplier la bibliographie contemporaine consacrée à ce genre de littérature *wight watcher*[14].

13 Voir Dominique Rabaté et Pierre Schoentjes, *op. cit.*

14 Voir Lauro Zavala, *La minificción bajo el microscopio*, Universidad Pedagógica Nacional, Bogota, 2005 ; Ottmar Ette (éd.), *Nanophilologie. Literarische Kurz- und Kürzestformen in der Romania*, Tübingen, Max Niemeyer Verlag, 2008.

JEUX DE L'ESPRIT

> Entre deux mots, il faut choisir le moindre.
> VALÉRY

ÉNIGME ET DEVINETTE

L'énigme, sentence mystérieuse, est, versifiée ou non, la description circonlocutoire d'une chose, d'une personne ou d'un acte dont les propriétés sont données de manière allusive, en sollicitant l'intelligence et l'esprit de l'auditeur et dont la solution est rendue difficile par des pièges. « Allégorie obscure », proche du blason, mais plus recherchée dit Thomas Sébillet dans son *Art poétique* qui voit dans les plus courtes les plus élégantes. Suivant la forme de la circonlocution, on a des énigmes alphabétiques (logogriphes), arithmétiques (arithmogriphes), syllabiques (charades), imagées (rébus), anagrammatiques, palindromiques, etc. À la différence d'autres jeux d'esprit cependant, la devinette se fonde sur un élément trompeur d'allure métaphorique ou paradoxale.

L'origine en est très ancienne et l'on en trouve tant dans la littérature orientale qu'hébraïque (Salomon) ou grecque (l'énigme fameuse du sphinx). L'Allemagne en possède depuis les temps les plus anciens et nombre d'entre elles ont été citées dans la littérature médiévale qui les apprécie beaucoup, populaires ou cultivées. Jean Molinet a utilisé à fond le répertoire des devinettes, tout comme Chaucer, Rabelais, G. Bouchet dans les *Serées* (1585) et surtout Beroald de Verville qui dans son *Moyen de parvenir*, écrit de manière décousue, ne se contente pas de les citer, de puiser dans le recueil intitulé *Questions énigmatiques* : il les combine entre elles et en invente d'autres.

Cette proposition qui est à deviner est exprimée sous des termes et des idées « équivoques » pour exciter l'esprit à la découvrir. C'est un jeu littéraire que De Jaucourt, en homme des Lumières, condamne en raison de son aspect mystificateur : « les sages ou ceux qui se donnaient pour tels, crurent devoir cacher au vulgaire une partie de leurs connaissances. Par là, le langage imaginé pour la clarté fut changé en mystères ». Mais cet aspect obscurantiste reproché par l'encyclopédiste n'est pas le principal souci de ceux qui inventent des énigmes pour le plaisir de l'esprit. Ménestrier, auteur d'un gros ouvrage *La philosophie des images énigmatiques* (1694) disait que « l'énigme est un jeu d'esprit qui cherche à donner du plaisir en donnant de la peine » (définition que l'on pourrait tourner en énigme grâce à son caractère paradoxal). L'aspect amusant fait partie du plaisir. Au XVIe siècle la compilation de devinettes et le genre des facéties vont souvent ensemble, de même les questions d'amour (*Adevineaux amoureux*). Et l'on sait que dans certaines maximes de La Rochefoucauld se trouvent des maximes qui sont des énigmes ou réponses d'énigmes tout comme il y a des réponses sur les questions relatives à l'amour. Des demandes joyeuses sous forme de quodlibets se trouvent chez E. Tabourot dans ses *Escraignes dijonnoises.* Il est d'autres plaisirs : celui de la surprise, du jeu, de la découverte. Qui n'aura plaisir à deviner que deux rangées de chevaux blancs sur une colline rouge sont les dents, que ce qui a des dents et ne mord pas est le peigne, que ce qui a une tête mais pas de corps est l'épingle… Tout un jeu métaphorique est sollicité ici qui n'est pas sans force poétique.

> Je laboure avec mes cinq bœufs
> La terre que je laboure est blanche comme neige
> Le grain que j'ensemence est noir comme geai
> Réponse : les doigts, le papier et l'encre !

Aristote avait bien compris cela quand il dit dans sa *Rhétorique* que l'on peut tirer « de bonnes métaphores des énigmes, car les métaphores impliquent des énigmes. »

DANS LA LITTÉRATURE ORALE AFRICAINE

Dans la littérature orale africaine les devinettes et énigmes se distinguent d'autres genres narratifs par leur recherche stylistique les apparentant par bien des aspects à la poésie : constructions parallèles, répétitions, rapprochements de mots, assonances et allitérations, recours à la comparaison ou à la métaphore sont des procédés constants, nous dit Jacques Chevrier (*Forme brevi*, Torino, 1989), destinés à frapper l'imagination et solliciter l'attention de l'auditeur. Chez les Dogons du Mali, ces énigmes et devinettes sont données comme appartenant à la catégorie de la « *parole étonnante* », autrement dit une parole surprenante qui pour cette raison a besoin d'être interprétée et expliquée. Ces « paroles étonnantes » sont très nombreuses, mais les énigmes sont intéressantes : utilisées comme les devinettes ou les contes au cours d'une soirée, elles permettent de relancer la discussion entre participants. On a souvent une formulette figée qui sert d'embrayeur à la devinette (comme pour les contes, ainsi le « tim tim – bois sec » créole), mais les devinettes elles-mêmes servent aussi d'embrayeur pour des contes, une manière de préparer l'auditoire à l'univers du conte où le propos est à la fois jeu et allusion, vérité sous l'illusion, leçon et divertissement : après avoir exercé la sagacité et éveillé le goût de l'interprétation, on peut attendre de l'auditoire une plus grande sensibilité et une plus grande vivacité à la signification allégorique ou symbolique de l'histoire narrée. Jacques Chevrier, spécialiste faisant autorité de ces littératures, remarque que l'énigme, à la différence de la devinette, n'a en général pas de solution satisfaisante, ce qui explique qu'elle engendre des discussions à la fois passionnées et interminables.

Deux exemples de ces énigmes :

> Cette histoire s'est vraiment passée. Un homme se rendait de Booussou à Soromianta en compagnie de son épouse, de sa mère et de sa belle-mère. C'était la saison des pluies et il fallait traverser la rivière en crue, dans une pirogue. Mais lorsque les voyageurs se trouvèrent au milieu du cours d'eau, un gros crocodile arrêta l'embarcation et monta à bord. Ce fut la panique. Toi, je te laisse, dit le saurien à l'homme, mais il faut me donner l'une de tes trois femmes. Si vous vous trouviez à la place de cet homme que feriez-vous ?

Une autre énigme présentée par J. Chevrier met en scène un homme qui doit avec sa pirogue aller de l'autre côté du fleuve en faisant passer, une par une, une hyène, une chèvre et une botte de haricots, sans que la hyène touche à la chèvre, la chèvre à la botte de haricots. (La solution étant de faire passer la chèvre d'abord, puis la hyène, puis de ramener la chèvre et de faire passer la botte, puis enfin la chèvre).

LA DEVINETTE

Constituée par une question qui appelle une réponse, la devinette est un genre qui joue depuis l'enfance un grand rôle. Auparavant on parlait d'adevinaille, adevinal, devinaille qui au Moyen Age recouvre une énigme ou une question comique (les *demandes joyeuses*). Les ethnologues, comme Richard Wossidlo, W. Schultz, Antti Aarne, Robert Petsch, Van Gennep, Anne-Christine Taylor, etc., y ont consacré d'importants ouvrages. Nous ne nous intéresserons pas ici aux formes folkloriques, actualisées, relatives ou savantes si ce n'est pour en comprendre la structure. Jolles a montré que, à l'opposé du mythe qui contient une question, la devinette est la forme qui appelle une réponse (même si la réponse a parfois disparue ou semble impossible à retrouver, celle-ci est présupposée). Une devinette insoluble n'est pas une devinette : il y a quelque part une réponse et le devineur a pour tâche de trouver ce qu'un autre sait. Il s'agit donc d'un savoir qui concerne non plus l'univers comme dans le mythe, mais le savoir même de l'homme. D'un côté celui qui sait (un sage), de l'autre celui qui veut savoir, qui est contraint de savoir, qui « oppresse ». L'équivalent en vieux-haut-allemand de la devinette était le mot de *tunkal* qui signifie « la chose ténébreuse ». Il s'agit d'apporter la lumière à quelque chose qui est dérobé, d'apporter un déchiffrement.

La mise en scène questionneur/questionné n'est pas sans faire penser à une audience judiciaire (l'accusé sait, le juge doit savoir) ou à un examen. Mais l'examen ne porte pas sur un savoir (comme dans le cas d'une interrogation scolaire), mais sur un savoir-faire. C'est une épreuve capitale : il faut deviner ou c'est la mort ; inversement la vie est donnée à celui qui sait poser une devinette. Ainsi l'énigme d'Ilo dont la forme est :

> Sur Ilo je vais,
> Sur Ilo je suis
> Sur Ilo voici – la belle et la jolie –
> Devinez Messieurs ce que ça veut dire

L'une des explications donnée par Wossidlo est : Une fille était accusée d'avoir tué un enfant, mais elle pouvait avoir la vie sauve si elle posait une devinette que les juges ne savaient résoudre. La devinette présente signifiait que la fille avait appelé son chien Ilo et qu'elle s'était faite des souliers avec sa peau. On voit que ce schéma peut avoir de nombreuses variantes. Ce qui est intéressant dans ce cas, c'est que la perspicacité du juge est mise à l'épreuve. S'il ne trouve, il avoue sa faiblesse et il doit libérer l'accusée.

La devinette est chiffrée et le devineur qui déchiffre montre qu'il est l'égal du questionneur. Il résulte, nous dit Jolles, que le but véritable de la devinette n'est pas la solution, mais la *résolution*. La résolution signifie l'état d'initié du répondeur qui en quelque sorte a trouvé le mot de passe et compris la langue spéciale de la devinette qui lui sert à son chiffrement (ainsi Walter Porzig montre-t-il que dans le Rig-Veda les réalités mouvantes (soleil, lune pied) y deviennent roue et char, que les phénomènes aériens (soleil, étincelle, éclair) y sont des oiseaux, que tout ce qui est engendré est vache, que le bas est toujours pied et que le haut est toujours tête). Ce chiffrement signale la « clandestinité » du groupe, son ésotérisme. Il y a même, comme le dit Jolles, une marque de perfidie dans ce langage inextricable – ce filet qui nous emprisonne (*griphos*).

La devinette donne l'impression d'un langage incompréhensible. Sa solution viendra le plus souvent d'une réflexion sur le langage même (ainsi pour la devinette : « qu'est-ce qui a un pied et ne sait pas marcher ? » – dont la réponse est la montagne, le terme pied est pris non comme pied humain, mais comme image). Nombreuses sont les devinettes qui peuvent recevoir plusieurs réponses, hiérarchisées suivant l'auditoire (si par exemple il est féminin ou masculin, car de nombreuses devinettes ont une solution acceptable et une solution scabreuse en même temps). Inversement le sous-entendu sexuel qui vient spontanément à l'esprit peut être déconstruit, telle cette devinette hindoue (*Kahmukri*) : « J'étais couché, elle monte sur moi, me fait transpirer, m'agiter, haleter et je tremblais sans pouvoir parler »...il s'agit de la fièvre.

L'usage littéraire de la devinette et de l'énigme est connu. Il suffit de songer aux énigmes de Turandot ou du compagnon de voyage d'Andersen. Mais il conviendrait également de penser ici à l'usage que certains romans policiers ont pu en faire (et cela depuis Edgar Poe jusqu'à Agatha Christie). La nouvelle de Henry James, *L'image dans le tapis*, est entièrement bâtie sur une énigme qui ne reçoit pas de réponse univoque, mais dont l'existence, comme énigme, en vient à figurer le mystère même de la littérature.

EMBLÈME ET DEVISE

Emblème et devise représentent une vérité par un symbole sensible, accompagné d'une légende qui en exprime le sens. Ce qui les distingue, c'est que les paroles de l'emblème ont à elles seules un sens plein et achevé, ce qui n'est pas vrai des paroles de la devise qui ne s'entendent pleinement que lorsqu'elles sont jointes à la figure. L'emblème est également d'une portée plus générale, alors que la devise peut être attachée à une personne.

L'emblème baroque comprend trois parties : un « intitulé abstrait » (*Lemma, Motto, Inscriptio*) qui résume en quelque sorte « le symbole » (*icon, pictura*) imprimé sous forme de gravure sur bois ou sur cuivre, mettant en scène un proverbe, une fable animalière, un épisode mythologique, biblique ou historique, et enfin « une épigramme » (*subscriptio*) qui éclaire le sens et les rapports de la sentence et de l'image, le sens général de l'ensemble étant ordinairement une règle de vie ou de sagesse. L'emblème est différent du symbole en ce que son contenu est très limité et déterminé. Sa fonction est de signifier, par le va-et-vient entre ses trois parties et le déchiffrement que la lecture exige, qu'il existe dans le monde des rapports secrets, cachés et allégoriques et que le visible est signe d'un ordre plus universel. Un emblème connu et apprécié au XVIIe siècle en France était l'image de Scevola tenant sur un foyer embrasé sa main, avec comme légende : « il est d'un Romain d'agir et de souffrir constamment ».

À l'origine l'emblématique concernait une culture ésotérique réservée aux érudits, sorte de langue chiffrée, mais le plaisir des images et des énigmes en ont vite fait une mode qui influença les arts et s'étendit sur toute l'Europe occidentale jusqu'au XVIIIe siècle ; le double sens (propre et emblématique) devient une technique d'écriture poétique, tout en étant un signe de distinction dans les cultures curiales. De nombreux recueils comme ceux d'Alciat (Augsburg, 1531), G. Rollenhagen (Cologne, 1611), J. Camerarius (Nuremberg 1590) témoignent de cet art baroque très prisé, pour lequel les hiéroglyphes égyptiens ont été une source d'inspiration. Tabourot dans ses *Bigarrures* présente par exemple un homme agenouillé portant un I de couleur verte : il s'agit de l'hiver qui met l'homme à genoux.

L'emblème est d'abord une image dont la légende nous conduit à une moralité prise au sens large. Moins obscur que l'énigme, l'emblème, construction ingénieuse offrant une double représentation, pour l'œil et pour l'esprit, requiert cependant la sagacité du lecteur.

La devise est également une figure emblématique avec une sentence concise qui l'explique. Mme de Sévigné : « J'ai vu une devise qui me conviendrait assez ; c'est un arbre sec et comme mort et autour ces paroles : *Fin che sol ritorni* (jusqu'à ce que le soleil revienne) » (Lettre du 13 décembre 1676)

La devise a un corps qui est la figure et une âme qui est la sentence. La devise est une métaphore qui représente un objet par un autre avec lequel il a de la ressemblance. C'est cette juste comparaison qui en fait l'intérêt et la beauté. Mais la sentence n'a pas en elle-même un sens achevé car elle doit faire un tout avec la figure qui l'accompagne. Elle ne doit pas signifier tout « car la signification qui fait la forme et l'esprit de la devise, résulte de la signification du corps et de celles des paroles ». Cette combinaison jugée efficace (et que certaines techniques de publicité contemporaine utilisent naïvement) a été également utilisée pour désigner les maximes d'action d'une collectivité. « Plutôt souffrir que mourir / C'est la devise des hommes » disait une fable de La Fontaine ; d'un individu (« Il prit pour sa devise : malheur est bon à quelque chose » (Voltaire, *L'Ingénu*), d'une ville (on connaît celle de Paris, *fluctuat nec mergitur*) ou d'une famille (« toujours brillant et tout asseuré », devise accompagnée d'une ancre de marine et d'étoiles).

POINTE

La pointe est un ornement bien connu des Anciens et ce jeu d'esprit qui roule sur les mots fait l'un des charmes de l'épigramme comme du madrigal. On connaît l'exemple célèbre :

Un gros serpent mordit Aurèle :
Que croyez-vous qu'il arriva ?
Qu'Aurèle mourut ? bagatelle.
Ce fut le serpent qui creva.

UNE SENTENCE BRÈVE ET BRILLANTE

La pointe est d'abord une sentence brève et brillante dont la théorie ne commence vraiment qu'à la Renaissance. Cicéron dans son *De Oratore* et Quintilien dans son *Institution oratoire* l'ont déjà définie par des qualités de style comprenant la nouveauté, la vigueur, la brièveté et la variété. « Nous désignons, dit Quintilien, par *sententiae* les traits brillants et surtout à la fin des périodes. » Il recommande que ces traits ne soient ni trop fréquents ni artificiels. Leur forme en est très diverse et peut reposer sur la surprise, la répétition d'un mot, l'antithèse, la comparaison, etc. On les aime en raison de leur apparence ingénieuse, même si tous sont parfois loin d'être bons. Ces traits ont du brillant et du relief et Quintilien regarde « ces points lumineux du discours comme les yeux de l'éloquence ». La métaphore de l'éclair, propre à cette fulguration ingénieuse est latente quand Quintilien déclare par exemple qu'ils « frappent l'esprit et ils l'ébranlent souvent d'un seul coup et ils s'y fixent mieux en raison de leur brièveté même et, par le plaisir qu'ils suscitent, ils persuadent. »

Le terme de « pointe » (ou *concetto, concepto, conceit*) a un sens semblable au XVIe et au XVIIe siècle à celui de la *sententia* quintilienne, celui de trait bref et brillant qui sollicitent l'attention et la mémoire du lecteur. Les traits sont qualifiés d'ingénieux, mais dans le même temps apparaissent comme étant produits par la nature et le hasard ; ils doivent apparaître de manière spontanée « avant qu'on ait eu le temps d'y penser » (Cicéron). En cela ils répondent à l'exigence de l'esthétique de la Renaissance qui définit l'art suprême comme imitation de la nature et le véritable art celui qui ne semble pas être de l'art, mais du naturel.

UN ART DE COUR

L'art de la pointe, de l'acuité sentencieuse comme du trait brillant, est une qualité indispensable à l'homme de tact et de goût qu'est le courtisan, l'homme aimable et honnête qui doit posséder des qualités agréables parmi lesquelles l'art de la facétie, du plaisant et du spirituel.

Homme de l'urbanité, autrement dit citadin (par opposition au rustre de la campagne), de bon goût, cultivé, élégant, agréable, fin, intelligent il doit faire preuve de grâce et de finesse d'esprit. Cette urbanité, socialité conçue comme œuvre d'art et qui fleurit dans les grands traités de la Renaissance aux XVIe et XVIIe siècles, avait été définie par Quintilien, qui là encore était une inévitable référence :

> L'*urbanitas* sera la caractéristique de l'homme qui abondera en mots et réponses bien dites et qui, dans les conversations, les cercles, les repas et aussi dans les assemblées publiques, bref en toutes circonstances, parlera d'une manière amusante et appropriée [...] le bon ton suppose qu'il n'y ait rien qui détonne, rien de campagnard, rien de fade... il en est de même chez les Grecs pour l'atticisme qui exprime un certain goût propre à Athènes

C'est dire que cet homme de distinction se remarque d'abord dans sa manière de parler, brève, concise (répondant en cela à une exigence ancienne à laquelle Ernst Robert Curtius a consacré un essai remarquable « La brièveté comme idéal de style » dans son grand ouvrage sur *La littérature européenne et le Moyen Âge latin*) et son habileté à être aimable par un discours orné d'anecdotes, de plaisanteries, de mots d'esprits, de traits plaisants. Castiglione consacre une part de son livre du *Courtisan* (1528) à montrer l'usage des formes brèves propres à entretenir la conversation et la société. Le courtisan a un beau parler, ingénieux, plein d'acuité et d'élégance, « une finesse de ton limitée à des phrases brèves ». Quintilien, pour y revenir, citait Domitius Marsus auteur d'un traité intitulé *De urbanitate* dans lequel le bon ton (*urbanitas*) est défini comme « une certaine qualité de langage enclose en un bref énoncé et propre à plaire aux auditeurs ». Quintilien se demande d'ailleurs curieusement pourquoi celui-ci a voulu inclure la brièveté dans cette définition. C'est que l'idéal de brièveté est non seulement rhétorique mais moral et social : éviter la redondance, rechercher la stylisation, c'est aussi l'élégance de l'économie, l'ascèse de la pensée, mais surtout la manifestation des égards envers l'autre.

Plus le trait est plaisant, plus aimable est son créateur, appelé aussi *homo facetus*, opposé au bouffon. Homme délicat, doué de « *facetudo* » (rappelons que *facetus* signifie à la fois plaisant, spirituel et élégant), il refuse deux comportements extrêmes : le manque de finesse du lourdaud et la gaieté démesurée du bouffon. Ayant élevé la sociabilité au rang d'œuvre d'art, il sait avec tact user de la raillerie qui est une des formes les plus appréciées à l'époque de l'esprit[1]. Mais il s'agit d'une raillerie pleine de sel et qui ne doit pas blesser. Cicéron, qui reste également le grand maître de ces écrivains, distinguait deux sortes de plaisanteries, dont l'une est répandue également sur tout l'ensemble du discours, et dont l'autre consiste en traits vifs et courts. « Nos pères ont donné à la première le nom de raillerie (*cauillatio*), à la seconde celui de bon mot (*dicacitas*) ». C'est cette seconde qui nous intéresse, cette répartie courte et vive qui est affaire de coup d'œil, d'inspiration, d'improvisation, ce bon mot, élément de l'*urbanitas*.

Dans cet art de parler qui requiert, comme dans le comportement social, une *sprezzatura* linguistique (le terme de *sprezzatura* employé par Castiglione est intraduisible ; il signifie une désinvolture négligente, une grâce un peu méprisante, une conscience de supériorité et de distinction qui vient de la conscience d'une supériorité et d'une maîtrise sans effort ; il désigne l'habileté suprême qui se joue de toutes les difficultés avec élégance et insouciance), est mis particulièrement en valeur l'*argutia* (*argutezza, agudeza*) inséparable de l'*ingenium* (*wit*) d'où procèdent les traits d'esprits (*concetti, conceptos, conceits*). Baltasar Gracián publie son *Agudeza y Arte de Ingenio* (1642) traduit en français par *Art et figures de l'esprit*. L'art de l'esprit peut sembler être un oxymore en ce que l'esprit est spontanéité et éloigné de tout système comme de toute technique. Mais il s'agit bien d'art, qui relie les concepts proches que sont l'*agudeza*, l'*ingenio* et le *concepto*, termes que l'on pourrait traduire par acuité ingénieuse, esprit et trait. Benito Pelegrin propose pour cerner le terme d'*agudeza* les noms de : acuité, trait, pointe, mot acéré, pique, flèche, parole aiguë, riposte tranchante, parole aiguisée par le style, stylet affûté par l'élégance. On voit ce que la pointe peut avoir d'agressive et de polémique. Elle relève du duel et le style conceptueux se pose comme un jeu emblématique, énigmatique, arcane baroque, jeu du voile et du dévoilement, de l'éblouissement et de l'aveuglement, de la milice contre la malice. Une définition de l'*agudeza* donnée par Gracián qui en examine toutes les faces et figures est la « correspondance » que ce soit dans la parité ou la disparité. « Unir à force de paroles deux extrêmes

1 Voir Dominique Bertrand, « Raillerie » in *Dictionnaire raisonné de la politesse et du savoir-vivre*, (éd. A. Montandon), Paris, Seuil, 1995, p. 731-750 et Mercedes Banco, « Esprit », *Ibid.*, p. 329-358.

contradictoires est une preuve extrême de subtilité ». Voici que le *wit* et le *Witz* pointent leurs oreilles de lièvre.

Art de plaire, art du plaisir. « Plus il y a de contreposition, plus il y a de difficulté et le raisonnement qui trouve le signifié a d'autant plus de jouissance qu'il est plus caché. » *L'Homme de cour*, dont nous avons commenté les aphorismes, réalise cet art de l'esprit et cette grâce du style.

Le « concept » qui est d'abord acte de l'entendement qui exprime la correspondance qu'il y a entre les objets, la forme verbale de l'acuité, devient dans sa réalisation la pointe, trait d'esprit, *concetto* en italien, qui avec le maniérisme (défini par Curtius comme style de la pointe) se transforme en jeu de mot spirituel, surprenant, embrouillé opposé au style simple. Toute la littérature baroque privilégiera ces sentences aux ornements très recherchés tel le Marinisme, l'Euphuisme, le Gongorisme. Ces excès seront sévèrement jugés par nos classiques qui y voient « toutes les pointes d'esprit recherchées que le bon goût proscrit » et Boileau de s'exclamer :

> Jadis de nos auteurs les pointes ignorées
> Furent de l'Italie en nos vers attirées.
> Le vulgaire, ébloui de leur faux agrément,
> A ce nouvel appas courut avidemment. [...]
> La raison outragée ouvrant enfin les yeux
> La bannit pour jamais des discours sérieux,
> Et dans tous ses écrits la déclarant infâme
> Par grace lui laissa l'entrée en l'épigramme ;
> Pourvu que la finesse éclatante à-propos
> Roulât sur la pensées, & non pas sur les mots.
> (Boileau, *Art poétique* II, 105 et suiv.)

UN ART DE L'OCCASION

Acuité comme art de l'occasion : « Bien que toute sentence en soi se puisse considérer comme un concept, une vérité sublime, prudente et délicatement formulée étant essentiellement un acte de réflexion, celles qui relèvent de notre art de l'esprit sont celles qui sont tirées de l'occasion, prennent leur essor de quelque circonstance spéciale, de sorte que ce ne sont pas des sentences générales, mais très particulières : elles sont le commentaire de quelque singulière contingence. » Il y a dans ce mouvement de l'esprit un art de l'invention et de la découverte inattendue qui est le propre du génie d'un bel-esprit.

Parmi les mots et les traits d'esprit, la saillie mérite une remarque, car elle témoigne de cette vivacité et de cette agilité qui caractérise l'esprit. « Le mot de saillie vient de sauter ; avoir des saillies, c'est passer sans gradation d'une idée à une autre qui peut s'y allier ; c'est saisir les rapports des choses les plus éloignées, ce qui demande sans doute de la vivacité et un esprit agile. » (Vauvenargues, *Introduction à la connaissance de l'esprit humain*). Ce même Vauvenargues pour lequel « les sentences sont les saillies des philosophes », rapprochent les saillies des humeurs et des passions. C'est dire que nous ne sommes plus loin de l'humour et du *Witz* et que cette faculté de rapprocher et d'observer les rapports qui caractérise l'esprit est impulsive, irréfléchie et irrationnelle.

WITZ

Le *wit* en anglais et le *Witz* en allemand, termes intraduisibles, désignent d'abord l'esprit dans sa capacité d'intelligence, le jugement de l'entendement, l'esprit avisé (*Witz* est à rapprocher en allemand du verbe *wissen*, savoir). Le français parlait de « ingénieux ». La séparation entre les facultés cognitives et le tour spirituel, entre *mind* et *wit* ainsi qu'entre *Geist* et *Witz*, s'est opérée progressivement. Différent du jugement qui ne relie l'hétérogène que sous le contrôle de l'homogène, il s'oppose à la discursivité analytique et pour cette raison le *Witz* romantique est, ainsi que l'écrivent Philippe Lacoue-Labarthe et Jean-Luc Nancy, « synthèse a priori » (« impératif catégorique de la génialité » écrit Friedrich Schlegel) et même image d'un « Savoir absolu ».

Le *wit*, devenu une catégorie de la philosophie anglaise, désigne l'aptitude particulière à assembler des pensées avec promptitude et à déceler des similitudes. Générosité dans la combinaison et découverte des ressemblances éloignées caractérisent l'activité du *wit* que le philosophe anglais John Locke définissait dans son *Essai sur l'entendement humain* de la manière suivante :

> Le *wit* consiste plus à assembler des idées et à joindre promptement et avec variété celles en qui on peut observer quelque ressemblance ou quelque congruence, pour en produire dans les fantaisies de plaisantes peintures et

> d'agréables visions ; le jugement, au contraire, consiste tout à fait à l'inverse dans une soigneuse préparation d'une idée avec une autre, lorsqu'on y peut trouver la moindre différence…

Le *wit*, art de la combinaison fantaisiste et par figure, est donc opposé à la raison analytique. Il tend à devenir, si l'on peut dire, une déraison synthétique (« Impératif du synthétique » écrit F. Schlegel). Il est l'incongru. Le roman de Laurence Sterne *Tristram Shandy* qui accorde une grande place à ce genre d'esprit, justifie le style d'un genre qui revendique son incongruité à l'égard de tous les genres (voir en particulier la *Préface de l'auteur*, livre III, chapitre 20).

Dans l'esthétique allemande, chez un Gottsched, un Baumgarten, un Wolff ou un Hamann, une place de plus en plus grande est faite à ce pouvoir de combiner les images, et des images toujours plus bariolées, surprenantes, toujours plus amples dans leurs analogies. Passant de la belle reproduction de la nature à la production de belles ressemblances, le *Witz* va se confondre avec les doctrines de l'imagination créatrice comme faculté active et productive et avec les théories du génie. Les modèles des genres où le *Witz* (ou le *wit*) intervient de manière privilégiée sont l'essai, avec la pointe ou l'ellipse, l'aphorisme, comme chez Lichtenberg, la fable, la satire et également le roman humoristique anglais. Le *Witz* devient pour les romantiques allemands une forme qui dépasse toutes les formes. « Le *Witz* est un mélange, une chimie qui transcende tout. »

JEAN PAUL

Jean Paul, auteur de grands romans comme de petites idylles en prose, qui arrive à réaliser dans un même élan le *Witz* et sa théorie, conçoit la création littéraire comme un assemblage mosaïque. Les nombreuses notes, pensées, aphorismes rangés dans des cahiers, servent de matériau à son écriture sans cesse en quête de trouvailles poétiques. Comme un chimiste il rapproche des matériaux divers dans l'espoir de trouver des mélanges détonnants et de nouvelles substances. Dans son *Cours préparatoire d'esthétique*, il essaie de définir de façon précise le Witz et d'en dégager diverses formes. Les nombreux exemples submergent de fait le lecteur plus qu'ils ne clarifient ce concept insaisissable. C'est un « je ne sais quoi » qui désigne à la fois une faculté de l'esprit et sa production, une potentialité et une forme, une attitude et une réalisation. Certains le traduisent par « mot d'esprit », voire « jeu de mots », tout comme la faculté d'en produire. « Trait d'esprit » est plus propre à désigner cette forme qui se réalise dans le langage, mais qui ne s'identifie pas à lui.

Le trait d'esprit est traditionnellement la faculté de percevoir des ressemblances éloignées. Mais le Witz – ou trait d'esprit – peut être aussi « circulaire », il est alors celui « qui se perd en lui-même et où l'égalité est à elle-même égale ». « Épicer l'épice » (l'exemple est tiré de Lessing) est un trait d'esprit dépourvu de ressemblance lointaine : ici c'est le même qui est rendu dissemblable. On a souvent dit que la différence entre le trait d'esprit et l'acuité est que l'un invente des ressemblances et l'autre invente des dissemblances : ceci n'est pas exact, puisque le Witz perçoit lui-aussi des dissemblances et que l'acuité se saisit également des ressemblances. Witz et acuité sont également quasiment synonymes en ce que tous les deux, outre la faculté de comparer, frappent par la brièveté et la fulguration (*Blitz-Witz*). Le trait d'esprit invente sans médiation, et c'est là la différence avec l'acuité plus observatrice que créatrice. En cela il relève de la notion de génie.

> Le trait d'esprit au sens strict est plutôt l'inventeur des rapports de ressemblance entre grandeurs incommensurables (sans commune mesure), c'est-à-dire des ressemblances entre le monde des corps et celui des esprits (par exemple le soleil et la vérité).

L'acuité (qui est aiguë) divise, distingue, et produit un enchaînement alors que le *Witz* unit dans l'intuition et l'immédiateté fulgurante.

La concision est l'âme et le corps du trait d'esprit. Cela parce qu'elle dégage l'idée maîtresse et éveille l'activité de ceux qui dans leur lecture somnolente espèrent avoir saisi dès la première phrase le contenu de la seconde : surprise et sursaut quand ils s'aperçoivent qu'ils n'ont rien deviné et qu'il faut, de virgule en virgule, se mettre à penser ! L'économie efficace de la concision (Jean Paul cite le fameux « livrer des vers et des batailles » de Voltaire) va jusqu'à la suppression de certains éléments de la chaîne associative : ne pas tout dire. L'antithèse, la finesse, le trait figuré qui peut « animer le corps ou incarner l'esprit », la comparaison, la métaphore, l'allégorie sont autant d'éléments entrant dans le fonctionnement du trait d'esprit.

Le jeu de mots, *Witz* verbal ou sonore, est plaisant par la concision qui habille de rapports sonores les idées. La deuxième véritable séduction qu'exerce le jeu de mots vient de l'étonnement « devant le hasard qui parcourt le monde, jouant des sons comme des continents ». Le hasard, la contingence et les événements fortuits cessent de l'être à un regard supérieur. L'homme du *Witz* fait du hasard, non une nécessité, mais une leçon. Un troisième agrément du jeu de mots est « cette lumineuse liberté d'esprit qui en émane, telle qu'elle est capable de détourner notre regard des réalités, pour le tourner vers leurs signes. » Mais pour cela le jeu de mot doit être une trouvaille et non une fabrication. Jean Paul, admirateur de la Révolution française, pense que « la liberté donne de l'esprit (et avec lui l'égalité), et avoir de l'esprit donne la liberté ». Une telle remarque invite à réfléchir aux rapports de l'esprit et de la société : il est parfaitement conscient que l'esprit est une qualité éminemment sociale (« l'esprit et la beauté sont triomphes de société : quels succès en effet pourraient obtenir un ermite spirituel ou une belle solitaire ? » – et, comme le dit F. Schlegel – « Le Witz est esprit de socialité absolue ») qui ne peut fleurir que sous certains climats. Or l'état de l'Allemagne à la fin du XVIIIe laisse l'écrivain un peu perplexe quant aux développements possibles d'une liberté spirituelle si étrangère au provincialisme quasi scolastique des petites sociétés allemandes qui ignorent l'art de la conversation ! « Les hommes ne peuvent percevoir des analogies et des rapports qu'entre les choses qui laissent leur âme sans chaîne » écrit Jean Paul. On ne saurait assez insister ici sur l'intime liaison existante entre les nouvelles théories romantiques du *Witz*, trait d'esprit génial issu d'une imagination libre et déchaînée, et les sympathies révolutionnaires de leurs auteurs comme Frédéric Schlegel et Jean Paul. Politique et pédagogie s'y retrouvent. « Le mot d'esprit est créateur : il confectionne des ressemblances. » Sans-culotte voyant partout l'égalité et poète de la fraternité.

Le *Witz* est non seulement une forme brève, mais fragmentaire. C'est une trouvaille (*Einfall* évoque ce qui vous tombe dessus, sans préméditation, comme une inspiration). « Bien des trouvailles du *Witz* sont comme les retrouvailles, après une longue séparation, de deux pensées amies » (*Athenäum*). De structure dialogique et dialectique, le *Witz* n'est pas seulement une forme ou un genre, c'est un savoir-voir immédiat, absolu, il joue le rôle d'un savoir spéculatif. C'est en effet un moyen de connaissance, une dialectique « optique » (Lichtenberg comme Jean Paul parlent de verres grossissants), un jeu newtonien. « Le *Witz* combinatoire est véritablement prophétique ». Le *Witz*, « logiquement beau », est tout et partout, arbitraire, absolu, orgiaque, mystique, chaos porté à la puissance.

Dans un cahier, F. Schlegel écrit : « chaque trouvaille du *Witz* un roman en miniature ». C'est dire que cette forme est *Ur-form*, forme primitive, cellule-mère de la création littéraire. En tant que mouvement d'une spéculation subjective, le Witz est le nouveau principe de cohésion qui remplace l'ancienne mythologie gréco-romaine. Pouvoir prophétique et panthéisme sont liés dans cette forme qui ne connaît aucune limitation, jeu infini avec le fini, pouvant prendre les formes de l'ironie, de la parodie, de l'humour, du grotesque, etc.

Forme des formes, où trouver le *Witz* ? Dans les notes, les aphorismes, les jeux langagiers qui constituent l'écriture des Novalis, Schlegel, Jean Paul et autres écrivains de l'époque qui plaçaient leur espérance d'artiste dans l'étincelle lumineuse, dans les étoiles de l'imagination, dans la voie lactée promesse d'une totalité infinie, dans le pollen et dans chaque grain de poussière dans lequel le peintre Runge (comme le poète Novalis) découvre une infinité d'univers.

LE MOT D'ESPRIT

Dans son essai sur *Le mot d'esprit et ses rapports avec l'inconscient* de 1905, Sigmund Freud s'intéresse au mécanisme de celui-ci d'un point de vue économique, c'est-à-dire qu'il recherche l'explication de la production de plaisir qui caractérise celui-ci. En commençant par remarquer que le trait fondamental en est la concision, il la distingue de la brièveté : dire en peu de mots ce que l'on peut dire en longues phrases est plus qu'un résumé, c'est une ellipse. C'est ce que disait Théodore Lipps dans ses contributions à l'esthétique, sur le comique et l'humour : « L'esprit dit ce qu'il dit – pas toujours en peu mais toujours en trop peu de mots, c'est-à-dire en mots qui, au sens de la logique stricte, aussi bien que des modes cogitatifs et discursifs habituels, sont insuffisants. Il finit par le dire, tout en le passant sous silence ». C'est donc que la logique rationnelle ne peut comprendre le mot d'esprit et qu'il faut trouver, sous cette logique, une autre logique qui rende compte de celui-ci. Il y a nécessité de découvrir quelque chose de secret, de caché dans ce discours comique pour qu'il soit intelligible. La théorie du leurre momentané est ancienne et avait été reprise par Kant. Pour Freud, ce qui est caché, c'est le refoulé de la représentation. Est refoulé ce qui ne s'exprime pas, mais trouve quand même la possibilité de se réintroduire dans le discours grâce au jeu de mots en produisant cet effet plaisant ou comique qui provoque le rire. Freud cite un mot d'esprit du poète Heine qui dans ses *Tableaux de voyage* parle d'un personnage prétentieux se vantant de ses relations avec Rothschild qui le traitait de façon toute « famillionnaire », mot valise qui est une condensation avec formation substitutive, la formation d'un mot composite englobant « familier » et « millionnaire ». Freud montre par ailleurs que la biographie de Heine permet de comprendre l'intérêt que celui-ci pouvait porter à un tel mot, mais le problème n'est pas là : d'où vient ce plaisir né du processus de la condensation, le même que l'on trouve à entendre parler Sainte-Beuve, à propos de la publication de *Salammbô* de Flaubert, de Carthaginoiserie. C'est le débordement du signifiant par le signifié, car le mot d'esprit est surdéterminé.

Ce qui caractérise tous ces mots d'esprit, c'est le concept d'épargne. La concision, la condensation sont appréciées en raison de l'économie de travail psychique déployée. L'exemple que Freud donne en allemand d'un tel jeu de mot (que Jean Paul qualifierait de circulaire) est très beau bien qu'intraduisible : « Eifersucht ist eine Leidenschaft, die mit Eifer sucht, was Leiden schafft » (La jalousie est une passion qui cherche avec zèle ce qui cause de la souffrance). Autrement dit tout était déjà dit et cette répétition qui est dévoilement s'épargne la peine de tout recours à d'autres phonèmes. Mais le caractère spirituel tient-il vraiment à l'épargne s'il exige un effort intellectuel supplémentaire pour sa compréhension ?

Un autre mécanisme est le déplacement qui dévie l'élément essentiel du cours de la pensée quand par exemple on passe du propre au figuré ou inversement. De manière plus générale c'est bien la liberté que l'on prend avec le sens, le pouvoir de jouer librement avec les mots qui plaît. Qu'est-ce qui nous fait rire dans l'exemple suivant ?

> Un convive, à qui l'on servait du poisson, plonge à deux reprises ses mains dans la mayonnaise et se les passe dans les cheveux. L'étonnement de son voisin de table semble lui faire reconnaître son impair ; il s'excuse en disant : « Pardon, je croyais que c'étaient des épinards. »

La chute inattendue et le non-sens d'une telle répartie. Sans nul doute le plaisir de retrouver le pouvoir et la liberté qu'ont les enfants de jouer avec les mots et les situations face à la loi linguistique et la loi sociale. La révolte surréaliste qui tend à redonner sa liberté au langage, tout comme le calembour, les mots-valises transgressent des impératifs dont nous éprouvons avec bonheur le relâchement. L'enfant comme le poète, se libérant de la (ré)pression sociale retrouvent la force jaillissante du langage en son origine. Le plaisir éprouvé devant les mots d'enfant – involontaires mots d'esprit – tient à la représentation de cet état de liberté qui ignore l'entrave. Cette levée (partielle) des inhibitions nous dit Freud signifie que l'énergie psychique s'écoule librement, passant sans entraves d'une représentation à une autre selon les mécanismes du déplacement et de la condensation. A. Jolles parle à ce propos de dénouement : le trait d'esprit est ce qui dénoue les choses, qui défait les nœuds. L'exemple donné est dans la logique des exemples de Freud : Par un beau soir d'été un ecclésiastique se promène tête nue en se répandant en réflexions pieuses sur les merveilles de la création. Passe un oiseau qui fait sur le crâne chauve. Le prêtre joint les mains et dit « Je te rends grâces, Seigneur, pour ce que tu n'as pas donné des ailes aux vaches. » Le trait d'esprit, commente A. Jolles, fait « appel à l'inconvenance : si l'absurde signifie le dénouement de la logique philosophique, l'inconvenance signifie le dénouement des règles prescrites par la morale pratique, par les bonnes mœurs et par les convenances. »

Freud qui a rapproché le mot d'esprit des actes manqués, du rêve et des lapsus considère que les deux grandes tendances qui sont inhibées et qui se libèrent dans le mot d'esprit sont la tendance agressive et la tendance érotique. L'exemple qu'il donne « Une épouse est comme un parapluie – on prend malgré tout un fiacre » combine les deux.

Le mérite à mes yeux de cette thèse est de souligner, grâce à l'apport de la psychanalyse, avec l'exemple paradigmatique du mot d'esprit, ce qui fascine et séduit dans les formes brèves : l'ellipse, la condensation, ce que d'autres appellent le tour, qui plaît en raison de l'apparente liberté et de la grâce avec lesquelles il est actualisé et où le bref est le riche, le court est le plein. Ce qui plaît dans la forme brève n'est pas la simplicité, mais l'énorme travail et difficulté vaincus pour en arriver là. Ainsi que l'écrit spirituellement un auteur : au lieu de ce long traité de 400 pages, j'aurai écrit un aphorisme… si j'avais eu le temps.

JEUX DE MOTS ET HISTOIRES DRÔLES

Le jeu de mots comme l'histoire drôle sont des formes brèves particulièrement appréciées des lecteurs de journaux, où ils sont placés dans des coins de pages immédiatement dévorés par le paresseux lecteur. Ce ne sont pas les formes les plus nobles, ou ce sont des formes trivialisées, par le contenu ou la technique. Todorov a montré à propos des *Jeux de mots de M. Bièvre*, que l'auteur, Albéric Deville, définissant l'équivoque, la pointe, le quodlibet ou la turlupinade, ne fait que citer des exemples recouvrant l'emploi d'un mot polysémique dont deux sens sont simultanément actualisés. Ainsi l'équivoque où un mot a deux sens : Un maquignon vendant son cheval disait : faites-le voir, je le garantis sans défaut. Le cheval était aveugle, le maquignon sincère. On pourrait également citer le maréchal de Bassompierre, prisonnier à la Bastille, qui tournait sans cesse les feuilles d'un livre. Le geôlier lui demande ce qu'il cherche : « un passage que je ne saurais trouver. » Les jeux avec le sens propre et figuré sont légion (un pourboire qui lui servait pour manger), avec les homonymies (les chevaux du corbillard qui prennent le mors au dent – vous mendierez des nouvelles), les vers holorimes(homophonie totale entre deux vers, dont le plus célèbre exemple est le « Gal, amant de la reine, alla tour magnanime / Galamment de l'arène à la tour Magne à Nîmes »), le calembour, simple ou complexe (« La mère rit de sa commune » en est la forme simple ; la forme complexe en serait une mère enceinte dont on dira « la mère rit de son arrondissement »), le passage du concret à l'abstrait (« mettre de l'argent de côté pour l'avoir devant soi »), le proverbe facétieux (« Aussi inébranlable que le mari de lady Chatterley » (San Antonio), l'antanaclase qui est la reprise d'un mot mais dans un sens différent (« Un homme de caractère n'a pas toujours bon caractère »), l'antanaclase coquine (« Sans être une jolie femme, elle était joliment femme »), l'antanaclase insolite (« je vous parie un cornet à piston contre un cornet de frites »), l'antanaclase burlesque (« pour ne pas rester fille je le suis devenue »), le pataquès, forme de l'à-peu-près source de maints dictionnaires révolutionnaires donnant pour clavicule : « Petit piano d'enfant à clavier court : "Le petit Paul a cassé sa clavicule" »

(Comtesse de Ségur), la contrepèterie (un mot de vous pour un mou de veau), etc. Tous les genres et les fonctions de ces jeux de mots ont été excellemment analysés par Pierre Guiraud.

Il en est de même de l'histoire drôle qui est constituée d'une séquence unique qui met en situation des personnages (fonction de normalisation), pose un problème (fonction d'enclenchement), qui dénoue l'histoire ou la question (fonction de disjonction). La bifurcation du sérieux au comique intervient grâce à un élément polysémique sur lequel l'histoire va pivoter pour prendre une direction inattendue. Ces différentes disjonctions ont été analysées par Violette Morin dans un numéro de *Communications* (n° 8, 1966) où celle-ci distingue disjonctions sémantiques et disjonctions référentielles. Cela peut se faire :

- par inversion des signes : Un mari conseille à sa femme de faire du tricot. La femme : « Je n'ai pas le temps de tricoter, je fais trop de cuisine ». Le mari : « Oui, mais le tricot, lui, ne brûle pas » ;
- par polysémies antinomiques : L'africain affirme qu'il n'y a plus de cannibale dans son pays. Vous êtes sûr ? – Oui, on a mangé les trois derniers il y a une semaine ;
- par homonymie de signifiants : un chat enrhumé qui entre dans une pharmacie demande : « Je voudrais du sirop pour ma toux » ;
- par polysémie simple : Deux garçons bavardent. – On fait sa prière chez toi avant le repas ? – Oh ! non ! Maman fait bien la cuisine ;
- par homonymie de significations : deux amis écossais : – Prête-moi un peu d'attention. – Oui, mais avec beaucoup d'intérêt.

Parmi les formes brèves des jeux de mots (tous sont loin de l'être), certaines méritent plus d'attention en raison de leurs fortunes littéraires. En particulier le genre de la définition humoristique et/ou poétique, qui sous forme de courts paragraphes donne brièvement le sens d'un mot. Ce genre même de la définition est une forme brève en elle-même et parmi les maximes de La Rochefoucauld par exemple, certaines prennent le tour de la définition, comme on a pu le voir. Certes un dictionnaire, même s'il n'est pas encyclopédique, n'est pas une forme brève en lui-même, mais un recueil de formes brèves classées alphabétiquement, car la brièveté de la définition est une exigence du genre. Sans entrer plus avant dans cette question qui ouvrirait un nouveau chapitre, contentons-nous d'évoquer – après une pensée pour le *Dictionnaire des idées reçues* de Flaubert – le recueil d'Alain Finkielkraut *Ralentir : mots-valises* (Seuil, 1979) qui outre l'hybridation dont Lewis Carroll était maître, offre dans ce nouveau « Fictionaire » une définition de ces créations humoristiques en bonne et due forme :

> Aigrivain : homme de lettres
> Amazone : ancienne cavalière de la meilleure société, pour échapper à son destin, clocharde au pont de l'Alma.
> Chastethé : boisson sédative, recommandée pour endormir l'instinct sexuel.
> Palarbre : discussion interminable et oiseuse à l'ombre d'un grand chêne
> Pédarogue : professeur aigri par l'indifférence de ses classes
> Riminiscence : souvenir vague d'une rencontre sur la côte Adriatique
> Sapotage : soupe servie trop froide, intentionnellement
> Tactic : ensemble des moyens et des ruses mis en œuvre pour remonter le temps

Sans passer par les dérèglements réglés et systématiques de la littérature oulipienne dont on pourra trouver dans le volume *La littérature potentielle* un certain nombre de recettes qui ne visent guère à la brièveté, on se référera à ce glossaire où Michel Leiris serre ses gloses. « En disséquant les mots que nous aimons, sans nous soucier de suivre ni l'étymologie, ni la signification admise, nous découvrons leurs vertus les plus cachées et les ramifications secrètes qui se propagent à travers tout le langage, canalisées par les associations de son, de formes et d'idées. Alors le langage se transforme en oracle et nous avons là (si ténu qu'il soit) un fil pour nous guider dans la Babel de notre esprit ». Le recueil de mots isolés, classés par ordre alphabétique de *Glossaire, j'y serre mes gloses* (dont les premières paraissent dans *La Révolution surréaliste*) dévergonde le langage, décape les vieux signifiés pour redonner nouvelle vie et allure au pouvoir des mots :

> Gel – il loge des gemmes qui nous engeôlent
> Givre – fifre aigu de l'hiver rigide
> Langage – bagage lent de l'esprit
> Logique – qu'elle gise en loques !
> Sacré – (le décrasser)
> Verbiage – herbage des mots sans vie

Tout ceci est un jeu, et comme tout jeu fort sérieux : « Laisser les mots s'animer, se dénuder et nous montrer par chance, le temps d'un éclair osseux de dés, quelques unes de nos raisons de vivre et de mourir, telle est la convention du jeu[2] ».

2 Michel Leiris, texte de présentation de *Glossaire : j'y serre mes gloses*, repris dans *Brisées*, en 1966 (édition de poche Folio/essais, 1992, p. 79).

POÉSIE ET BRIÈVETÉ

LES FORMES POÉTIQUES BRÈVES

La poésie comporte « officiellement » des formes poétiques « brèves », puisqu'on distingue traditionnellement grands poèmes, petits poèmes et formes fugitives. Il n'est pas si aisé cependant de distinguer le court, le petit, du bref. Une forme poétique telle que le sonnet (dont l'origine étymologique renvoie au diminutif du son, *sonare*) est une forme de structure fixe, limitée, qui en soi ne comporte aucune exigence précise de concision ou de tout autre élément caractérisant la brièveté. Pour parler de forme brève, il faut que, soit le contenu soit la structure même, aient des exigences évidentes de brièveté autres que le nombre réduit de vers. Il est vrai cependant que les poèmes les plus courts (2, 3, 4 vers) ont inévitablement des effets de brièveté dus à l'inévitable exigence de concision que leur forme très réduite impose.

Examinons rapidement pour commencer quelques-unes de ces formes en commençant par les plus anciennes comme les monostiques, poèmes d'un vers, dont le poète grec Ménandre (IVe siècle av. J.-C.) rédigea 850, tradition que la poésie moderne retrouvera, tel Apollinaire et son célèbre vers : « Et l'unique cordeau des trompettes marines », vers quasiment calligrammatique quand on pense que la trompette marine était un instrument de musique avec une seule corde ! Ou comme le distique, composé d'un hexamètre et d'un pentamètre (Schiller en compose un qui précise son mouvement général : « Dans l'hexamètre s'élèvent les colonnes liquides de la source / dans le pentamètre, celles-ci retombent mélodieusement ») très courant dans la poésie latine et grecque, et beaucoup utilisé dans les épitaphes[1] (autre forme brève par excellence). Celle

1 Voir Laurent Lamoine, « Épitaphe stélaire » in *Dictionnaire de la caducité des genres littéraires*, Droz, 2014, p. 267-276.

de Virgile en est un modèle célèbre : « *Mantua me genuit ; Calabri rapuere ; tenet nunc / Parthe, nope cecini pascua, rura, duces* » (« Mantoue m'a donné le jour ; la Calabre me l'a ôté ; Naples garde maintenant mes cendres : j'ai chanté les pâturages, les champs, les héros »). L'épode, poème satirique en deux vers, aurait été inventé par Archilochos (650 av. J.-C.) et Horace en a particulièrement usé. Le iambe, composé d'un alexandrin et d'un octosyllabe a connu quelques réalisations notables avec Chénier. Le distique a, dans la littérature française, été surtout employé dans l'épitaphe, l'énigme, l'épigramme.

Le triolet qui passe pour être l'ancêtre du rondeau comporte huit vers dont le premier, le quatrième et le septième sont identiques. Il est fait de vers de huit syllabes « ou moindre à cause de sa facétie et légèreté ». Deschamps, Froissart, Voiture, La Fontaine, Banville en France, Bridges, Henley en Angleterre, et les poètes de l'époque classique et romantique en Allemagne comme Hagedorn, Goethe, Rückert, Chamisso, Platen l'ont utilisé. Le poème suivant de Ranchin, que Ménage appelait le « Roi des triolets », en est un bon exemple :

> Le premier jour du mois de mai
> Fut le plus heureux de ma vie.
> Le beau dessein que je formai,
> Le premier jour du mois de mai !
> Je vous vis, et je vous aimai.
> Si ce dessein vous plut, Sylvie,
> Le premier jour du mois de mai
> Fut le plus heureux de ma vie.

Le rondeau qui vient de la ronde, de la danse en rond et aussi du chant pour danser en cercle comporte treize vers de huit ou dix pieds. Les premiers mots sont répétés au huitième et treizième vers. Cette répétition doublée du milieu à la fin, « touche l'oreille de sa douceur et grâce » (Sébillet). Même les rondeaux anciens qui avaient de multiples formes, se caractérisent tous par la reprise au milieu et à la fin de vers entiers, reprises que les copistes abrégeaient par un etc. La reprise peut devenir pointe comme chez Marot. L'intéressant ici est que la répétition peut induire un effet de brièveté (comme elle peut le faire d'ailleurs dans d'autres formes poétiques) dans la mesure où elle crée une figure de tautologie, de martèlement rythmé de l'identité qui est négatrice de toute amplification. De Saint-Gelais, Marot, Charles d'Orléans, Voiture,

Chapelle, Billaut, Hamilton, à Musset, Banville, Rollinat, les poètes ont sacrifié amplement à cette forme. Le rondel, proche du rondeau, poème de quatorze vers (a-b-b-a – a-b-a-b – a-b-b-a-a-b, le premier vers étant repris au septième et treizième vers et le deuxième au huitième et quatorzième) et le rondelet (une seule strophe de cinq lignes avec deux rimes (a-b-b-a) participent de cette tradition.

Un exemple de cette brièveté fort réussie à notre sens et citée par Philip E. Bennett est l'un des *Quatrains épars* de Ch. de Pisan où la suite de monosylables ouvre une perspective sur l'unité de Dieu en assurant une harmonie parfaite du fond et de la forme.

Dieux
Est.

Quieux ?
Dieux !

Cieux
Plaist

Dieux

Le madrigal quant à lui, à l'inverse de l'épigramme, doit séduire puisque son sujet est la galanterie amoureuse. Si l'épigramme a « dans sa chute quelque chose de plus vif, de plus piquant, de plus étudié », le madrigal « au contraire a quelque chose de plus doux, de plus simple » (Domairon). En vogue du XVIe au XVIIIe siècle, souvent mis en musique (Monteverdi), il fait partie de ces poésies de circonstances dont la brièveté tient à l'occasion unique de leur énonciation, tout comme l'épithalame, rédigé à l'occasion d'un mariage et particulièrement à l'honneur dans l'Antiquité grecque et romaine, avec ses deux parties consacrées aux louanges des époux et aux vœux de bonheur. La villanelle, d'origine italienne, de forme libre, puis codifiée au XVIe, chante les beautés champêtres. Du Bellay, Desportes, Honoré d'Urfé, Leconte de Lisle, Dylan Thomas et Aragon sacrifièrent à cette musique exquise et délicate. La célébration non seulement d'un lieu, mais du plaisir de l'instant devient l'essentiel des rubaïyat, ces poèmes persans de quatre hémistiches, dont le premier, deuxième et quatrième riment ensemble. Omar Kayyam (1042-1122), poète, philosophe et mystique soufi est le maître du rubaï, quatrain chantant la vie fugitive et le vin :

Donne-moi de ce vin couleur de tulipe ; verse
du goulot du flacon ce sang pur qu'il contient,
car aujourd'hui je ne vois guère, en dehors de la coupe de vin
d'autre ami dont l'intérieur soit pur

Un rossignol, ivre d'amour pour la rose, étant entré dans le jardin,
et voyant les roses et la coupe de vin souriantes, vint me dire à l'oreille
dans un langage approprié à la circonstance : Sois sur tes gardes, ami,
et n'oublie pas qu'on ne rattrape pas la vie qui s'est écoulée

POLYMÈTRES

Nombre d'écrivains furent tentés de créer leurs propre formes brèves, tant ces formes sont diverses, les limites de genres floues et l'apparente facilité séduisante. Chacun s'essaye à trouver ainsi une forme personnelle répondant à ses propres humeurs et sa propre inspiration. Tel fut le cas de l'écrivain allemand Jean Paul, qui fut sa vie durant fasciné par la forme aphoristique, admirateur de Pascal, Montaigne, La Bruyère, Chamfort et surtout de Platner, Lichtenberg et Hippel. Il consacra de nombreux cahiers d'aphorismes à l'auto-observation de soi et aux « remarques sur les hommes ». Le grand humoriste et écrivain au romantisme baroque est un amateur de pointes, de saillies, de trouvailles dont il parsème son œuvre narrative comme on truffe un gâteau de raisins secs. La prose poétique et lyrique de Jean Paul fait de lui un grand poète de la langue allemande, mais il n'a jamais pratiqué ou su pratiquer la forme versifiée. Il n'a cependant jamais abandonné l'idée d'un poème en prose sous forme aphoristique et a inventé une forme personnelle d'aphorisme poétique qu'il baptise du nom de *Streckvers* ou « polymètre ». L'appellation humoristique de polymètre désigne une prose fortement rythmée, avec des réminiscences au pentamètre et à l'hexamètre sans qu'il suive cependant de règles précises. *Streckvers*, autre dénomination que l'on pourrait traduire par « vers étendu, élargi, extensif » n'est pas à proprement parler un vers, à moins de considérer la phrase du poème en prose comme telle.

L'intérêt d'une telle forme est non seulement, historiquement, de préfigurer le poème en prose, mais surtout de créer une forme d'aphorisme poétique originale (l'appellation de vers signifiant la longueur d'une phrase, relativement courte et concise, suffisante pour constituer en soi-même une forme autonome). La conciliation de l'aphoristique et du poétique ne va pas sans poser quelques problèmes, l'un étant plus porté vers l'observation et l'expression d'une vérité ayant quelque portée générale, et l'autre étant par essence plus lié à l'expression musicale et rythmée d'un lien ou d'une appartenance au monde. Le passage de l'un à l'autre, qu'Hofmannsthal dans le *Livre des amis* trouve fort problématique, est une difficulté à laquelle Nietzsche a été confrontée dans *Ainsi parla Zarathustra* par exemple. C'est cette conciliation que Jean Paul, attiré tant par l'expression philosophique que par la forme poétique, recherche dans le rythme libre pour lequel Pindare lui semble être un modèle. La libération du vers de la rime, des pieds, de toute entrave formelle devrait permettre l'expression authentique des mouvements de l'âme. Cette « forme originelle du sentiment poétique », « perle unique des minutes de la vie », est animée de la tension entre pensée et poésie. L'étroit mélange de l'humour et du sentimental, de l'écriture sucrée et « vinaigrée », de Jean Paul explique que le polymètre peut également prendre un aspect épigrammatique, satirique et spirituel, sans renoncer à son caractère lyrique.

Ces polymètres inclus dans la prose romanesque servent de contrepoint digressif, ouvrant des fenêtres lyriques, morceaux autonomes et discontinus dans le flot continu des longues périodes narratives, suivant le principe cher à l'auteur de la polarité, du contraste et de l'alternance des tons. Goethe n'a-t-il pas lui aussi écrit une série d'aphorismes inclus dans les *Affinités électives* ? Le titre du polymètre a un rapport souvent allégorique, généralisateur qui désigne le sens profond de celui-ci. Ainsi « Comme c'est beau, ce n'est pas l'enfant seulement qui est bercé légèrement dans les bras, mais aussi le berceau » a pour titre « Cercueil d'enfant dans les bras ».

Jean Paul savait que la concision donnait plus de force au *Witz*. Tout l'art réside dans la conciliation de l'acuité spirituelle et du sentiment qui aime à s'épancher. L'antithèse, le penchant à l'oxymore, la polarité promptement exprimée permettent l'intuition de l'idée poétique. L'impact de l'émotion, qui est l'expression individuelle d'un sentiment universel, est possible par des images qui donnent à sentir et à penser dans le même temps. Le polymètre idéal est la synthèse de la belle image et de la belle idée, qui chacune prise isolément ne serait qu'une figure rhétorique ou qu'un aphorisme prosaïque.

> Les incroyants perspicaces. – Nous avons armé nos yeux de nos télescopes dirigés vers le ciel – mais tout est sombre et vide et la solitude est ce qui ne peut être mesuré.
> La politique. – Elle se cache, mais montre au monde ses morts, ses champs de batailles et ses nouveaux fleuves de larmes et de sang qui serpentent dans les prairies.
> Les enfants. – Enfants, vous êtes près de Dieu ; la plus petite des planètes est la plus proche du soleil.

Le rythme de cette prose lyrique, loin d'être chez Jean Paul ce que Nietzsche a pu reprocher aux poèmes d'idées – à savoir que le poète conduit fièrement ses pensées dans le char du rythme, parce que « celles-ci ne sauraient aller à pied » – permet de donner à l'idée une expression imagée qui la rend sensible. À la place du principe scientifique de la connaissance sèche et systématique, le polymètre offre une compréhension pleine d'amour et la participation affective si nécessaire sans laquelle il n'y a pas pour Jean Paul de littérature.

LIMERICK

La tradition, essentiellement orale, des comptines et des « nursery rhymes » en Angleterre, comportait déjà des vers où dominaient l'absurde et le non-sens que favorisait une mécanique langagière dominée par la forme au détriment du contenu et qui avait des effets comiques qui réjouissaient petits et grands. Cette manière d'utiliser le langage a quelque chose d'enfantin, en ce sens que l'enfant prend plaisir à jouer avec les mots et les phrases au détriment du sens imposé. Plaisir d'une liberté et d'une révolte envers la raison raisonnante adulte et que les psychanalystes ont longuement analysés (en particulier à propos de la création des mots-valises d'un Lewis Carroll).

Cette tradition anonyme s'est particulièrement développée au XIXe siècle, peut-être en raison de règles d'éducation particulièrement sévères et strictes (surtout à l'époque victorienne), et un certain nombre de « grands enfants », comme G. K. Chesterton, Hilaire Belloc, A. A Milne, se sont essayés à la production d'une poésie de non-sens. Mais les deux écrivains à avoir brillé dans ce genre (qui ne connaîtra de véritable postérité qu'avec le dadaïsme et le surréalisme) sont Lewis Carroll et Edward Lear, deux écrivains qui furent des personnalités aux traits pathologiques bien connus et qui furent sans doute là tentés, ainsi que le remarque justement Sylvère Monod, par « la recherche oblique d'échappées dans un univers libéré par la fantaisie ». Il est intéressant de noter que c'est par un jeu sur la forme et les contraintes d'une forme, dans une activité ludique apparemment totalement gratuite, que Carroll et Lear expriment avec humour leur soif d'évasion, de rêve et de fantaisie et ce que Deleuze (*Logique du sens*, 1969) appelle « les noces du langage et de l'inconscient ».

Le terme de limerick est ancien et de tradition orale. Les premiers à avoir été publiés le furent en 1821. Le rapport avec la ville d'Irlande qui porte ce nom reste mystérieux (sans doute un de ces limericks d'autrefois y faisait-il allusion). Les fameux limericks d'Edward Lear se situent dans cette tradition et il aurait eu l'idée de ses poèmes de non-sens à la lecture de *Anecdotes and Adventures of Fifteen Gentlemen*, un recueil de 1822. Edward Lear se saisissant de cette forme assez sommaire a l'intuition de la fécondité recelée par les contraintes d'une forme. D'un jeu de société, il fait un exercice poétique auquel il donne ses lettres de noblesse.

Les premiers limericks d'Edward Lear furent publiés en 1846 dans un recueil intitulé *The Book of nonsense* (deux volumes publiés sous le nom de Derry Down Derry). L'auteur ne parle pas de *limerick* mais de *nonsense rhymes* ou simplement de *nonsense.* D'autres recueils seront publiés en 1861, 1871, 1872 et 1877. Les nombreuses rééditions du vivant de l'auteur témoignent de l'intérêt que cette poésie a pu trouver auprès du public.

On a pu définir le *limerick* comme une sorte d'épigrammes en cinq vers. Lear fixe le schéma des rimes sur le modèle a-a-b-b-a, le mot ultime du premier vers étant repris à la fin du dernier (à la différence d'autres *limericks* dont le dernier vers était original et apportait un effet de surprise et de pointe comique). Avec les contraintes très exigeantes fixées par Lear, l'attention du lecteur est attirée par l'habileté et le talent du poète à brosser une rapide caricature.

There was an Old Man of Berlin,
Whose form was uncommly thin;
Till he once, by mistake,
Was mixed up in a cake,
So they baked that Old Man of Berlin.

« Il était un vieillard de la ville de Reims,
Dont le corps paraissait anormalement mince ;
Un jour, par accident,
Il fut incorporé dans la pâte à flan
Et au four l'on cuisit ce vieil homme de Reims. » (traduction de Henri Parisot)

Le *limerick* met en scène un comportement individuel et cocasse. Le premier vers commence par *Il y avait un vieil* (ou *jeune*) suivi de *homme*, *femme*, suivi de la particule *of* et du nom de lieu. Le second vers commence par le relatif (*who* ou *whose*). Le troisième et quatrième vers font intervenir l'anecdote, l'incident. Le dernier vers retombe sur le départ initial.

Le charme du genre réside dans son non-sens pur et absolu. Mais l'on sait bien que tout jeu humoristique n'est pas sans signification. La forme se prête (trop bien !) à des sous-entendus grivois et même obscènes que les auteurs de *limericks* au XXe siècle ont (trop !) largement exploités. Pour seul exemple citons en un de Jean-Claude Carrière :

Quand le cargo *Mina* qui venait du Mexique
Avec à bord Lulu, la chanteuse excentrique,
Toucha le quai de Saint-Malo,
L'équipage cria « Bravo ! »
Et ils se mirent tous aux antibiotiques.

Edward Lear ne cède pas à cette tentation, mais son univers imaginaire est singulièrement cohérent et la récurrence de certains thèmes (corps déformés, animaleries, présence obsédante du nez) peut être un champ fertile à l'interprétation psychanalytique. L'ironie « sauvage » de certains *limericks* et les répétitions multiples que d'aucun pourrait trouver lassantes, donne parfois l'impression d'une « désolante inefficacité et de la futilité de l'existence humaine » (S. Monod). Il est vrai qu'une certaine mélancolie est présente dans cet univers de marionnettes. Aldous Huxley a attiré l'attention sur l'opposition entre le personnage principal (en général un excentrique) et l'entourage anonyme. Il y voit une leçon politique affirmant les droits de la liberté dans un monde figé et opprimant. Mais le non-sens garde pourtant une part irréductible de mystère et de gratuité absolue qui le soustrait au tragique.

La fonction de divertissement est première et Edward Lear ajoute d'ailleurs une autre dimension à cette versification au rythme obsédant par ses répétitions : il accompagnait ses poèmes de dessins, caricatures esquissées aux traits simplistes et disproportionnés. Sylvère Monod se demande à ce propos si on ne pourrait « légitimement se demander si Lear, hanté par la culpabilité de ses tristes plaisirs solitaires et de ses appétits inavouables, ne transpose pas au milieu du visage les comportements et avatars inquiétants d'un autre organe du corps humain ». Le poème qui suit légitime fort bien de telles lectures psychanalytiques :

There was an Old Man of Dunrose
A Parrot seized hold of his Nose.
When he grew melancholy,
They said, "His name's Polly,
Which soothed that Old Man of Dunrose"

« Il était un vieillard, venu de Douarnenez
Qu'un perroquet mordit fort méchamment au nez ;
Comme il en éprouvait une douleur cruelle,
On lui dit que l'oiseau se nommait Isabelle,
Ainsi consolant ce vieillard de Douarnenez »

Cette forme irrévérencieuse a été au XXe siècle une source d'inspiration pour certains écrivains (pensons à Arthur Adamov et John Ciardi (*Limericks : too gross*, New York, 1978) ou Claude Roy (*Enfantasques*. Gallimard, 1979). Jean-Claude Carrière signale en présentant son recueil de « limericks français » (*Cent et un limericks français*, La Bougie du Sapeur, 1988) le désir que l'on peut éprouver d'écrire à partir d'une forme typiquement étrangère :

> Il s'agit donc ici, avant tout, d'une gageure, et aussi d'un de ces passages impurs d'une langue à l'autre. Exercices réputés impossibles et parfois même déloyaux. C'est pour toutes ces raisons qu'ils me paraissent bien tentants. Qu'est-ce qu'un mot ? Qu'est-ce qu'une terre ? qu'est-ce qu'un rythme ? Qu'est-ce qui appartient à celui-ci ou celui-là ? Toute forme attire les voleurs et toute influence est secrète. J'ai connu à Madrid un Japonais qui était professeur de flamenco.

L'IDYLLE

L'une des formes poétiques brèves les plus anciennes de la tradition occidentale est l'idylle, terme qui fut employé par Artémidore pour désigner les trente poèmes de Théocrite et de ses imitateurs Bion et Moschos réunis en recueil. Désignant un petit poème autonome, *eidullion* (dérivé de eidos dans le sens de forme interne, idée, genre) est une petite poésie fugitive. À l'étymologie qui rappelle la brièveté du genre et la partie liée avec le temps a été ajoutée une autre idée (dont la justification étymologique est contestée, mais qui fit fortune et reste quasiment indissociable du genre), celle qui voit dans *to eidos* une image, un tableau.

Ainsi la définition de l'idylle comme un petit tableau est-elle devenue des plus classiques. Le baron von Penkler dans son *Traité de la poésie pastorale* (1767) parlait d'une « petite image, une petite représentation de la vie pastorale ». Le goût de la description des plaisirs champêtres, de la nature et des œuvres d'art, la présentation d'une scène statique, circonscrite par un rideau d'arbres ou une falaise protectrice ont fortifié une telle interprétation à laquelle les peintres, de Giorgione à Watteau, de Gessner à Spitzweg, ont apporté leur tribut.

Forme de poésie bucolique, proche de l'églogue (dont elle se distingue cependant par un caractère plus limité, intemporel et un développement épique réduit au minimum), écrite essentiellement en hexamètres dactyliques, ces « saynettes » ou « petits sketches poétiques » trouvent en Théocrite et Virgile leurs deux grands modèles. Le premier, en perpétuant la tradition déjà ancienne du chant pastoral, du mime et des chants amébées, est le créateur authentique et archétypal du genre. La description des bergers siciliens, des paysans ou des pêcheurs au sein d'une nature évoquée avec un réalisme et un raffinement propres à la littérature alexandrine, témoigne d'une nostalgie pour une nature proche dont la civilisation s'éloigne. La diversité et l'art du poète ont su préserver le genre d'un statisme dû à l'absence de temporalité, à l'insertion de descriptions, de chants et de récits, qui devient plus tard le grand écueil de l'idylle dans laquelle la répétition d'une situation fondamentale peut entraîner l'ennui et la lassitude du lecteur. Les notations réalistes, ironiques, satiriques parfois même d'un tragique tempéré donnent relief et profondeur à la flûte pastorale du poète qui est, ainsi que le dit Sainte-Beuve « une flûte à neuf voix : tous les tons s'y trouvent ».

Petit tableau, l'idylle use de la brièveté de façon paradoxale, puisqu'elle veut concentrer dans l'instant une totalité harmonieuse. Jean Paul trouve dans l'image de la balançoire la réponse à son charme et à sa fascination : « Vous vous y bercez en rondes et brèves allées et venues – vous envolant et retombant sans effort – échangeant sans heurt l'avant et l'arrière de l'espace aérien ». Ondes concentriques et répétition des joies sensibles, cette circularité essentielle veut inclure le ciel dans l'infime, une existence dans une odeur de café, prendre un microscope pour apercevoir que « votre goutte de bourgogne est en réalité une Mer Rouge, que la poussière de l'aile des papillons est un plumage de paon, la moisissure un champ de fleurs et le sable un tas de bijoux » (Préface de *Quintus Fixlein*).

Forme paradoxale à de nombreux titres, sa brièveté est incluse dans sa définition et sa philosophie (« la joie a peu de degrés » (*ibid.*), mais non obligatoirement dans son écriture qui cherche à épuiser de manière exhaustive le détail. Limitée par la tradition à une expression relativement courte, elle ne peut se permettre de s'étendre sans crainte de lasser. La brièveté réside essentiellement ici dans la limitation du cadre que la forme poétique reproduit.

LE HAÏKU

La plénitude de l'instant recherchée dans l'idylle nous amène à la rapprocher d'une toute autre forme brève, celle du *haïku* japonais qui obéit à d'autres lois, à une autre logique et à une tradition tout à fait étrangère. Alors que l'idylle se complaît dans la description évocatrice avec des effets de retardements volontaires, le *haïku* fait de la brièveté le principe même de son écriture.

UN « DIRE BREF »

L'idéal japonais du yûgen (du mystère ineffable) se réalise dans un art de la suggestion qui est un art du retrait, dans lequel l'instant immobilisé de l'impression fugitive est saisi comme en deçà du langage. « Il ne s'agit pas d'exprimer (aucune pression ici sur les mots), moins encore d'émouvoir ou d'étonner, pas même de donner à voir : simplement de *dire.* » (Maurice Coyaud, *Fourmis sans ombre*). Avec peu de paroles et des paroles de peu, le *haïku* « s'enroule sur lui-même, le sillage du signe qui semble avoir été tracé, s'efface : rien n'a été acquis, la pierre du mot a été jetée pour rien : ni vagues ni coulée de sens. » (R. Barthes)

Désir de retenir un instant l'éphémère pour dire l'être, avec humilité et non sans ironie, signe d'une conscience mystique de la distance et de l'indicible. Les choses ordinaires de la nature et de la vie, happées dans le microcosme de cinq-sept-cinq syllabes ne font pas l'objet d'une réflexion, mais d'une sensation immédiate, physique et mentale à la fois. La brièveté n'est jamais pour les haïkistes une façon de concentrer l'idée. Elle n'est rien d'autre qu'un « dire bref », celui du sentiment intime des choses que l'attention perçoit. « Le Zen se méfie à bon droit de cette prolifération d'assertions et de raisonnements où meurt étranglée une "vérité" que sottement nous rêvons d'atteindre, d'étreindre (d'éteindre) » (*ibid.*). Le vrai champion ne cherche pas à atteindre la cible, il ne désire rien et cet effacement à travers l'absolue transparence des mots lui donne cette apesanteur, dynamique du vide, qui lui permet d'épanouir les horizons.

Du haïkiste, M. Coyaud dit encore que « la poésie qui l'anime est celle du moins dire : perpétuellement tendue vers ce "degré zéro" où se situe son achèvement : à la fois accomplissement et effacement ». Cette brièveté essentielle que l'on peut retrouver dans l'Oiseau-prophète de Schumann, chez Satie, Bartók, etc., esquisses musicales, instantanés ironiques ou poétiques est aussi art de l'impromptu qui est si présent chez les peintres d'Extrême-Orient, pour qui le trait est l'art de faire résonner l'espace indéfiniment ouvert. Résonance, écho et non-dit : un art du vide, de l'inaccessible, de l'indicible dissimulé par « l'aveuglante apparence des choses et des mots » (*ibid.*). Écho du microcosme et du macrocosme dans cette essentielle nudité qui ne dit rien d'autre que ce qu'elle dit, dans l'instant d'une énonciation fugitive.

UNE VISION DU MONDE

La genèse de cette forme nous révèle un processus de sublimation (au sens chimique), de réduction à quintessence, puisque au XIe siècle, le *haïkaï* (« poème libre ») faisait partie des *tanka*, ces poèmes brefs de 31 syllabes qui s'enchaînent sous forme de jeux. La convivialité est partie intégrante de ces compositions collectives que fut d'abord le *renga* (17 et 14 syllabes formant un *tanka*). En détachant vers 1650 les trois premiers vers de ces chaînons improvisés de ces *renku*, naît le *haïkaï-hokku* pour devenir un genre autonome. Remarquons au passage que d'autres formes brèves sont moins connues en Occident, comme le *zappai, maekuzuke, senryu, kyôku*. Le mot *haïku*, contraction de *hokku* (verset initital de la séquence) et de *haïkaï*, est relativement récent (puisqu'il date de la fin du XIXe siècle sous l'impulsion de Masaoka Shiki). Le grand maître de cette ultime décantation fut Baschô, qui fut suivi dans ses vagabondages et ses flâneries par Buson, Issa, Shiki, Kyoshi, etc. Certains évoluent vers le vers libre comme Hekigodô, ne conservant que la référence à la saison, d'autres conservent la stricte observance de la forme et du rythme (5-7-5).

Intuition et art poétique subtilement mélangés et fondus, le *haïku* porte l'empreinte d'une vision du monde où la réalité existe immédiatement. Nul écart entre la plus haute connaissance et la banalité quotidienne. L'émotion suscitée par le frémissement du temps et la fragilité des choses, la légèreté du ton et le cocasse qui naît d'associations inopinées constituent les fondements.

Cette pratique ou exercice spirituel du *haïku* fait partie d'une culture, d'une sensibilité et d'une manière d'appréhender le monde. Encore de nos jours cet art reste très populaire et les amateurs de *haïku* écrivent et publient ces vers minimes. Les *saijiki* (recueils de *hokku* d'autrefois et de *haïku* d'aujourd'hui) sont très nombreux, et classés par référence aux saisons. Aussi pouvons-nous nous interroger sur les raisons du succès d'une telle forme poétique en Occident à partir de la fin du XIXe siècle et essayer de mesurer l'apport de ce dire bref poétique dans la poésie contemporaine occidentale, tout en en mesurant la fascination et les malentendus.

L'INFLUENCE DU GENRE SUR LA LITTÉRATURES EUROPÉENNE ET AMÉRICAINE

Les problèmes de traduction sont redoutables et toute adjonction de particules ou de liaisons introduit des liens (de détermination, de causalité) absents de la forme originale. La tentation de remplir le vide est souvent grande à la lecture de ces télégrammes poétiques dont l'indétermination si précise est une qualité essentielle. Plus difficile encore l'adoption d'une forme d'écriture dont la philosophie est très étrangère à la philosophie occidentale.

La mode japonaise qui frappe l'Europe à la fin du XIXe siècle (Van Gogh s'inspirant par exemple de Hiroshige) ne concerne pas que les arts picturaux. Judith Gautier participe de l'esthétisme japonisant et traduit de la poésie. Dès 1896 les petits croquis de Jules Renard donnent de lapidaires histoires naturelles qui semblent préfigurer ces *haïkaï* qu'on ne connaît guère encore. C'est au début du XXe avec les littératures et anthologies japonaises de Aston (1902), de Michel Revon (1910) et les premiers *haïku* français composés par Paul-Louis Couchoud et par Julien Vocance que le coup d'envoi est donné. Paul Fort ou Rilke s'y adonnent. Certes « il semble facile de faire un *haïkaï*, mais cette facilité est justement le danger. C'est le genre de littérature d'où la littérature est le plus complétement exclue. Comme l'expression y est réduite au minimum suprême, il est impossible de faire un bon *haïkaï* si l'on n'a eu d'abord une forte sensation ou émotion sincère. Un *haïkaï* est une sensation nue » et il cite Bashô : « Que vos haïkaï ressemblent à une branche de saule mouillée par une pluie légère agitée par la brise » (Paul-Louis Couchoud).

Le genre est alors en pleine croissance après la guerre et la NRF contribue à la reconnaissance de cette nouvelle forme poétique avec Éluard et Jean Paulhan, Valéry et René Maublanc. Le recueil d'Éluard *Pour vivre ici* a pour sous-titre : « onze haï-kaï ». Le raccourci formel de ces micro-poèmes à l'ironie dadaïste est le but recherché :

> Le vent
> Hésitant
> Roule une cigarette d'air

Paul Claudel, alors ambassadeur au Japon, renoue même avec l'art graphique en calligraphiant ses poèmes faits aussi bien pour l'œil que pour l'oreille (*Cent phrases pour un éventail*, 1942). Jean Marabere compose ses *Sténogrammes*. Ponge et Guillevic suivent cette voie, enseignant « l'art de résister aux paroles », et que toute langue étant étrangère « Les mots ne se laissent pas faire. »

L'intérêt pour cette forme, outre sa nouveauté, son exotisme peut-être, son apparente facilité, sa « vitesse » télégraphique si parente de la sensibilité moderne, a également son origine dans la crise de la poésie ouverte par Mallarmé et d'autres. La brièveté semble être devenue, ainsi que le remarque Jean-Marie Gleize, « une marque formelle de poéticité ». Baudelaire déjà, le poète des correspondances, savait que « parce que la forme est contraignante, l'idée jaillit plus intense » et « quant aux longs poèmes, nous savons ce qu'il faut en penser : c'est la ressource de ceux qui sont incapables d'en faire de courts ». L'idée, reprise par Valéry suivant laquelle la poésie est nécessairement brève, trouve son origine chez Poe. Mais la brièveté n'est pas simplement condensation, cristallisation, émaux et camées, elle est accès à l'infini ; la finitude est clef d'ouverture. « La clôture du texte, c'est l'ouverture infinie du sens (...) Le texte court fonctionne comme un *chiffre.* » (Jean-Marie Gleize). Et Rimbaud, le poète de la fragmentation, parle d'un « rêve intense et rapide ». C'est dire que la poésie use d'une brièveté subversive qui met en cause la stabilité du sens et de la représentation.

La recherche d'une certaine objectivité qui dépasse les élans lyriques subjectifs trouve dans le *haïku* un modèle, ainsi Jaccottet à la quête d'une « poésie sans images, une poésie qui ne fait qu'établir des rapports » (Jean-Marie Gleize). Cette fondamentale simplicité et cette neutralité révélatrice du réel portent à la transparence, à l'in-signifiance, à la rencontre. Suspension de respiration et de parole qui est d'ordre mystique. À-plat, factualité, littéralité comme dans la poésie de Jean Tortel.

Les poètes « imaginistes » américains avant la première guerre mondiale ont été saisis des nouvelles possibilités offertes par le genre. Le poème-image est envisagé comme construction par Ezra Pound, en ce que deux plans s'y superposent. « Complexe émotionnel » l'image est aussi liée au langage idéographique, la poésie concrète y trouvera une légitimité. Après la poésie « objectiviste » d'un William Carlos Williams, celle de E.E. Cummings livre ses idéogrammes. Le poème « *A leaf falls...* », premier des *95 poèmes* donne à voir sur la blancheur du papier la verticalité de la chute solitaire d'une feuille et à entendre une concrète musique verbale entre la matière et le vide. Les poètes de la génération « beat », Allen Ginsberg, Jack Kerouac, montrent que le *haïku* occidentalisé se prête à l'expression de la modernité et lui donnent des impulsions nouvelles.

Le haïku offre dans sa brièveté essentielle une image, un objet-émotion, un réseau ouvert de correspondances. Le *haïku* dit autre chose que ce qu'étroitement signifient les mots qui le composent, écrit le poète autrichien H. C. Artmann, une condensation du sens ou son retrait, l'« évidence d'une simultanéité sans contenu notionnel ». Finalement l'idéal d'une parole simple, neutre, qui ne fait que dire l'instant du monde, dans son énonciation minimale, bouscule la poésie contemporaine et agit chez les poètes occidentaux comme une radicale remise en question de la parole poétique, c'est-à-dire du langage.

La brièveté est devenue au XIXe siècle une des caractéristiques de la modernité au point que l'on peut parler de brièveté comme forme caractéristique d'une certaine poésie après Baudelaire, Rimbaud et Mallarmé. La condamnation des formes longues pour une écriture de la concentration, de la discontinuité et de la fragmentation trouve une de ses origines dans les théories d'Edgar Poe précédemment évoquées. Celui-ci relie l'exigence de brièveté à une psychologie de la lecture et de l'effet qui ne peut se maintenir au-delà d'un laps de temps déterminé. Mais celle-ci ne doit pas être trop courte non plus, car l'effet ne serait ni suffisant ni assez profond, et il condamne les formes trop brèves comme l'épigramme « qui manque par trop de poids pour laisser sur l'esprit du public une marque profonde ; et c'est ainsi que, comme autant de plumes de la fantaisie, elles se sont envolées au gré des vents ». Qu'une « certaine quantité de durée soit absolument indispensable pour la production d'un effet quelconque » (*La genèse d'un poème*) est pour lui fondamental. On retient aussi de Poe l'idée que le resserrement formel peut être facteur d'émotion et que le mystère et l'hermétisme sont en poésie inséparables d'une condensation et d'une concentration essentielles. Toute la poésie moderne tourne le dos à une poésie qui exprimerait, pour une poésie qui indique, fait signe, suggère et ouvre indéfiniment. Baudelaire voyait le mérite du sonnet dans cette féconde contrainte imposée qui est aussi focalisation : « Avez-vous observé qu'un morceau de ciel donnait une idée plus profonde de l'infini que le grand panorama vu d'en haut d'une montagne ? » Le bref, comme figure de totalité et du fragment, comme poétique du trait, de l'esquisse (la peinture est aussi un modèle) est le mieux à même de contenir la sensation rapide et de répondre à la question centrale : « De la vaporisation et de la centralisation du Moi : tout est là » (Baudelaire).

Forme de poésie de circonstances, destinée à saisir l'événement, une image, une sensation, forme d'appréhension de l'instant et du temps avec retenue et distance, la brièveté est devenue une raison même du poétique qui dans la réflexion sur sa propre énonciation ne peut se reposer tranquillement sur les certitudes massives du langage comme le faisait l'épopée ou encore une certaine poésie romantique comme celle de Hugo, mais qui, dans la distance introduite par son retrait, dit les ombres et les lumières du langage, avec inquiétude ou mélancolie. La brièveté est ainsi le mouvement de concentration et de mobilité du sujet écrivant à la recherche d'une nécessité nouvelle, faisant l'épreuve de l'ironisation inéluctable de toute énonciation (Dominique Rabaté dans *Brièveté et écriture*, *La Licorne*, 21, 1991). Il serait vain de vouloir évoquer toutes les formes que cette brièveté peut dès lors prendre, chez Apollinaire, Éluard, chez Leiris, chez Guillevic, Jaccottet, Char, Dupin, ou Claude Roy et ses « minimes ».

LES *GREGUERIAS*

Art subtil de la sensation, perception intuitive de ressemblances au-delà des dissemblances, court-circuit magique du langage, les « criailleries » de l'espagnol Ramon Gòmez de la Serna constituent une forme brève originale de l'aphorisme poétique. Gòmez de la Serna (mort en 1963) a été présenté en France et traduit partiellement par Valéry Larbaud comme l'un des plus grands écrivains du siècle avec Joyce et Proust. Son œuvre qui privilégie la forme brève et discontinue est en effet d'une forte originalité avec *Criailleries* (1917), *La Boîte d'échantillons* (1918) ; *Le livre nouveau*(1919) ; *Variations* (1922). La traduction de ces aphorismes et courtes notes a été rendue par « échantillons » (en regard de *La Boîte d'échantillons*), par « moments », « regards », « ressemblances » et surtout par « criailleries », que Larbaud définit comme des *haïkaïs* en prose, des épigrammes sans pointe. *Greguerias* évoque les cris confus, les clameurs, l'écho désordonné, la rumeur soudaine. Larbaud dit avoir d'abord songé à ramage, jacasserie, piaillerie, algarade avant de choisir criaillerie, non pour l'aigreur mais pour la sonorité. Gòmez de la Serna les explique ainsi :

> Notre âme est faite de criailleries, et si on pouvait l'observer au microscope – un jour on le pourra, – on verrait vivre, circuler et vibrer en elle, comme sa seule vie organique, un million de criailleries...

> Pour surprendre le secret de Polichinelle des criailleries, il faut commencer par rappeler notre âme à sa bonté et à sa crédulité première... Pour entendre, lire et voir les criailleries, il est nécessaires d'avoir un esprit libre, c'est-à-dire de ne pas refuser à notre esprit sa propre extension, son vide, sa confession spontanée, sa sottise distillée, son indépendance...La criaillerie est un regard fécond qui, après avoir été enfoui dans la chair, a donné son épi de mots et de réalités.

Condensation de sa pensée poétique en de courtes notations, écrites la nuit, la *gregueria* est définie par Gòmez de la Serna comme le cri confus des choses, un « essai de définition de choses indéfinissables » qui allie la métaphore à l'humour. C'est moins la brièveté que la soudaineté de la « révélation » qui importe ici. On a pu rapprocher les criailleries du *haïku* japonais (« une seule mouche et tout le sucrier est en deuil »), ainsi que du *kasida* et de la forme *gahsel* présente dans la tradition arabo-andalouse (le ghasel est une forme brève de la poésie orientale, de six à trente vers, qui chantait les douceurs et le calme de la vie et dont Goethe se souvient dans son *Divan Oriental*). *Les Oiseaux perdus* de Rabindranath Tagore, écrits aux États-Unis en 1916 et traduits par Juan Ramon Jiménez en 1917, présentent également des ressemblances avec cette forme dans l'observation humoristique et fine (« Le bouton de fleur s'ouvre en pleurant : "Cher monde, ne te fane pas" écrivait Tagore »). Les ressemblances les plus frappantes avec les criailleries sont les nombreux aphorismes imagés de Jules Renard, à la fois dans le choix de nombreux thèmes, de nombreuses images (la lune, les animaux, la nature, etc. ; ainsi quand il écrit par exemple : « La sauterelle est un épi qui a voulu courir et qui s'est mis à faire des bonds désordonnés » ou encore « Les bœufs ont l'air de sucer et de resucer constamment un caramel ») et dans la sensibilité poétique, bien qu'aucune influence réciproque n'existe entre les deux. Gòmez de la Serna se situe dans la mouvance de l'aphorisme imagé, celle d'un Jules Renard, mais avant lui aussi d'autres comme Joubert, et après lui d'un Saint-Pol-Roux pour qui « l'image c'est la survie car l'image est au-dessus du réel : métaphore qui porte au-dessus » ou d'un Malcolm de Chazal à la recherche d'un « univers magique », celui des images, des analogies, des correspondances pour « jeter des ponts », « égrener les grains de l'invisible », « jouer à saute-mouton sur les choses ». L'œuvre de Malcolm de Chazal, où la forme brève hésite entre la prose et le lyrisme est souvent proche de la criaillerie, mais alors que

Gòmez de la Serna vagabonde avec délicatesse, l'auteur de *Sens-plastique* œuvre plus lourdement et systématiquement dans sa quête de définitions. L'analogie peut être la meilleure et la pire des choses ! elle peut rendre léger et nous ouvrir de grands yeux ; elle peut mettre des semelles de plomb, embuer les miroirs de l'ironie et se prendre au sérieux. Gòmez de la Serna quant à lui a été formé par la tradition espagnole baroque et néobaroque des Quevedo, Gracián, Gongora, Unamuno, avec leurs jeux ingénieux d'images et de langage. Dans son essai *Les mots et l'indicible* il écrit que la nouvelle poésie a libéré les mots qui agissent désormais pour leur propre compte en suivant une voie sûre, inconsciente et qui leur est propre. On comprend que les associations engendrées peuvent avoir chez lui parfois un parfum de surréalisme.

Dans ces criailleries les images abondent, car elles sont révélatrices et créatrices de réalité. « Il faut laisser les images s'approcher de nous. Nous pouvons nous approcher des objets, mais non pas des images. Vers les images, pas moyen de faire un seul pas volontaire. » Gòmez de la Serna se penche sur le minuscule, le détail, le bizarre, l'incongru, car « les petites choses ont la même valeur que les grandes et méritent l'attention de l'écrivain ». Ainsi la glace d'entrée d'une maison :

> La glace du miroir de l'entrée est une glace stupide, froide, subalterne, sans cordialité ni familiarité. Triste glace de passage, avec laquelle on n'échange qu'un regard d'indifférence, de désaffection, superficiel, un regard d'homme qui met son chapeau d'aplomb ou qui arrange sa cravate… C'est une glace où nous avons un visage provisoire, un visage dont nous ne tenons pas compte.

ou encore une fenêtre :

> C'est un regard compatissant que les fenêtres jettent à la rue les jours de neige, un regard mélancolique, mais égoïste, d'un égoïsme mûri par cette mélancolie.

On voit à ces exemples la moralité implicite du monde pour celui qui constate que « les sourires s'éteignent comme les lumières » et que « les rues sont plus longues la nuit que le jour ». La métaphore n'est pas gratuite, elle libère l'âme des choses, leur rend une essentielle « valeur », tel le pré quasi pongien de cette gregueria : « L'odeur des champs a la densité d'un admirable savon, d'un vrai savon aux fleurs des champs, et qui nous sert à nous laver jusqu'à l'âme. »

Le monde perçu par ce sensualiste mystique (« De cette étoile, comme d'une fenêtre éclairée, sort un son de violon ») qui use à l'occasion de fausses étymologies : « *Incunable es el libro que no se puede leer en la cuna* » (« Un incunable est un livre qu'on ne peut lire dans la cale – dans un coin »), d'alphabets, de parodies de locutions et de clichés, de métaphores, de personnifications, d'images à la Lichtenberg du genre : « La lune : fromage lumineux », est à la fois plein d'ironie et de mystère au point que :

> Les souliers marchent tout seuls... Ils avancent, dans la nuit, sur leurs pointes, sans craquer, et se glissent le long des plinthes. On ne le sait pas, on ne les a jamais pris sur le fait ; mais on le pressent, et beaucoup de preuves convaincantes le font soupçonner ; on les trouve loin de l'endroit où ils devraient être, tout à fait à l'écart ; parfois l'un des deux seulement s'égare ; on le cherche partout et on le découvre enfin fort loin, dans le couloir, parfois dans la cuisine ou dans quelque coin ignoré où l'on ne peut pas comprendre comment il a pu s'aller blottir ; tantôt ce sont les deux qui disparaissent, et on peut croire alors qu'ils sont partis pour ne plus revenir. Où disparut cette paire à moi qui était encore presque neuve ? C'est un des mystères que je n'ai jamais pu éclaircir, le plus profond de tous.

POTEAUX D'ANGLE

Certes le style lapidaire est une constante de l'œuvre d'Henri Michaux, mais le recours à l'aphorisme dans le travail du poétique est un redoublement polémique envers soi-même. Avec *Face aux verrous* (1954), *Tranches de savoir* (1950), *Poteaux d'angles* (1972), le poète livre des recueils d'aphorismes sur le peu de réalité d'un univers dérisoire et instable dont sa plume meurtrière laisse épanouir avec humour les incongruités constitutives.

Entreprise meurtrière : poteaux, verrous, tranches indiquent suffisamment que le recours à la littérature oraculairement sentencieuse refuse la nuance, étant par nature d'assertion péremptoire. Mais le texte est miné, il a un double, voire un triple fond, car les règles les plus classiques de la rhétorique traditionnelle du genre, maxime ou aphorisme, sont pulvérisées par la multiplicité contradictoire des énoncés. En rupture et en décalage, de retournement en subversion, le texte de Michaux va ailleurs, dans la « vie dans les plis », dans l'enlisement d'un espace raréfié par l'écriture d'épargne, qui est écriture de la perte, de la déperdition et les formes mimétiques de la sagesse proverbiale entraînent le lecteur vers un silence bruissant, clameur de la vie, extrême tension du peu : « Les forêts transpirent silencieusement ».

Aphorismes, elles le sont ces phrases courtes, fulgurantes, rigoureuses, énoncés impersonnels, généralisatrices, discontinues, retrouvant l'élan de la prédication théologico-moraliste. Les thèmes s'inscrivent pour une part dans la grande tradition, celle des discours sociologiques, moraux, métaphysiques et humanistes. Maximes à La Rochefoucauld : « Comme on détesterait moins les hommes s'ils ne portaient pas tous figure » ; « Lacet d'ambassadeur ne casse que devant Altesse royale » ; ou à la Chamfort : « Paix de parricide irrite les magistrats » ; « Celui-là avec sa vertu, il branle ses vices » ; proverbes éternels : « Faites pondre le coq, la poule parlera » ; « Savon ne contemple pas la crasse » ; « Qui cache son fou, meurt sans voix » ; ses définitions radicales : « Ambassadrices : la grimace est à l'intérieur ». Mais fulgurance et rigueur, habillage zoologique travestissant l'homme et brasillement des paradoxes ne sont qu'une forme, une manière d'entrer dans le discours explorateur et expérimental. Car ce qui importe, c'est bien – comme dans la tradition classique – de mettre en crise l'intelligibilité du monde et ses faux savoirs. L'inscription des tranches de savoir dans un courant mystico-humaniste dont les clichés sont subvertis est une entreprise de mystification illusionniste. Le poète est un magicien qui ne veut pas seulement dévoiler les faux semblants, mais les faux semblants des faux semblants. Chausse-trape : « La fenêtre de la perruche ouvre sur une perruche ». N'ayons pas peur des mots : « Avalez les rivets, le croiseur se désagrège et l'eau retrouve sa tranquillité »

Moraliste, l'écrivain cède à la tentation de critiquer son siècle : « Le phallus, en ce siècle, devient doctrinaire » ; « Qui chante en groupe, mettra, quand on le lui demandera, son frère en prison » ; « En pays jeunes, les lendemains vendent les surlendemains » ; « Le médecin qui nous tue aujourd'hui aura tort demain ». Tout cela est bien connu. Mais un tel regard ne vient-il pas du moraliste lui-même qui ne trouve pas les nuits suffisamment noires : « Il voudrait encore les opacifier ». Pessimisme de celui qui ne veut pas être absorbé (« Le cœur du sensible souffre trop pour aimer »), entraîné (« Ma vie ; traîner un landau sous l'eau. Les nés-fatigués me comprendront » ; « À huit ans, je rêvais encore d'être agréé comme plante » ; « Je fus le vivant qui dit : "Je veux d'abord hiverner" » ; « Là, l'homme ennuyé s'enkyste. Toujours quelques années de gagnées »). « Ne faites pas le fier. Respirer c'est déjà être consentant. D'autres concessions suivront, toutes emmanchées l'une à l'autre. En voici une. Suffit, arrêtons-là. » Tonalité que vient rompre une maxime optimiste : « Ne désespérez jamais. Faites infuser davantage ». La poésie est une magie efficace : « C'est à un combat sans corps qu'il faut te préparer, tel que tu puisses faire front en tous cas, combat abstrait qui, au contraire des autres, s'apprend par rêverie ». Et la sagesse, minérale, fossilisée par essence, est un caillou de Lao-Tseu : « Lao-Tseu vous lance un gros caillou. Puis il s'en va. Après il vous jette encore un caillou, puis il repart ; tous ces cailloux, quoique très durs, sont des fruits, mais naturellement le vieux bourru ne va pas les peler pour vous » (*Un barbare en Asie*)

Le « vieux bourru » entreprend une série de variations subversives pour bousculer l'esprit de sérieux et semer des jalons d'insolite (« Incube sachant aussi laver »). Car « Même si c'est vrai, c'est faux ». « J'écris afin que ce qui était vrai ne soit plus vrai ». Le poète attentif aux proliférations possibles (« Attention au bourgeonnement ») se garde de tomber dans l'éloquence. Il n'écrit pas pour dire, mais « plutôt pour court-circuiter ». Il veut rendre un sens moins familial aux mots de la tribu : « Je ne laisse pas un mot dans un sens ni même dans sa forme. Je l'attrape et, après quelques efforts, je le déracine et le détourne définitivement du troupeau de l'auteur ».

Le jeu avec le langage désigne à la fois la vacuité de la formule et son extraordinaire fécondité poétique : « Le relâchement de vieilles bretelles soulage moins que l'envol de jeunes tourterelles. » Nouvelle manière de redire Suzanne et les vieillards ! La critique de l'imaginaire y noterait la triple dimension verticale de la chute et de l'envol, de la vieillesse et de la jeunesse, du vice et de l'innocence ! Ce serait là prendre au pied de la lettre le sens du non sens. « Il faut savoir aromatiser ses pertes ». Car « Tour Eiffel, mais part à trois » ; « Mort, moulu, mité et encore Charlemagne ».

Le fou entend un autre tic-tac. La parole est gommée : « Il lui tranche la tête avec un sabre d'eau, puis plaide non coupable et le crime disparaît avec l'arme qui s'écoule ». Ou alors il en entend d'autres : « Quand vous ameroseriez des bastres à clivettes, encore que cafouette n'en dore, venez glytons, venez gelés et lovogrammes, l'heure d'Orque a sonné, grand Listafu ». La figure rhétorique classique pleine de pureté et d'élégance (« quand vous… encore que ») n'est cependant bonne que pour les amateurs de cris pétrifiés. C'est dire que le lecteur devra sous peine mortelle déjouer les pièges de la lecture surinterprétative devant le texte si limpide, qu'il prendra garde de démêler les écheveaux enchevêtrées d'une sapience somme toute lacunaire : « Ne pas se laisser condamner à défaire les chignons de bronze ». C'est dire que l'humour et le sarcasme ne sont pas là pour faire « tousser la baleine », mais tout simplement peut-être pour donner à voir, par flashes intermittents et brutaux, l'énigme et le dérisoire de cette autobiographie spirituelle rongée par l'ombre, par l'espace, c'est-à-dire le néant : choses vues et entendues, histoires vécues ou imaginées : la naissance du fils aux pieds palmés d'un Directeur de Zoo, l'arrivée en gare du borgne et du paralytique, une course aux avirons sur une rivière bombée, le fond anarchique du pommier, les élevages de salamandres dans les incendies des Landes, les auberges de boues molles pour poissons passant la nuit hors de l'eau, etc.

Privilège de poète, mais le délire d'oiseaux n'intéresse pas l'arbre et Dieu n'apparaît pas dans les forges. La difficulté est grande d'observer « l'ombre d'une panthère sur un daim courant », phénomène combien délicat et sensuellement exquis dont l'observation exige « un esprit d'abandon, de rigueur et de plénitude convenable ».

Déterminisme de l'incertitude, du monstrueux, du télescopage, du dérangement, cruauté et discordance, dérision comme baguette magique de la découverte dans un monde contingent, exorcisme empirico-mystique, le style « expérimental » qui multiplie les niveaux implicites de l'énonciation témoigne du jeu associationniste de la pensée dont Michaux écrit dans *Les grandes épreuves* : « Tout est moléculaire dans la pensée. Petites masses. Apparitions, disparitions de petites masses. Masses en perpétuelles associations, dissociations, néo-associations, plus que rapides, quasi-instantanées ». La pulvérisation du moi dans cette fragmentation croissante exige par contrecoup cette écriture cicatrice, résiduelle, inattendue. Devant la violence de la perte (« On a perdu sa demeure. On est devenu excentrique à soi »), Michaux renvoie « dos à dos l'énigme et les fragments éparpillés de sa logique », contrevient à la logique de la représentation, affirme sa propre impossibilité. De cette fragmentation centrale, Claude Mouchard écrit qu'elle est « répétition inassouvie d'une coupure originelle, forme discontinue de la continuité de la vie ».

L'aphorisme poétique délimite le sens, circonscrit l'excès de violence, balise le fragmentaire : « au delà des verrous l'océan est ouvert ». Dans ce monde où le signe n'existe que par la multiplication de sa raréfaction, il faut conclure, s'arrêter là : « Mais il est temps de me taire. J'en ai trop dit. / À écrire on s'expose décidément à l'excès. / Un mot de plus, je culbutais dans la vérité » (*La vie dans les plis*).

FEUILLETS D'HYPNOS

La poésie contemporaine a des attitudes différentes envers l'incontournable brièveté qui sert souvent à s'opposer au lyrisme, à casser une certaine musique, une certaine fluidité pour atteindre un au-delà, qu'il soit du sujet, du langage ou de l'énonciateur. Dès ses premières œuvres, Francis Ponge tourne autour de la petite forme, close sur elle-même. Ces « petits écrits » sont brefs parce que la brièveté y est signe d'objectivité. Le poème est construction d'un objet verbal clos à l'instar de la chose qu'il évoque. Mais cette tentation de la « formule » sera reconnue plus tard comme illusoire, la parfaite adéquation de la forme verbale à son objet reconnue impossible.

RENÉ CHAR : UN SAUT DANS LE VIDE

Bien différent en cela René Char, le plus célèbre des poètes laconiques pour lequel « les mondes éloquents ont été perdus ». Non seulement dans les *Feuillets d'Hypnos*, *Le poème pulvérisé*, *La parole en archipel*, mais dans toute son œuvre, l'écriture poétique est aphoristique, poursuivie par ce que G. Poulet appelle le « raccourci fascinateur ». Char intensifie ou radicalise la brièveté de Rimbaud. Il la systématise. La brièveté par vocation obscure « éclaire instantanément le noyau noir de la vérité, l'obscurité (éventuellement contradictoire) de la vérité et l'éclaire en la préservant » (J.-M. Gleize). Ce qu'elle révèle n'appartient pas à l'ordre du discours.

Ainsi la forme brève est-elle requise dans une stratégie vers l'indicible et l'insaisissable. L'aphorisme n'est pas la forme close, parfaite, autosuffisante de la maxime, il en est l'envers. Au lieu de fermer, il ouvre ; au lieu de se suffire à lui-même, il induit l'hémorragie du sens. Son laconisme est détour, ruse, glissement, esquive, jeu entre silence et révélation. L'aphorisme est une aube : « Seule est émouvante l'orée de la connaissance ». Il œuvre le passage, l'entr'ouverture. L'amande méditerranéenne en est l'image : « L'heure la plus droite, c'est lorsque l'amande jaillit de sa rétive dureté et transpose ta solitude » et cette « amande entre les parois de sa closerie » est desserrée par Char comme le dit Marie-Paule Berranger (Colloque René Char, 1984). L'acte poétique est violence, « fureur et mystère », décharge d'énergie, explosion, foudre, éclair. La parole est un marteau sans maître qui pulvérise, éparpille. Parole travaillée par l'absence qui installe la rupture comme seul mode d'accès à une continuité non statique où les contraires communiquent et cessent d'être hostiles. Dans cette vision héraclitéenne où « toutes choses sont engendrées par la discorde », la poésie se doit d'être « énergie disloquante ».

Beauté et vérité ne peuvent se livrer que de manière convulsive dans le présent de l'instant. « Lorsque dans l'instant s'affirme le perpétuel, alors la beauté s'en élève. Il faut mettre en liberté tous les instants dont nous disposons ». Fidèle de ce point de vue à l'illumination rimbaldienne qui peut s'exprimer en une seule phrase dans une discontinuité pulvérisatrice, l'aphorisme Charien est blessure : « la lucidité est la blessure la plus rapprochée du soleil », une déchirure : « La quantité de fragments me déchire ». Déchirure et blessure parce qu'elles entr'ouvrent un corps, une origine. Poésie du risque – Hypnos et Thanatos ne sont point des dieux éloignés – et poésie de l'appel : « Émerge autant que possible à ta propre surface. Que le risque soit ta clarté ».

Cette poésie anti-élégiaque, anti-discursive, anti-narrative, cette poésie d'illumination, elliptique, oraculaire, trouve ses racines dans l'instant. La brièveté est une manière de rompre, et de rompre le pain de l'histoire comme celui du temps. Fuyant le confort de l'installation, la saisie de l'instant signifie le paradoxe du temps : être là, non dans l'hier ou dans le demain, c'est côtoyer une présence qui se donne comme telle, image d'une unité, non pas d'une fusion, mais d'une coexistence éblouissante : « cet instant où la beauté après s'être longtemps fait attendre, surgit des choses communes, traverse notre champ radieux, lie tout ce qui peut être lié, allume tout ce qui peut être allumé de notre germe de ténèbres ». Ce qu'il appelle « cet éphémère : carrosserie de l'éternel », l'instant, est « une particule concédée par le temps et enflammée par nous ». Car le lecteur d'Héraclite, visionnaire de l'éternel retour comme éternel recommencement d'une nouveauté, toujours vierge dans la répétition, sait que « en poésie on n'habite jamais que le lieu que l'on quitte, on ne crée que l'œuvre dont on se détache, on n'obtient la durée qu'en détruisant le temps ». Il ne s'agit pas d'une éternité transcendante, classique, mais de la saisie de ce que nous pouvons dérober au temps dans la présence de l'instant, car « l'éternité n'est guère plus longue que la vie ».

« Être du bond. N'être pas du festin, son épilogue ». Mais être aussi de l'écart qui préserve, qui refuse l'intimité. Le laconisme évite l'intimité, maintient l'écart entre la flèche vibrante et sa cible. « Supprimer l'éloignement tue. Les dieux ne meurent que d'être parmi nous ». Ce refus d'arriver comme promesse de départ est la forme de sagesse d'un savoir en réserve. « Sommes-nous voués à n'être que des débuts de vérité ? » ; « J'aime l'homme incertain de ses fins comme l'est en avril l'arbre » ; « Tout ce qui se dérobe sous la main est, ce soir, essentiel. L'inaccompli bourdonne d'essentiel ».

Saut dans le vide, « la poésie s'augmente d'un au-delà sans tutelle ». L'amande, le grain, l'aphorisme, l'instable et pourtant souverain équilibre du germe sont des promesses d'élans « pour cristalliser la lumière de l'espérance dans la nuit d'aujourd'hui » (Y. Sinturel). L'exaltante alliance des contraires (« Épouse et n'épouse pas ta maison ») mène cette écriture abrégée par un processus d'accélération, animée par le goût des images brèves parce que celles-ci évoquent le mouvement, l'élan, le recommencement, l'aube. Le poème, « ascension furieuse », « jeu des berges arides », parle de loi, à l'impératif, pour dire : « Chante ta soif irisée » ; « prends garde à l'anecdote » ; réserve l'essentiel qui est : « Guérir le pain. Attabler le vin ».

UN TEXTE PALIMPSESTE

Pour Héraclite « une harmonie invisible est supérieure à l'harmonie visible » et la poésie de Char, qui transcrit plus qu'elle n'écrit, est comme une citation d'un livre caché, une citation continuelle, variée et génératrice d'elle-même, poème perpétuel, fondamentalement inachevé et inachevable : « Je n'attends rien de fini, j'accepte de godiller entre deux dimensions inégales ». L'écriture multiplie les points d'émergence d'un texte palimpseste en l'enrobant de silence, de discontinuités, de blancs, de dentelles, de lacunes, texte en archipel. Ce qui l'entoure sépare et relie. Le blanc séparateur de chaque aphorisme poétique assure une clôture et signale l'unité d'un archétexte absent. Il crée le silence « étui de la vérité » grâce à ces « espèces de satellites qui sillonnent le ciel mental ». Le silence se donne comme espace : « Dans l'enceinte du parc le grillon ne se tait que pour s'établir davantage ». Le retrait de la parole en elle-même, dans cette concision fondamentale gouverne la béance, investit la distance : « C'est le peu qui est réellement tout. Le peu occupe une place immense. Il nous accepte indisponible ». Économie de la rareté. « Mais ce qui est passé sous silence n'en existe pas moins. Dualisme vigoureux, sincérité du masque ». Le texte aphoristique lacunaire est en même temps « nominateur de l'Unité ». Le métonymique et le synecdochique assurent une discontinuité communicative. Ainsi que le dit Marie-Paule Berranger « la discontinuité scriptuaire renvoie moins à une vérité morcelée et plurielle qu'à une vérité unique mais intermittente, éblouissante qui ne se peut supporter que dans le clignotement du regard – comme le soleil ou la mort ».

La brièveté ouvre un espace hermétique, et c'est ce qui rend à la fois difficile et simple la poésie de Char, qui écrit : « Nous ne pouvons vivre que dans l'entr'ouvert, exactement sur la ligne hermétique de partage de l'ombre et de la lumière ». Le caractère éthique de la parole poétique est liée à cette brièveté : « Ma brièveté est sans chaînes ». « J'écris brièvement. Je ne puis guère m'absenter longtemps. S'étaler conduirait à l'obsession. L'adoration des bergers n'est plus utile à la planète ». Brièveté qui joue de l'alternance du sujet et de son absence : « Il faut s'établir à l'extérieur de soi », mais il faut également l'« audace d'être un instant soi-même la forme accomplie du poème ». Marie-Paule Berranger a relevé les nombreux marqueurs du sujet d'énonciation, traces des hésitations et réticences d'une voix singulière godillant entre l'impersonnalité sentencieuse et l'anecdote confidentielle. Le Je est foyer des transmutations. Les *Feuillets d'Hypnos*, écrits pendant la guerre, mêlent l'expérience la plus subjective et la plus collective. « Elles (ces notes) furent écrites dans la tension, la colère, la peur, l'émulation, le dégoût, la ruse, le recueillement furtif, l'illusion de l'avenir, l'amitié, l'amour. C'est dire combien elles sont affectées par l'événement. Ensuite plus souvent survolées que relues ».

Les vers aphoristiques de Char gardent leurs distances entre vers et prose afin de maintenir, entre les contraires conciliés, cet écart sans lequel l'unité ne serait qu'indistinction et chaos. Ces vers sont par leurs signes (italiques, point de suspension, tirets, parenthèses, guillemets) chargés d'une « sursémantisation » (Berranger) qui a pour fonction de rendre visible le sous-entendu. Ils sont à l'opposé d'une parole oraculaire qui ferait choir des mots de granit, définitifs, au sens hermétique mais entier. Pour le poète qui déclare à l'impératif : « Ne t'attarde pas à l'ornière des résultats », il est clair que seul le mouvement, la vibration, la mobilité, bref la vie, relèvent de la poésie. « Un poète doit laisser des traces de son passage, non des preuves. Seules les traces font rêver ».

CONCLUSION

On a pu voir que la brièveté pouvait être soit de circonstance, soit le résultat d'une condensation ou d'une réduction, soit la manifestation d'un refus des formes établies. Pour cette raison, les formes brèves ne sont pas spécifiques à un genre, mais les concernent à peu près tous. Nous prendrons, pour confirmation de cela, un dernier exemple, celui de l'utilisation des formes brèves au théâtre. L'usage des formes brèves, comme de la sentence ou de la maxime, fait partie de la grande tradition théâtrale qui prône « un grave mélange de belles sentences qui tonnent en la bouche et résonnent jusqu'en l'âme du spectateur » (Hardy en 1628).

Il est des formes théâtrales brèves pour des raisons de circonstances ou de sujets, comme les *intermèdes* qui interrompent un sujet grave par des pauses souvent plaisantes et dont la brièveté (fort relative au demeurant) dépend de la mise en scène et du jeu dans lequel elles s'insèrent, sans oublier la *pochade* ou l'impromptu qui privilégient le trait léger de la parodie et de l'improvisation. Le *sketch* est une esquisse dramatique qui n'exploite pas toutes les possibilités offertes par le thème en se contentant d'un simple contour qui se résout dans une pointe surprenante et très souvent comique. Venu des États-Unis et particulièrement joué dans les cabarets, le sketch, par son cadre matériel et temporel limité, est une espèce d'épigramme dramatique qui refuse toute amplification, répondant en cela à l'attente psychologique du spectateur qui prend plaisir au jeu de l'esquisse qui, ainsi que Max Frisch l'écrit dans son *Journal*, « a une direction, mais pas d'achèvement », parce qu'elle refuse la plénitude, la perfection et la totalité, préférant l'ouverture, la fragmentation, l'instantané. Forme populaire, le sketch peut servir de modèle pour un théâtre plus exigeant comme celui de Beckett qui réduit progressivement les moyens employés dans une forme d'épure et de *dépeuplement* qui aboutit dans ses *dramaticules* à une concentration et une intensification extrêmes. On peut dire dès maintenant qu'une telle réduction vient à contester non seulement les formes traditionnelles, les genres établis, mais la notion même de forme. Les futuristes italiens avaient imaginé un théâtre synthétique dont l'originalité était d'être très bref : « ramasser en quelques minutes, en quelques mots, en quelques gestes d'innombrables situations, sensibilités, idées, sensations, faits et symboles » (Marinetti). Les futuristes qui veulent faire des actes des « instants » pensaient que cette brièveté « coup de poing » opposée à la lenteur, la dilution, l'apathie du théâtre traditionnel, allait apporter une nouveauté radicale. Jean Pabion, dans son étude sur la dramaturgie futuriste[1], a souligné que cette brièveté avait pour conséquence un anti-psychologisme qui rejetait les lenteurs classiques au profit de flashes, une liberté d'invention grâce à la souplesse et la variété du choix des sujets, et enfin une participation beaucoup plus active du public, agressé par le rythme rapide de ces mini-pièces. Parfois condensés parodiques en quelques minutes de grandes pièces classiques, les synthèses, « instants » ou « tableaux », donnent une grande importance à la dimension visuelle et simultanée. Comme dans les mini-drames de langue allemande, ceux d'un Botho Strauss ou d'un H. C. Artmann, cette dramaturgie cherche moins à plaire qu'à agresser avec insolence pour critiquer le théâtre comme institution morale.

ACTUALITÉ DU MINIMALISME

Calvino, déplorant le manque de temps de la vie contemporaine, déclare rêver « d'immenses cosmologies, de sagas et d'épopées encloses dans les limites d'une épigramme » et imagine de pouvoir « rassembler une collection de récits tenant en une seule phrase, voire en une seule ligne si possible »[2]. Dans ce sens la brièveté est un mode de penser (et de non agir), impliquant de renoncer aux grandes chaînes causales, pour vaguer dans la micro-causalité, le minimalisme, l'infime et l'abîme, car le bref dans sa concision ouvre des vertiges et un mode de fonctionnement qui privilégie le discontinu. Dieu étant mort, il n'y a plus de

---

1 Jean Pabion, « Les synthèses du théâtre futuriste italien », *Acta Universitatis Wratislaviensis*, n° 1300, Wroclaw, 1991, p. 170.

2 Italo Calvino, *Leçons américaines*, Gallimard, 1989, p. 88-89.

vision globale, plus de vision totalisante et générale. Il ne reste plus qu'à effleurer, tâtonner. Ce que signifie Monsieur Songe de Robert Pinget quand il écrit dans son carnet : « Moment venu opérer mutation dans existence. Stop. Grands moyens exclus recourir petits dont abandon théories et visées globales. Stop. »[3]

Le programme minimaliste à partir des années 1980 privilégie l'ascétisme de l'écriture et le resserrement de la narration dans une réduction qui répond à un sentiment d'impuissance du langage.

Alors que la brièveté classique renforçait l'affirmation, donnait de l'autorité à l'idée, et était un gage de vérité, de conviction et de certitude, la brièveté postmoderne témoigne généralement bien au contraire de l'incertitude, du doute, de la faiblesse et d'une tragique impuissance. On pourrait en faire remonter l'origine à la crise de la littérature à l'orée du XXe siècle. En 1902, Hofmannsthal écrit *Une lettre* déclarant pourquoi il renonçait à la poésie. Cette lettre fictive, datée de 1603, était adressée à Francis Bacon par un jeune gentilhomme anglais, Lord Chandos qui déclare « avoir complètement renoncé à l'activité littéraire »[4]. Il attribue cela à une « maladie de l'esprit » (« Mon cas, en bref, est le suivant : j'ai perdu toute faculté de penser ou de parler de façon cohérente de quoi que ce soit »), à un malaise existentiel lié à la perte de la vision de l'unité du monde (« toute l'existence m'apparaissait autrefois, dans une sorte d'ivresse continuelle, comme une grande unité : univers spirituel et corporel ne semblaient pas constituer une contradiction [...] »[5]. Dès lors tout se désagrège et l'écriture, ce petit malentendu sans importance, assez minuscule pour nous amener au mutisme et au renoncement dans le silence, dévoile toute l'étendue de son insignifiance et de son incapacité et impuissance à décrire l'infinitude cosmique d'un univers à la complexité angoissante : « Tout se décomposait en fragments, et ces fragments à leur tour se fragmentaient, rien ne se laissait plus enfermer dans un concept. Les mots flottaient isolés, autour de moi ; ils se figeaient, devenaient des

3 Robert Pinget, *Monsieur Songe*, Paris, Minuit, 1982, p. 27.

4 « Or c'est mon être profond qu'il me faut vous exposer, une singularité, une discordance, disons même une maladie de mon esprit, si je veux vous faire comprendre qu'un abîme aussi infranchissable me sépare des travaux littéraires qui m'attendent apparemment, que de ceux que j'ai laissés derrière moi et que, tant est étrangère la langue qu'ils me parlent, j'hésite à nommer ma propriété. » (Hugo von Hofmannsthal, *Lettre de Lord Chandos et autres essais*, Gallimard, 1980, p. 76).

5 Hugo von Hofmannsthal, *op. cit.*, p. 78.

yeux qui me fixaient »[6]. Vertige devant ces tourbillons sans fin à travers lesquels on atteint le vide. Le monde n'est plus un livre, le monde est ivre. Le langage n'est plus à même de rendre compte de cette immense complexité. Les insuffisances de l'outil linguistique pour connaître le monde, de Fritz Mauthner à Wittgenstein, sont dénoncés et invitent au silence. « Ce dont on ne peut parler, il faut le taire ». Comme le dit William Marx, « le chant du cygne est presque devenu un genre »[7].

Il est symptomatique de voir comment un certain nombre d'écrivains tendent à la forme brève dans l'évolution de leur écriture. Le problème est de savoir s'il s'agit d'une brièveté engendrée par une sorte de lassitude, un souci de concision né d'un sentiment de plus en plus profond de la vanité de toute littérature, ou bien encore d'une expérience d'un vieillir et d'une vieillesse qui amène une sorte de détachement qui exige l'expression brève, conçue comme une autre forme du silence. « L'âge » dit Monsieur Songe « ne simplifie pas mon parcours »[8]. Peut-être avons-nous alors affaire à une esthétique définie par l'aveu d'une faiblesse de l'être, de son usure tant mentale que physique, sans doute avec ironie et humour, sans accent tragique quant à une perte de pouvoir, un manque ou une impuissance, mais avec lucidité de quelqu'un qui se retire en opérant une radicale démystification de l'écriture.

Les cinq petites formes réflexives que sont *Le harnais* de 1984, *Charrue* de 1985, *Du nerf* de 1990 et *Taches d'encre* de 1997[9] que Pinget nomme « *divertissement* », « *notes* », « *cahiers* » ou « *carnets* » s'inscrivent dans un mouvement de délitement de la fiction (*Théo ou le temps neuf* de 1991 était un « roman » d'une extraordinaire brièveté) pour s'adonner presque exclusivement à l'écriture aphoristique, par le biais d'un personnage à l'onomastique chimérique – monsieur Songe – dont la voix s'exprime confusément par « *je* » ou « *il* » et qui, avec humour ou mélancolie, alterne anecdotes, souvenirs, brouillons, pensées, habitudes, dialogues... Monsieur Songe entrelace certes le social (un Monsieur) et le poétique (le songe), mais aussi l'impersonnel et l'indéterminé. Il s'agit d'un personnage ectoplasmique, inconsistant, labile qui par certains côtés pourrait ressembler à l'Odradek de Kafka, un insaisissable ludion. D'ailleurs

6 Hugo von Hofmannsthal, *op. cit.*, p. 80-81.

7 William Marx, *L'Adieu à la littérature. Histoire d'une dévalorisation* XVIIIe-XXe *siècle*, Éditions de Minuit, 2005, p. 36.

8 Robert Pinget, *Le Harnais*, 1984, p. 44.

9 Publiés aux éditions de Minuit.

« Monsieur Songe ne comprend pas grand-chose, il est toujours dans un rêve »[10].

Pinget disait s'être délassé de son travail « en écrivaillant les histoires de monsieur Songe » (*Monsieur Songe*, Avant-Propos). C'est dire à la fois le côté marginal de ces histoires par rapport à l'écriture, souligner l'aspect de minoration de ce « divertissement » qu'il dit avoir pratiqué pendant une vingtaine d'années. Sans doute des prémisses existent-elles dans l'œuvre antérieure, Jean-Baptiste Para, rendant compte dans la revue *Europe* de la parution de *Le Harnais*, a pu noter que « quelques réflexions, pseudo-maximes et notations à la Jules Renard s'y trouvaient également, soit en épigraphe aux différents chapitres, soit dans le corps du texte. Mais avec les carnets on n'a plus que des fragments et de brèves saynètes, dans une écriture on ne peut plus dépouillée, dégraissée, rabotée ». De cette esthétique *a priori* minimaliste se dégage un enjeu majeur : celui du devenir de la littérature. La petite forme réflexive, pour Robert Pinget, apparaît comme l'ultime issue d'un renoncement à une certaine littérature et même si ce nouveau « genre » s'apparente à une gageure, il reste néanmoins la seule impasse pour sortir de l'impasse[11] dans laquelle la littérature s'est enfermée et pour réconcilier, enfin, ce grand art du langage avec la vie. Inutile de répéter la condamnation de l'éloquence (« Se méfier grandiloquence »[12]).

La forme même de l'écriture des carnets exprime le caractère contradictoire d'une telle dynamique, de soumission et de non soumission simultanément au langage. Ces carnets composés de formes très brèves, notes ponctuelles, de bribes de phrases, aphorismes, maximes, questions abruptes, réflexions incomplètes travaillent les solutions de continuité, la discontinuité étant la marque même du ne pas vouloir continuer. Il n'y a plus de lien. Comme le dit fort justement Taminiaux[13] : « la parole du fragment nie l'achèvement de la parole, au double sens d'une fin et d'un accomplissement ».

Pinget qui use du lexique du moraliste et de ses valeurs et multiplie les allusions à Montaigne, Pascal, La Rochefoucauld, La Bruyère

10 Propos cité par Jean-Patrice Courtois dans son article « Une économie de l'engendrement. Monsieur Songe et ses Carnets », *Europe*, n° 897-898, Janvier-Février 2004, p. 101-113.

11 « Pour sortir d'une impasse / il faut en prendre une autre. », *Monsieur Songe*, Paris, Minuit, 1982, p. 25.

12 *Théo ou le temps neuf*, Minuit, 1991, p. 76.

13 Pierre Taminiaux, *Robert Pinget*, Seuil (Les Contemporains, 16), 1994.

ou Chamfort dans une intertextualité d'autant plus précise qu'elle est discrète, ne cesse de détourner les formules lapidaires et les expressions gnomiques, se divertissant à ces variations. Toujours est-il que la forme brève est elle-même l'objet de suspicion, en raison même d'une tradition, d'un carcan sans avenir :

> Le vrai hic pour l'heure est de savoir s'il me faut continuer dans le genre aphoristique et maximes qui m'embête. Il relit tout ce qui précède. Que faire de ces bribes ? Comment les relier entre elles ? Tâcher de les utiliser pour élaborer quelque chose de suivi ou de vaguement homogène ? Une manière de roman raté d'avance ou disons rattrapé ? Quel ennui. (*Du nerf*, p. 33)

Pourtant ces petites moralités, ces petites notes qui se suivent au hasard de la page, d'une page traversée d'espaces blancs sont un moyen de continuer sans s'engager. « Une ligne plus une ligne. En rester là coûte que coûte. » (*Tache d'encre*, p. 90). Finalement dire de ne pas dire, écrire « pour ne pas perdre l'habitude de ne pas savoir écrire » (*Tache d'encre*, p. 25) et parler pour ne pas tomber dans le silence tout en sachant qu'on parle sans parler, comme cette remarque faite à Monsieur Songe : « Il n'y aurait de bon dans tes notes que ce qui n'est pas dit. » (*Tache d'encre*, p. 92)

Ce minimalisme qui caractérise toute une partie de la production littéraire contemporaine considère la vie dans toute sa vanité, avec ses petits riens, avec la minuscule existence du personnage ou encore avec ces vies minuscules débitées par tranche par Pierre Michon[14].

Chez Beckett le ressassement interminable finit par se dévoiler comme une tension vers le silence, le plus en plus ténu, le plus en plus bref ; voir les derniers titres de l'auteur et l'amaigrissement progressif des textes qui sont comme des stèles, des indices et des symptômes d'une brièveté essentielle, inscrite au cœur même d'une logorrhée intarissable. Blanchot ne disait-il pas à propos de Beckett « le silence éternellement se parle[15] ».

La crise de la littérature semble engendrer un délire de négativité. Du coup la brièveté paraît être le sens et l'aspiration du et au suicide. Le plus court chemin pour aller à la mort. Faire court, raccourcir, ne peut pas ne pas faire penser au fonctionnement de la guillotine.

Ainsi René-Louis des Forêts, (comme c'est également le cas chez Beckett et chez Pinget) qui après avoir écrit de longs romans s'est progressivement

14 Pierre Michon, *Vies minuscules*, Gallimard, 1984.

15 Maurice Blanchot, *Le livre à venir*, p. 286.

tourné vers une écriture plus fragmentaire. À la fois comme s'il découvrait la force corrosive qui incline à une forme de brièveté qui se retourne elle-même contre son créateur et l'oblige à faire court, voire à s'arrêter comme le narrateur du *Jakob von Gunten* de Walser : « Aujourd'hui, il me faut arrêter d'écrire. Cela m'excite trop. Et les lettres dansent, brûlantes devant mes yeux ». S'agit-il d'une écriture de fin de vie ?

René-Louis des Forêts appelle « *ostinato* » une forme qui déjoue la forme ou plutôt une forme qui est le « maintien d'une formule rythmique » contre toute totalisation et achèvement possible, sans perspective d'un aboutissement, toujours ouverte en offrant une série de fragments qui disent chaque fois la clôture d'une fulgurance. Il s'agit bien comme le remarque Dominique Rabaté, du surgissement du présent discontinu qui advient à un sujet comme étranger à lui-même : « Le fragment épiphanique continue de briller d'un feu qui dépossède celui dont c'est pourtant la mémoire qui le porte. Cette effraction du fragment mnésique en fait un moment à la fois présent et pourtant distant, présence que le temps de l'indicatif consigne, distance que la troisième personne entérine. C'est pourquoi ce moment qui surgit est, qu'il ne peut faire l'objet d'aucune liaison, d'aucun travail de continuité[16]. »

L'œuvre ainsi nommée s'interroge sur la nécessité de parler, du bavardage et du silence avec le souci fondamental de n'être pas dupe des mots, n'être pas dupe de cet élan que l'écriture donne à la plume. On comprend cette définition du langage : « cet être déchiré qui ne joue jamais qu'en perdant »[17]. La parole égare, aussi le fragment qui est sans mémoire n'a pas à assumer une antériorité du discours, d'une narration antérieure. C'est une forme brève, sans origine, habitée de sa seule mémoire. « Ce ne sont ici que figures de hasard, manières de traces, fuyantes lignes de vie, faux reflets et signes douteux que la langue en quête d'un foyer a inscrits en fraude et de dehors sans en faire la preuve ni en creuser le fond, taillant dans le corps obscurci de la mémoire la part la plus élémentaire »[18]. Ce ne sont que brises, instantanés, paroles lapidaires ressuscitant la trace sans la recouvrir (Dominique Viart a pu évoquer à ce propos des « Haïkaï en prose de la mémoire[19] »).

16 Dominique Rabaté, « *Ostinato* et la question de l'achèvement », *RSH*, 249 (1998), 87-100.
17 Louis-René des Forêts, *Ostinato*, Mercure de France, 1997, p. 157.
18 *Ibid.*, p. 15.
19 Dominique Viart, « La parole par défaut », *RSH*, 249 (1998), 51-64.

Depuis toujours les personnages des récits de l'écrivain faisaient l'objet de l'épreuve du silence. Agents ou victimes du langage « c'est la matière même de ce qui les met en œuvre (le langage) qui est mise en cause et les détruit ou se détruit avec eux[20] ». Désir de silence auquel on s'identifie (« je suis le silence même » dit *Le Bavard*), désir de silence au cours duquel la langue s'amenuise, se perd. Les deux derniers écrits tournent obsessionnellement autour d'un même motif lancinant, celui du désespoir même du langage qui n'aspire qu'au silence. Une écriture du détachement qui use du langage jusqu'à l'épuisement complet pour enfin de pouvoir ne plus parler, ce qu'il appelle *Pas à pas jusqu'au dernier* (Mercure de France, 2001).

Qu'elle soit forme de plaisir par une économie dont Barthes a pu souligner le plaisir et la jouissance, ou écriture subversive qui dans son raccourci met en cause et le fond et les formes, la forme brève détourne, contredit, oppose et ouvre une alternative aux systèmes en place. Elle assume un rôle conflictuel dans la dialectique de l'ouverture et de la clôture, de la temporalité linéaire qu'elle s'efforce de surmonter et de dépasser. Marie-Paule Berranger écrit dans un bel essai (« L'aphorisme contredit » dans *Actes du Colloque René Char*, *Sud*, 1984) « l'écriture fragmentaire [de René Char] détourne la clôture, l'impersonnalité, la temporalité de la forme aphoristique » Ce détournement n'est pas propre à la seule poésie de Char, car on voit combien la brièveté porte en elle-même très souvent la critique des systèmes, et combien la forme brève est mise en question de la forme elle-même, pour en inventer de nouvelles ou ouvrir un champ neuf à l'invention. Le « Raconte-moi tout, vite, en deux mots » de Marinetti dans un de ses manifestes futuristes témoigne de ces contradictions et de ces paradoxes qui font le charme ou l'exaspération de ce type d'écriture dont on a pu voir, sans l'épuiser, la très grande variété, ainsi que la poétique et les philosophies implicites qu'elle privilégie.

20 Pascal Quignard, *Le Vœu de silence. Essai sur Louis-René des Forêts*, Galilée, 2005.

ANNEXES

CARMONTELLE,
DISSERTATION HISTORIQUE ET MORALE SUR LES PROVERBES[1]

Le proverbe, dans son terme générique, est un mot mis en avant, une expression une phrase renfermant, dans un sens complet, une vérité que l'usage met dans toutes les bouches et qui prend date. Dans le sens le plus étendu, c'est une expression relative aux mœurs, aux usages, à l'état des êtres existants, des choses physiques et morales et à laquelle l'usage ce souverain de la société, et la forme piquante sous laquelle elle est produite attachent un sens familier qui la fait passer dans la conversation comme un axiome. Cet axiome tire des termes mêmes de l'expression la noblesse ou la bassesse de son extraction. Je n'entends cependant pas parler ici de ces manières de s'exprimer dépourvues de sel, de grâce et d'intérêt, et qui croupissent dans la boue où elles ont pris naissance.

Voici la définition que l'abbé Roubaud donne des proverbes, dans ses *Synonimes français*. Le *proverbe* est une sentence populaire ou un mot familier et plein de sens. L'*adage* est un *proverbe* piquant et plein de sel. Le *proverbe* annonce une vérité naïve tirée de l'observation. L'adage donne à cette vérité une pointe, pour la rendre plus pénétrante. Il n'y a que du sens et de la précision dans le *proverbe*, il y a de l'esprit et de la finesse dans l'*adage*. Le *proverbe* instruit, l'adage excite ; le proverbe qui joint à l'instruction des motifs d'agir est un *adage. Tout ce qui reluit n'est pas or ; monnaie fait tout ; nul n'est prophète en son pays ; tel maître, tel valet.* Voilà de simples proverbes qui nous apprennent ce qui est, ce qui se passe, ce qu'on a observé sans autre circonstance remarquable que la

---

1 Carmontelle, *Dissertation historique et morale sur les proverbes* in *Proverbes dramatiques*, Paris, Delongchamps, 1822, tome 1, p. XXI-XCV.

précision des phrases. *Bonne renommée vaut mieux que ceinture dorée ; un tiens vaut mieux que deux tu auras ; la mélancolie ne paie pas les dettes ; faites bien, bien vous vient.* Voilà des proverbes qui deviennent adages par une tournure singulière, par l'invitation qu'ils nous font, par la règle de conduite qu'ils nous donnent.

C'est au lecteur à apprécier toute la finesse de ces définitions.

Dans les adages d'Érasme comme dans les proverbes Arabes de Scaliger, les proverbes et les adages sont confondus ensemble et avec raison, continue l'abbé Roubaud, car il est inutile de les distinguer ; il n'est pas toujours facile de le faire ; et comme les adages sont une espèce de proverbes, les bons proverbes tiennent toujours de l'adage. Je me permettrai de n'être pas tout à fait de son avis. Je pense qu'il est essentiel d'établir une distinction entre le proverbe, la sentence, la maxime et l'apophtegme. Quant aux deux premiers, l'un n'est pas toujours l'autre, et réciproquement. *Ne confiez pas une épée à un enfant.* Voilà à la fois un proverbe et une sentence cachée sous le voile de l'allégorie. *La vertu se perd elle-même dans l'intérêt comme les fleuves se perdent dans la mer ; les grands arbres sont longtemps à croître, il ne faut qu'un jour pour les abattre* : ce sont des sentences qui tiennent du proverbe. *Nous nous roidissons toujours contre ce qui nous est défendu, et nous désirons avec ardeur ce qu'on nous refuse ; un objet possédé vaut rarement celui qu'on poursuit* : ce sont des sentences qui n'ont rien de proverbial.

La maxime doit être serrée, concise, exprimée en termes imposants.

Duclos a dit : *Les vertus ne donnent point d'orgueil.*

Pope, *l'opinion n'est que l'intérêt en masque.*

Rivarol, *la guerre est le tribunal des rois et les victoires sont ses arrêts.*

Chamfort, *la fausse modestie est le plus décent de tous les mensonges.*

Toutes ces maximes qu'on retient aisément parce que le sens en est clair, sont empreintes de ce cachet naturel qui constitue seul la véritable éloquence.

L'apophthegme ou parole mémorable de quelque personnage célèbre tout en présentant un sens qui se retrace à l'esprit, et applicable dans la conversation, est trop relevé et n'est pas d'un usage assez général pour avoir son brevet d'admission dans la classe des proverbes. Tel est celui-ci : *La femme de César ne doit pas même être soupçonnée.* Mais l'adage rapporté par Plutarque : *qui se metipsum, non habet Samum petit : il ne peut disposer de lui-même, et il demande Sam*os, renferme l'essence qui constitue l'apophthegme et le proverbe. La conduite des Athéniens livrant leur ville au vainqueur, et demandant qu'on leur laissât au moins *Samos*, a donné lieu à ce proverbe applicable généralement à ceux qui font des demandes absurdes, et s'attachent à des riens dans des discussions importantes. À combien de diplomates et de politiques cette remarque s'adresse !

La perfection de tout ouvrage littéraire consiste en trois choses : dans une heureuse invention, dans un arrangement convenable et dans un style proportionné au sujet. Le proverbe doit remplir ces conditions ; il doit se faire remarquer en outre par deux qualités essentielles définies par Érasme, *celebritas* et *novitas* que je traduis par ces mots français correspondants, *celebritas*, usage très fréquent d'une locution qui à force de passer par toutes les bouches, a acquis cette célébrité qui la perpétue ; et *novitas*, l'intérêt qui s'attache à une expression dont le sens moral pique l'esprit et la curiosité.

Les proverbes sont les richesses et la sagesse des nations. Cette vérité est démontrée par l'expérience. Toutes les nations semblent en effet rivaliser de zèle pour les adopter, et en enrichir le vocabulaire de leur langue. Ce n'est pas tout : elles sont plagiaires les unes des autres, et le même sens moral se revêt des coloris variés, des images et des pensées particulières à chacune de ces nations. Les unes se distinguent par l'originalité, la naïveté, et le naturel de l'expression, telles que les Français, les Italiens et les Espagnols ; les autres, par la recherche et la complication des idées, telles que les Chinois, les Japonais et presque tous les peuples de l'Orient, à qui l'hyperbole est familière.

Ainsi tout le monde saisira la justesse et la série des idées de ce proverbe oriental : *avec du temps et de la patience, la feuille de mûrier devient de la soie.* Cette brillante métaphore est sans doute le fruit de la réflexion, mais les nations qui joignent la vivacité de l'esprit à la fécondité de l'imagination, saisissent plutôt les rapports des choses qui se présentent sous un sens simple, que sous un sens composé. Cardan, en son livre *de Sapientia*, a fort bien observé que la sagesse et la prudence d'une nation, sont contenues dans ses proverbes ; j'ajoute qu'on trouvera toujours son esprit dans ses adages.

Les proverbes renfermant donc tant de vérités morales, il n'est pas extraordinaire qu'ils aient servi de canevas à nos anciens auteurs ; ils ont saisi le sens figuré du proverbe, ils ont créé une action, l'ont étendue, et ont imaginé, pour concourir à cette action, des personnages auxquels ils ont donné le caractère distinctif et l'opposition convenable au sujet. Le goût ne s'est épuré qu'insensiblement, l'art était encore dans le chaos. Il suffit de jeter un coup-d'œil sur la naissance de l'art dramatique en France, pour se convaincre que ses premiers essais ont été des espèces de proverbes.

[...]

Le génie particulier de chaque nation a imprimé à ses proverbes un caractère puisé dans celui de son tempérament, de ses mœurs, de ses habitudes. Ainsi le proverbe dans la bouche de l'Espagnol sentencieux, grave et taciturne, a dû se faire remarquer par la pompe et le faste de son expression, par ce ton de morgue qui tient à la fierté nationale, et par cette gravité dont se ressentent toutes ses actions. L'Italien, dont le geste est aussi prompt que la pensée, a dû saisir la première idée familière qui se présentait à la vivacité de son intelligence. Le Français, dont la justesse d'esprit s'accorde avec la régularité du langage voit, du premier coup-d'œil, le rapport des choses et le rend aussi facilement que l'activité de son intelligence s'en est emparée. L'Anglais, peuple penseur, met dans l'expression de ses proverbes toute la profondeur de ses méditations. L'Allemand, dont le cerveau est lent mais réfléchi, répand, dans ses proverbes, cette profusion puisée dans les minutieux détails de la vie qui s'offrent à son expérience ; et si l'on en croit les voyageurs, les discours des peuples de l'Amérique ne sont que les paraphrases rendues en images vives et qui peignent admirablement le fonds de leurs pensées, des proverbes que la perfection du langage a amenés à une concision qui en fait tout le mérite. Ainsi l'on peut regarder le proverbe comme une vérité morale réduite à sa plus simple expression, ou bien adopter la définition de Rivarol. « Les proverbes sont les fruits de l'expérience de tous les peuples et comme le bon sens de tous les siècles réduit en formule. » Un proverbe exprimé en deux ou trois mots, remplit la condition de son essence, clarté et précision qui sont les qualités distinctives du genre. L'expression resserrée dans le cercle le plus étroit, donne aux fibres du cerveau une commotion qui ouvre la mémoire et la pensée s'y loge d'une manière imperturbable. Mais c'est surtout la justesse de son application qui en fait tout le prix, c'est un prisme de lumière dont les reflets se répercutent sur tout le discours, c'est une saillie qui étonne l'âme et imprime à la conversation ce charme qu'accompagnent l'hilarité et la satisfaction générale. Sous ce rapport, notre langue n'a rien à envier à celle des autres nations. La précision de ses proverbes est le meilleur argument qui parle en sa faveur. On en jugera par les proverbes suivants : *Paix et peu, – Peu et bon. – Tout ou rien. – À bon chat, bon rat. – À bon payeur, bon marché. – Qui doit, a tort ; qui a compagnon, a maître. – Qui femme a, noise a. – Mieux vaut règle que rente. – Mal soupe, qui tout dîne. – Enfants et sots sont devins.* Peut-on rendre plus de pensées en moins de mots. Que Rome nous vante la concision de ses sentences ; Athènes, la saveur et le piquant de son sel attique ; et Lacédémone le laconisme de ses apophthegmes, nous sommes assez riches de notre propre fonds.

[...] Au reste, dit Érasme, on doit employer les proverbes, moins comme une nourriture pour l'esprit, que comme un assaisonnement pour le discours. Les prodiguer jusqu'à satiété, c'est leur faire perdre tout ce qu'ils ont de piquant ; d'ailleurs la fureur de les accumuler en fait admettre de froids et de forcés. On est peu délicat sur le choix, quand on n'est occupé que du nombre, et l'agrément n'est jamais où se trouvent l'excès et l'inutilité. [...] Les proverbes ont trouvé dans Don Quichotte un censeur sévère ; le chevalier de la triste figure est un homme de grand sens, lorsqu'il n'est pas dominé par sa passion pour la chevalerie. On ne peut disconvenir qu'il ne donne à son écuyer des préceptes admirables sur la conduite qu'il doit tenir dans son gouvernement de l'île de Barataria, sur les manières, les qualités et les défauts d'un homme appelé à gouverner les autres. Au milieu de ce cours de morale politique, il tance vigoureusement Sancho sur son incorrigible manie de débiter des proverbes à tout propos ; mais Sancho, tout en promettant de se corriger, répond à la leçon de son maître par un flux de proverbes qui caractérisent d'une manière originale la force de l'habitude.

Chassez le naturel il revient au galop.

« Donne toi de garde aussi, Sancho, dit le chevalier, de mêler dans tes discours cette foule ordinaire de proverbes ; car, quoique ces manières de parler soient bonnes, tu les tires souvent si fort par les cheveux, qu'ils ont bien plus l'air d'extravagances que de maximes. Pour cela, répondit Sancho, que Dieu y remédie, car j'en ai un million dans le ventre qui m'étouffent, encore faut-il bien que je prenne haleine ; mais sitôt que je desserre les dents pour en dire un, il en sort une si grande foule qu'il n'y a pas moyen de les retenir. Je prendrai pourtant garde à l'avenir de n'en dire plus qui ne conviennent à la grandeur de ma charge, *car dans une maison opulente, le dîner est bientôt prêt, et celui qui étale ne brouille pas ; en sûreté est celui qui sonne le tocsin ; et à donner et à prendre, on se peut aisément méprendre ; et qui achète ou vend en sa bourse le sent…* Eh ! allons, Sancho, dit Don Quichotte, courage mon ami, enfile, enfile, personne ne t'empêche, *ma mère me châtie, et moi je fouette la toupie.* Je suis après à te corriger de la multitude de tes proverbes, et tu en récites une légende qui viennent au sujet, *comme je suis more.* Un proverbe bien placé n'est pas désagréable, mais les dire à toute heure, sans rime ni raison, cela rend la conversation fade et ne fait qu'importuner. »

PETIT FLORILÈGE DE QUELQUES APHORISMES

APHORISMES DE LICHTENBERG[2]

Cet homme avait tant d'intelligence qu'il n'était presque plus bon à rien dans le monde. (D 447)

Il travaillait toujours à s'aiguiser, et à la fin il devint émoussé avant d'être affilé. (L 556).

Il s'émerveillait de voir que les chats avaient la peau percée de deux trous, précisément à la place des yeux.

Donne à ton esprit l'habitude du doute, et à ton cœur celle de la tolérance. (F 561.)

Une règle d'or : il ne faut pas juger les hommes d'après leurs opinions, mais d'après ce que leurs opinions les font.

Je l'ai remarqué très nettement : j'ai souvent une autre opinion quand je suis couché et une autre quand je suis debout. Surtout quand j'ai peu mangé et que je suis affaibli.

2 Les traductions sont de Victor Bouillier (*Georg Christoph Lichtenberg*, Paris, Champion, 1914).

La nature a donné aux animaux assez d'intelligence pour veiller à leur conservation. Ils savent très bien se tirer d'affaire lorsqu'il s'agit de cet article important. Quant aux hommes, la nature les a même armés, et presque instinctivement, contre la crainte de la mort, en leur donnant la croyance à l'immortalité. (J 789).

Dieu a créé l'homme à son image, dit la Bible ; les philosophes font exactement l'inverse : ils créent Dieu à leur image.

L'homme est peut-être moitié esprit et moitié matière, tout comme le polype est moitié plante et moitié animal. C'est sur la limite que se trouvent toujours les créatures les plus étranges.

L'astronome qui me prédit une éclipse de lune plusieurs siècles à l'avance et à une minute près, n'est pas en mesure de me dire, la veille, si nous aurons la chance de voir cette éclipse. Et ce qui est encore plus étrange, c'est que nous ignorons entièrement l'heure de la grande éclipse, c'est-à-dire de notre mort.

Si l'homme n'a pas le pouvoir de modeler le monde comme il le voudrait, il a du moins celui de tailler des lunettes, par lesquelles il peut voir le monde à peu près tel qu'il le voudrait.

Les sabliers ne servent pas seulement à nous rappeler la fuite du temps, ils évoquent également la poussière que nous deviendrons un jour.

Là où la modération est une erreur, l'indifférence est un crime.

Avant de blâmer, il faudrait toujours chercher à voir si l'on ne peut d'abord excuser.

Une tombe est toujours la plus sûre forteresse contre les tempêtes du destin.

La sympathie est une méchante aumône.

Lorsqu'on donne une heure à un condamné à mort, cette heure a la valeur d'une vie entière.

Usez des mots comme de l'argent.

Celui qui est amoureux de soi a au moins l'avantage de ne point avoir trop de rivaux.

Il y a très peu de choses que nous puissions connaître par les cinq sens à la fois.

N'est-il pas étrange que les hommes se battent si volontiers pour la religion et vivent si peu volontiers selon ses règles ?

Un couteau sans lame auquel manque le manche.

L'automne raconte à la terre les feuilles qu'elle a prêtées à l'été.

Efforce-toi de ne pas être de ton temps.

On trouve dans le monde plus souvent matière à s'instruire qu'à se consoler.

Il faut compter au nombre des plus grandes découvertes faites tout récemment par la raison humaine l'art de juger les livres sans les avoir lus.

Il est impossible de porter à travers la foule le flambeau de la vérité sans roussir ici et là une barbe ou une perruque.

Rien ne concourt davantage à la paix de l'âme que de n'avoir point d'opinion.

Une préface pourrait être intitulée : paratonnerre.

Aujourd'hui, j'ai permis au soleil de se lever plus tôt que moi.

Dire beaucoup en peu de mots signifie donner à reconnaître en peu de mots l'abondance de réflexion.

Pour que la religion soit appréciée de la masse, il faut nécessairement qu'elle garde quelque chose du haut goût de la superstition.

Religion : une affaire du dimanche.

L'Américain qui, le premier, a découvert Colomb a fait une fâcheuse découverte.

Il y a beaucoup de gens qui lisent parce qu'ils sont trop paresseux pour penser.

Le sage cherche la sagesse, le sot l'a trouvée.

Mettre la dernière main à son œuvre, c'est la brûler.

Connaître une langue à fond cela signifie connaître à fond le peuple qui la parle.

L'homme est un animal domestique, c'est pourquoi il est à ce point corrompu.

APHORISMES DE JOUBERT

La politesse est une sorte d'émoussoir qui enveloppe les aspérités de notre caractère et empêche que les autres n'en soient blessés. 8-1-1796

L'espace est le chemin des âmes séparées des corps. 6-4-1796

L'illusion est dans les sensations. L'erreur est dans les jugements. On peut à la fois connaître la vérité et jouir de l'illusion. 21-4-1796

Au lieu de se plaindre de ce que la rose a des épines il faut se féliciter de ce que l'épine est surmontée de roses et de ce que le buisson porte des fleurs. (3-5-1796)

L'imagination est l'œil de l'âme. 18-5-1796

Dieu est le lieu où je ne me souviens pas du reste. 21-11-1796

Le style oratoire entraîne celui qui écrit et le fait se mentir à lui-même, comme il entraîne celui qui lit et le fait se laisser tromper. 26-12-1796

Les piperies du style. 30-12-1796

La multitude des livres en ôte le goût et tue le plaisir. 10-2-1797

Concis comme un poète. Concision poétique. – Le caractère du poète est d'être bref, c'est-à-dire parfait, *absolutus*, comme disaient les Latins. Celui de l'orateur est d'être coulant, abondant, spacieux, épandu, varié, inépuisable, immense. 13-2-1797

L'imagination a fait plus de découvertes que les yeux. 2-4-1797

Tout nous paraît plein ; tout est vide, ou pour mieux dire tout est creux [...] Dieu seul est plein. 20-5-1797

Dans un grain de sable il y a du feu, de l'eau, de l'air et de la poussière. 5-7-1797

Souviens-toi de cuver ton encre. 21-7-1797

Autour de toute flamme il faut du vide pour qu'elle éclaire. Sans espace, point de lumière. 23-12-1797

Le corps est un moule qui *informe* l'âme. 18-2-1798

Désir d'être oiseau, d'être abeille. L'homme sent que son bonheur est dans les airs. 1-11-1798

Comme Dédale, je me forge des ailes. Je les compose peu à peu, et en y attachant une plume chaque jour. 7-1-1799

Que le monde est enchanté. 21-2-1799

L'imagination est une espèce de mémoire... 4-5-1799

Le beau, c'est l'intelligence rendue sensible. 14-10-1799

Il y a dans le visage quelque chose de lumineux qui ne se trouve pas dans les autres parties du corps. 17-1-1800

La politesse est l'art de s'ennuyer sans ennui ou (si vous l'aimez mieux) de supporter l'ennui sans s'ennuyer. 25-6-1800

Espacer ses mots, ses phrases, ses pensées. 2-3-1802

Si je m'appesantis, tout est perdu. 22-4-1802

Peut-être est-il vrai que l'esprit du lecteur aime à achever et qu'il ne faut lui donner que ce qu'il faut pour achever facilement et être rappelé de lui-même à l'ouvrage, etc. Je finis trop. 17-7-1802

Tout excès est défaut. 9-7-1802

En effet la parole n'est que le signe de la pensée et l'écriture est le signe de la parole. C'est à dire qu'elle n'est que le signe d'un autre signe. 26-3-1803

La musique a sept lettres, l'écriture a vingt-cinq notes. 17-8-1803

Notre phrase nous gêne. 27-8-1803

Du style qui nous fait rentrer en nous-même. 27-8-1803

J'ai à mouler mes phrases ; et c'est là le plus difficile. 20-1-1804

La prose a ses contraintes aussi bien que ses libertés. 26-1-1804

Tout ce qui est exact est court. 28-1-1804

Je mets un bâtiment où il faut un passage. 31-1-1804

L'éloquence est un jeu, un art de répandre l'illusion sur les actions humaines ; 4-6-1804

Montesquieu. Les formes propres à s'exprimer en peu de mots et l'art de la brièveté. 9-8-1804

Tout est jet, tout est coupure dans l'âme. Elle s'entend à demi-mot. 14-8-1804

Écarter avec soin la multitude des paroles… 3-2-1805

Tout ce qui est spirituel est délicat, parce que cela vient de l'âme, c'est-à-dire de la délicatesse même. 12-2-1805

Donner aux mots de la clarté, de la couleur, du fuyant et du relief. 25-2-1805

On se ruine l'esprit à trop écrire. – On le rouille à n'écrire pas. 9-7-1805

Le style concis appartient à la réflexion. On moule ce qu'on dit quand on l'a pensé fortement. 11-9-1805

Nous autres modernes, nous avons plus d'éclat et moins de clartés. 29-10-1805

Faites dire aux petites phrases de grandes choses. Montesquieu eut ce talent. 12-01-1806

Faire de chaque mot une lentille optique – ou – une clarté condensée. 19 juin 1806

Il n'y a que la clarté, que l'extrême clarté à laquelle il faille viser et qu'il soit important d'atteindre dans le style. 19 août 1806

On prend peu garde aux mots avec lesquels on pense. 30-11-1806

Un clou, pour y suspendre ses pensées. 15-11-1807

Je suis comme Montaigne « impropre au discours continu ». 14-1-1808

Maximes, parce que ce qui est isolé se voit mieux. 8-2-1808

Le malheur est que lorsque le mot propre arrive [...] il vient toujours accompagné de quelque autre mot inutile dont on ne peut pas se déprendre. 28-2-1808

Le son du tambour dissipe les pensées. C'est par cela même que cet instrument est éminemment militaire. 6-4-1808

L'ellipse, favorable à la brièveté, et qui épargne le temps et l'espace. 24-2-1809

C'est un grand art de mettre dans le style des incertitudes qui plaisent. 18-12-1812

Le silence. – Délices du silence. – Il faut que les pensées naissent de l'âme et les paroles du silence. – Un silence attentif. 17-3-1813

Tourmenté par la maudite ambition de mettre toujours tout un livre dans une page, toute une page dans une phrase et cette phrase dans un mot. C'est moi. 8-2-1815

Des pensées détachées : élans de l'âme. 8-3-1815

APHORISMES DE JULES RENARD

Le comble du patriotisme : fuir un ciel bleu de Prusse. 11-10-87

Ses dents claquaient, applaudissant au drame de son cerveau. 13-10-87

La mer semblable à un vaste champ remué par d'invisibles laboureurs. 27-10-87

Les petits flots vomissent leur bave blanche ainsi que des roquets, avec un jappement très doux. 27-10-87

C'est en pleine ville qu'on écrit les plus belles pages sur la campagne 25-11-87

Ses doigts noueux comme un cou de poule. 2 12 87

Une araignée glisse sur un fil invisible comme si elle nageait dans l'air. 17-05-96

Le soleil pareil à un balancier immobilisé. 23-06-89

Un La Bruyère en style moderne, voilà ce qu'il faut être. 21-10-89

Cette sensation poignante qui fait qu'on touche à une phrase comme à une arme à feu. 26-12-89

Le silence était si absolu que je me croyais sourd. 30-05-90

Le bateau s'avance derrière ses voiles comme un guerrier antique derrière son bouclier. 21-06-90

Ma phrase de demain : le sujet, le verbe et l'attribut. 12-9-90

Renoncer absolument aux phrases longues, qu'on devine plutôt qu'on ne les lit. 1-4-92

Peindre sur toiles d'araignées. 5-4-92

L'ironie est la pudeur de l'humanité. 30-4-92

Mélancolique comme une bûche de bois qui brûle. 11-6-92

Les feuilles mortes du style. 27-7-92

Je ne fais pas de vers, parce que j'aime tant les phrases courtes qu'un vers me semble déjà trop long. 13-10-96

Un fruit si beau qu'il a l'air faux. 14-11-92

Et le ruisseau de murmurer sans cesse contre les cailloux qui voudraient l'empêcher de courir. 20-6-93

De l'utilité des marées. La mer va d'un rivage à l'autre pour boucher les trous de sable que font les enfants sur la plage. 8-7-93

Je juge peu courtois ce procédé du bernard-l'ermite. 5-9-93

Le style, c'est le mot qu'il faut. Le reste importe peu. 5-9-93

La seule odeur de l'encre fait mourir mes rêves. 15-9-93

L'oiseau entra dans le buisson comme un bonbon peint dans une bouche barbue. 18-12-93

La mer toute ridée a pris son air de vieille. 22-12-93

Oh ! Faire son voyage de noces tout seul ! 12-1-94

Penser, c'est chercher des clairières dans une forêt. 28-3-94

Cela fait peur comme le vent qui soulève les vieilles tapisseries. 7-5-94

Il ne suffit pas d'être heureux ; il faut encore que les autres ne le soient pas 16-5-94

Ce gros parapluie que semble être un curé dans la campagne. 17-5-94

Tous les animaux parlent, excepté le perroquet qui parle. 14-5-94

Les arbres, moutons de la forêt. 20-6-94

Et la voix des canards, c'est comme des cailloux qui rebondissent, l'hiver, sur la glace des canaux. 1-7-94

Un plaisir, ce serait d'écrire de longues scènes et de m'amuser ensuite à les résumer en trois lignes. 11-9-94

Comme la neige serait monotone si Dieu n'avait créé les corbeaux ! 1-2-95

De son ronronnement, le chat accompagne le tic-tac de l'horloge ; c'est toute la musique de chambre. 27-3-95

La noix : ces deux minuscules tortues figées ; la tortue, cette moitié de grosse noix. 13-4-95

Prudence n'est que l'euphémisme de la peur. 30-05-95

Je n'aime à écrire que de petites choses, en artiste, mais je ne risque pas des livres de précision, des biographies, des critiques. Les romans me dégoûtent, les vers me fatiguent. 22-9-95

Sois modeste ! C'est le genre d'orgueil qui déplaît le moins. 30-7-95

Le lapin a le geste humain d'un homme qui se peigne. 15-11-95

Cette petite vieille qui ressemble à une feuille de tabac roulée. 18-11-95

La lune, fond de tonneau vineux. 25-11-95

La chèvre. Elle saute à la corde avec ses cornes. 25-11-95

Le sourire arc-en-ciel des larmes. 18-1-96

La neige s'attardait çà et là, comme il reste quelquefois du savon dans les oreilles. 3-2-96

Je prétends qu'une description qui dépasse dix mots n'est plus visible. 16-6-96

Taupinières, la chair de poule des prés. Juillet 96

Un vers est encore meilleur lu sur une page non coupée 14-7-96

Mets un peu de lune dans ce que tu écris. 14-7-96

Je voudrais être de ces grands hommes qui avaient peu de choses à dire, et qui l'ont dit en peu de mots. 14-7-96

La gracieuse inquiétude de la tête d'un oiseau sur sa branche. 18-7-96

Des vieilles femmes qui sirotent leur conversation. 2-11-96

Des vers, des vers, et pas une ligne de poésie. 3-11-96

Je ne peux plus relire mes livres, parce que je sens que j'en ôterais encore. 13-12-96

La lune nous regarde avec son monocle. 13-6-97

Un petit nuage au ciel, comme une oie égarée. 13-6-97

Les étoiles, comme de petits yeux qui ne s'habituent pas à l'obscurité. 13-6-97

La pie voletait, vêtue en sœur de charité. 30-7-97

La lanterne, cette grosse dame hydropique qui ne sort que le soir. 30-9-97

L'horloge, c'est le juif errant. Écoutez ce pas boiteux, et lent, et fatigué, qui ne s'arrête jamais. 11-97

La rosée, belle barbe blanche de la terre. 11-97.

Les nuages passent sur la lune comme des araignées au plafond. 10-1-06

La sagesse du paysan, c'est de l'ignorance qui n'ose pas s'exprimer. 14-2-06

Cheminée d'usine : un gros doigt qui barbouille l'air de fumée. 4-3-06

Dieu n'a pas mal réussi la nature, mais il a raté l'homme. 10-5-06

Fourmis, petites perles noires dont le fil est cassé. 10-5-06

Une mouche entre par toutes les fenêtres ouvertes, et sort sans que personne ait compris quelle nouvelle elle a apportée. 16-8-06

L'horreur du mensonge m'a tué l'imagination. 6-9-06

APHORISMES DE RAMÓN GÓMEZ DE LA SERNA[3]

La forme la plus habituelle des *greguerías* (dans leur version définitive, concise) est la variation autour de la définition (imagée), dont voici quelques exemples :

Libro : hojaldre de ideas.
« Livre : millefeuille d'idées. »

A, e, i, o, u : las cinco notas del piano humano.
« A, e, i, o, u : les cinq notes du piano humain. »

Continentes : nubes que se petrificaron.
« Continents : nuages de pierre. »

Café : leche negra.
« Café : lait noir. »

La luna es un Banco de metáforas arruinado.
« La lune, c'est une banque de métaphores en faillite. »

3 Les exemples suivants sont extraits de la dernière anthologie publiée du vivant de l'auteur, le *Total de greguerías* de 1962 (Madrid, Aguilar). Ils ont été traduits par Laurie-Anne Laget, auteur d'une édition des *greguerías* aux éditions Classiques Garnier.

Abrir un paraguas es como disparar contra la lluvia.
« Ouvrir un parapluie, c'est mettre la pluie en joue. »

Los tacones son los tinteros del andar.
« Le talon du soulier, c'est l'encrier des pas. »

Escribir a máquina : clavar palabras en el papel.
« Écrire à la machine : clouer des mots sur le papier. »

Parmi les variations les plus courantes autour de catégories génériques préexistantes, on trouve la réécriture de proverbes :

Nunca es tarde cuando la sopa es buena.
« Il n'est jamais trop tard pour ne rien faire. »

ou le calembour :

Pitanza : comer silbando.
« Tambouille : repas tambour battant. »

Hormis ces parentés génériques, les *greguerías* s'efforcent de créer une parole poétique motivée, en jouant sur les sons :

El afinar los violines suena a agrio zumo de limones.
« Accorder les violons produit un son acide de jus de citron. »

En el murmullo se cuecen las palabras.
« C'est dans les murmures que mijotent les mots. »

Las estrellas telegrafían temblores.
« Les étoiles télégraphient des frissons. »

Reminiscencia : rumiar recuerdos.
« Réminiscence : rumination de souvenirs. »

en jouant sur les associations visuelles :

Las olas esculpen en las rocas calaveras de gigantes.
« Les vagues sculptent dans les rochers des crânes de géants. »

El agua camina descalza.
« L'eau marche pieds nus. »

El lápiz solo escribe sombras de palabras.
« Le crayon à papier n'écrit que l'ombre des mots. »

Las casas a medio derruir quedan convertidas en librerías del aire.
« Les maisons à moitié détruites se transforment en bibliothèques aux quatre vents. »

Al inventarse el cine, las nubes paradas en las fotografías comenzaron a andar.
« Avec l'invention du cinéma, les nuages immobiles sur les photographies se sont mis en marche. »

Los arcos de triunfo son elefantes petrificados.
« Les arcs de triomphe sont des éléphants de pierre. »

en jouant sur les signifiants :

La W es una M haciendo la plancha.
« Le W, c'est un M qui fait le poirier. »

La B nunca acaba de disparar su flecha.
« Le B n'en finit pas de tirer sa flèche. »

El etc., etc., etc., es la trenza de lo escrito.
« L'etc., etc., etc., c'est la natte du texte. »

La ñ dice adiós con su pañuelo a los niños y a los ñoños.
« L'apostrophe agite en signe d'adieu son mouchoir vers l'assistance. »

Gazuza : hambre agazapada.
« Fringale : faim sans égale. »

Amasador de masas : panadero político.
« Pétrisseur de foules soulevées : boulanger politique. »

Merendar es dejar a media hambre la cena.
« Goûter, c'est laisser le dîner sur sa faim. »

¿Reidera o risueña ? Mejor risueña, porque ríe y sueña.
« Menterie ou mensonge ? Mensonge ! parce que tout en mentant, il songe. »

ou, simplement, en offrant une association d'idées inédite :

Al cerrar una puerta con violencia pillamos los dedos al silencio.
« Claquer une porte violemment, c'est coincer les doigts du silence. »

La cucharilla despierta al café dormido que nos habíamos olvidado de tomar.
« La petite cuiller réveille le café assoupi que nous avions oublié de boire. »

En lo algodón retoña la barba blanca de la experiencia de la tierra.
« Dans les plantations de coton pousse la barbe blanche de l'expérience de la terre. »

Pleito : desafío con espadas de papel.
« Litige : duel à l'épée en papier. »

Carta : eco de una voz que llega tarde.
« Lettre : écho d'une voix qui arrive en retard. »

On pourra poursuivre la lecture en consultant certaines éditions des auteurs cités :

GÓMEZ DE LA SERNA, Ramón, *Greguerías*, Col. Clásicos del siglo XX, El Pais, 2003.
GÓMEZ DE LA SERNA, Ramón, *Greguerías*, Colección Austral, Madrid, Espasa-Calpe, 1983.
GÓMEZ DE LA SERNA, Ramón, *Greguerías*, (trad. J. F. Carcelen et G. Tyras), Éditions Cent Pages, 2005.
GÓMEZ DE LA SERNA, Ramón, *Greguerías* (introduction, notes et traduction de Laurie-Anne Laget), Classiques Garnier, à paraître.
LICHTENBERG, *Sudelbücher*, in *Schriften und Werke*, München, Carl Hanser Verlag, 2 vol., 1971.
LICHTENBERG, *Le miroir de l'âme* (traduit de Charles Le Blanc), Paris, Corti, 1997.

JOUBERT, Joseph, *Les Carnets*, Gallimard, 1994 [1938], 2 vol.
JOUBERT, Joseph, *Pensées, jugements et notations*, anthologie critique (éd. R. Tessonneau), Paris, Corti, 1989.
RENARD, Jules, *Journal*, Paris, Robert Laffont, 2002.
RENARD, Jules, *Journal*, publication en ligne, Atramenta, 2015.

BRIÈVETÉ EN POÉSIE

Les poèmes de l'écrivain nord-américain Edwards Estlin Cummings (1894-1962) sont caractérisés par une démarche d'avant-garde qui trouve son inspiration à la fois dans la disposition typographique proche du calligramme et dans la référence à la poésie d'Extrême-Orient.

Rien de plus simple, de plus lisible à l'œil et à l'oreille que cette chute d'une feuille englobée par le mot solitude qui, dans sa brièveté paroxystique, au bord de la disparition, ouvre une espace de lecture d'une vive densité[4].

l(a
le
af
fa
ll
s)
one
l
iness

Deux exemples de haïku de Basho :

Un vieil étang et
Une grenouille qui plonge,
Le bruit de l'eau.

au milieu du champ
et libre de toute chose
l'alouette chante

4 Voir le commentaire de ce poème par Frantz Fabre dans *La Marge* (éd. F. Marotin), Publications de la Faculté des Lettres de l'Université Blaise Pascal, Clermont-Ferrand, 1988, p. 17-32.

Deux exemples de haïku de Paul-Louis Couchoud (*Au fil de l'eau*, 1905) :

Les ombres s'allongent.
Les champs de seigles mûrs
Se mettent à flamber.

Les chirurgiens
Examinent l'intestin
De la bicyclette.

BIBLIOGRAPHIE

Nous donnons ici les ouvrages les plus importants et plus particulièrement ceux qui sont pourvus d'une bibliographie permettant d'approfondir la recherche. On ne s'étonnera pas de trouver quelques références en langues étrangères, certaines formes – et en particulier l'aphorisme – ayant été fort longtemps délaissées par la critique française et ayant fait l'objet d'études importantes et nombreuses principalement en Allemagne et en Italie.

BIBLIOGRAPHIE GÉNÉRALE

Bagatelles pour l'éternité, l'art du bref en littérature, (études réunies par Baron Philippe et Mantero A.), Presses universitaires de Franche-Comté, 2000.

BARTHES, Roland, « Littérature et discontinué », *Essais critiques*, Seuil (Points), 1981, p. 175-187.

BIASON, Maria Teresa, « Les formes brèves dans le contexte culturel du XVIIe siècle en France » in *Rivista di letterature moderne e comparate*, XLV, 3, 1992, p. 263-286.

Brièveté et écriture, La Licorne, N° 21, 1991.

CAZES, Hélène, « Formes brèves et longues lectures », *L'attente rythmique*, *RITM* 3, Paris X, 1992, p 27-41.

De la brièveté en littérature, Université de Poitiers, Cahiers FORELL, N° 1, Septembre 1993.

DELAY, Florence, *La séduction brève (essais)*, Paris, Gallimard, 1997.

DELAY, Florence, *Petites formes en prose après Édison*. Hachette, 1987.

DESSONS, Gérard, *La voix juste, essai sur le bref*, éditions Manucius, 2015.

Dictionnaire raisonné de la caducité des genres littéraires (éd. Saulo Neiva et A. Montandon), Droz, 2014.

DUCHESNE Alain & LEGUAY Thierry, *Les petits papiers.* Petite fabrique de littérature, 3. Magnard, 1991.

Formes brèves, De la gnômè à la pointe : métamorphoses de la sententia, *La Licorne*, Université de Poitiers, 1979.

Formes littéraires brèves (éd. Alain Montandon). Wroclaw, Nizet, 1991.

FOYARD Jean, *La Forme brève*, Presses Universitaires de Dijon, 2002.

Fragment(s), fragmentation, aphorisme poétique (éd. M.-J. Ortemann), Nantes, CRINI, 1998.

Fragments et formes brèves (éd. Benito Pelegrin). Publications de l'Université de Provence, 1990.

GENETTI, Stefano, *Saperla corta. Forme brevi sentenziose e letteratura francese*, Fasano, Schena editore, 2002, 592 p.

GRALL Catherine, *Le Sens de la brièveté*, Honoré Champion, 2003.

JOLLES, André, *Formes simples*. Seuil, 1972.

KOUTCHEVSKY, Alexandre, *À l'échelle des mots. L'écriture théâtrale brève en France (1980-2007)*, thèse de doctorat, Université Rennes 2, 2009. *https://halshs.archives-ouvertes.fr/tel-00370565/document*

L'Europa degli Aforisti (éd. Maria Teresa Biason), Venezia, Universita Ca' Foscari, Editoriale Programma, XXXVI-XXXVIII, 1-2, 3 vol., 1996-1999.

La Forma breve nella cutura del novocento. Scritture ironiche, a cura di Monique Streiff Moretti, Edizioni Scientifiche Italiane, Napoli, 2000.

La Forme brève (éd. Simone Messina) Actes du colloque franco-polonais, Honoré Champion Éditeur et Edizioni Cadmo, 1996.

La Lingua scorciata detto, motto, aforisma, Quaderni di retorica e poetica, Padova, 2. 1986.

LACOUE-LABARTHE, Philippe et Jean-Luc NANCY, *L'absolu littéraire : Théorie de la littérature du romantisme allemand.* Paris, Ed. du Seuil, 1978.

Les formes brèves (éd. Benito Pelegrin), Université de Provence, Études Hispaniques 6, 1984.

Les Formes brèves de la prose et le discours discontinu : XVIe-XVIIe siècles (Éd. Jean Lafond), Paris, Vrin, 1984.

NEMER, *Monique, « Les intermittences de la vérité, maxime, sentence ou aphorisme : notes sur l'évolution d'un genre », Studi francesi*, 1982, p. 484-493.

NIES, Fritz, *Genres mineurs*, München, Wilhelm Fink Verlag, 1978.

O Texto Breve : Para Uma Abordagem Diferencial, (ed. Christina Robalo Cordeiro, Maria João Simões), Centro de Literatura Portuguesa, Coimbra, 2007.

ROUKHMOVSKY, Bernard, *Lire les formes brèves*, Nathan, 2001.

et pour qui s'intéresse aux formes brèves en musique, je ne peux que conseiller l'excellent ouvrage de Alain Poirier, *Webern et l'art de l'aphorisme*, Paris, Éditions Cité de la musique, 2009.

ÉPIGRAMME, PROVERBE, SENTENCE

AMMON, Frieder von, *Ungastliche Gaben. Die « Xenien » Goethes und Schillers und ihre literarische Rezeption von 1796 bis in die Gegenwart*, Niemeyer, Tübingen, 2005.

BARTHES, Roland, *Nouveaux essais critiques*. Paris, Seuil, 1972.

BERRANGER, Marie-Paule, *Dépaysement de l'aphorisme*, Corti, 1988.

BEUGNOT, Bernard, *La mémoire du texte. Essais de poétique classique*, Paris, H. Champion, 1994.

BLANCO, Mercedes, « Les théoriciens de l'épigramme », *Les Rhétoriques de la pointe. Baltasar Gracián et le Conceptisme en Europe*, Paris, Honoré Champion, 1992, p. 155-200.

CAMPRUBI, Besa, « Formes brèves, maxime, aphorisme, proverbe », *Rivista di letterature moderne e comparate*, LII, 1, 1999, p. 1-15.

COLLETET, Guillaume, *L'Art poétique où il est traité de l'épigramme, du sonnet…*, Paris, 1658.

COMPAGNON, Antoine, *La Seconde main ou le travail de la citation*, Paris, Seuil, 1979.

GENETTE, Gérard, *Seuils*, Paris, Seuil, 1987.

LAURENS, Pierre, *L'Abeille dans l'ambre. Célébration de l'épigramme de l'époque alexandrine à la fin de la Renaissance*, Les Belles Lettres, 1989.

MARTIN René et Jacques GAILLARD, *Les genres littéraires à Rome*, Paris, Scodel, 2 vol., 1981.

MESCHONNIC, Henri, « les proverbes, actes de discours », *Rhétorique du proverbe, Revue des Science Humaines*, n° 163, 1976, p. 419-430.

PINEAUX, Jacques, *Proverbes et dictions français*. PUF, « Que sais-je ? », 1956.

RÖHRICH, Lutz & MIEDER Wolfgang, *Sprichwort*. Stuttgart, Metzler, 1977.

SAULNIER, Verdun-Louis, « Proverbe et paradoxe du XVe et au XVIIe siècles », *Pensée humaniste et tradition chrétienne aux XVe et XVIe siècles*, CNRS, 1950, p. 87-104.

SEILER, Friedrich, *Deutsche Sprichwörterkunde*, München, C. H. Beck, 1922.

TAYLOR, Archer, *The Proverb*. Cambridge/Mass.1931 (Rééd. 1962).

Traditions et créativité dans les formes gnomiques en Italie et en Europe du Nord (XIV-XVII siècles), études réunies par P. Galland, G. Ruozzi, S. Verhulst, J. Vignes, Turnhout (Belgium), Brepols, 2011.

ULLMAN, B. L., « Apophoreta in Petronius and Martial », *Classical Philology*, vol. 36, n° 4 (Oct. 1941), p. 346-355.

WOLFF, Étienne, « Épigramme », *Dictionnaire de la caducité des genres littéraires*, Droz, 2014, p. 257-265.

ZUMTHOR, Paul, « Rhétorique du proverbe », *Revue des Sciences Humaines*, 163, 1976.

MAXIME

BÉNICHOU, Paul, *Morales du Grand Siècle*, Gallimard, 1960.

BIASON, Maria Teresa, *Retoriche delle brevità*, il Mulino, Bologne, 2002.

BIASON, Maria Teresa, *La masima o il « saper dire »*, Sellerio editore, Palermo, 1990.

BOVE, Laurent, *Vauvenargues ou le séditieux*, Champion Classiques, série Essais N° 24, 336 p.

GOYET, Francis, « L'origine logique du mot *maxime* » in *Logique et littérature à la Renaissance* (éd. Demonet, Tournon), Champion, 1994.

Images de La Rochefoucauld. Actes du Tricentenaire, 1680-1980 (éd. Jean Lafond et Jean Mesnard). PUF, 1984.

JAOUËN, Françoise, *De l'art de plaire en petits morceaux*, Saint-Denis, PUV, 1996.

KRUSE, Margot, *Die Maxime in der französischen Literatur. Studien zum Werk La Rochefoucaulds und seiner Nachfolger*, Hamburg, De Gruyter, 1960.

LAFOND Jean (éd.), *Moralistes du XVIIe siècle*, R. Laffont, Bouquins, 1992.

LAFOND Jean, *La Rochefoucauld. Augustinisme et littérature*. Paris, Klincksieck, 1977.

LEVRAULT, Léon. *Maximes et portraits (évolution d'un genre)*, Paris, Librairie Delaplane, 1909.

MARTIN, Paul, « La paresse béatifique. Étude d'une maxime de La Rochefoucauld », *L'Information littéraire*, 1983, vo. 35, n° 3, p. 115-124.

PARMENTIER, Bérengère, *Le Siècle des moralistes*, Seuil ; 2000.

ROSSO, Corrado, *La « Maxime ». Saggi per una tipologia*. Il Mulino, Bologne, 2001.

ROSSO, Corrado, *Procès à La Rochefoucauld et à la maxime, avec une bibliographie critique*. Pisa, Goliardica, Paris, Nizet, 1986.

SCHAPIRA, Charlotte, *La Maxime et le discours d'autorité*, SEDES, 1997.

SGARD, Jean, « Maxime et égarement chez Crébillon », *Configurazioni dell'aforisma*, (dir. Corrado Rosso), CLUEB, Bologna, 2000, III, p. 69-78.

STACKELBERG, Jürgen von, *Französische Moralistik im europäischen Kontext*. Darmstadt, 1982.

STAROBINSKI, Jean, « La Rochefoucauld et les morales substitutives », *Nouvelle Revue Française*, juillet 1966, p. 16-34.

STELAND, Dieter, *Moralistik und Erzählkunst, von La Rochefoucauld und Mme Lafayette bis Marivaux*. München, Fink, 1984.

TOURRETTE Éric, *Les formes brèves de la description morale. Quatrain, maximes, remarques*, Honoré Champion, 2008.

APHORISME

Aforisma (L'). Forme brevi tra antico e moderno, Pescara, Ediars, 2003.

BERRANGER, Marie-Paule, *Dépaysement de l'aphorisme*, Paris, Corti, 1988.

BERTRAND, Stéphanie, « L'aphoriste dans le roman, une figure d'autorité ? » *COnTEXTES* [En ligne], nº 18, 2016, URL : http://contextes.revues.org/6237.

BESSER, Kurt, *Die Problematik der aphoristischen Form bei Lichtenberg, Schlegel, Novalis und Nietzsche*, Junker und Dünnhaupt Verlag, Berlin, 1935.

CANTARUTTI, Giulia, *La scrittura aforistica*, il Mulino, Bologne, 2001.

Configurazioni dell'aforisma, (Ricerca sulla scrittura aforistica diretta da Corrado Rosso), CLUEB, Bologna, 2000, 3 volumes.

Désirs d'aphorisme, (éd. Christian Moncelet), CRLMC, Université Blaise Pascal, Clermont-Ferrand, 1998.

FEDLER, Stephan, *Der Aphorismus. Bergriffsspiel zwischen Philosophe und Poesie*, M&P,, Darmstatd, 1992.

FRICKE, Harald, *Aphorismus*. Metzler, Stuttgart, 1984.

GREINER, Bernhard, *Friedrich Nietzsche : Versuch und Versuchung in seinen Aphorismen*, Fink Verlag, München, 1972.

HELMICH, Werner, *Der moderne französische Aphorismus.* Niemeyer, Tübingen, 1991.

KLEIN, Johannes, "Wesen und Bau des deutschen Aphorismus, dargestellt am Aphorismus Nietzsches", *GRM*, XXII, 1934, p. 358-369.

KRÜGER, Heinz, *Studien über den Aphorismus als philosophische Form*. Diss. Frankfurt a.M., 1956 (1957, Nest-Verlag, Frankfurt).

KRUPKA, P., *Der polnische Aphorismus. Die « Unfrisierten Gedanken » von Stanislaw Jerzy Lec und ihr Platz in der polnischen Aphoristik*, München, Sagner, 1976.

MISSAC, Pierre, « Aphorisme et paragramme », *Poétique*, nº 67, Septembre 1986.

MISSAC, Pierre, « Situation de l'aphorisme », *Critique*, nº 323, Avril 1974.

MONTANDON, Alain, « La marge et l'aphorisme », *La Marge* (F. Marotin, éd.), Association des Publications de la Faculté des Lettres de l'Université Blaise Pascal, Clermont, 1988, p. 145-155.

MONTANDON, Alain, « Poésie de l'aphorisme de Jules Renard », *Fragment(s), fragmentation, aphorisme poétique*, Université de Nantes, CRINI, 1998, p. 121-131.

MORET, Philippe, *Tradition et modernité de l'aphorisme (Cioran, Reverdy, Scutenaire, Jourdan, Chazal)*, Genève, Droz, 1997.

NEMER, Monique, « 1760-1820 : de l'aphorisme didactique à l'aphorisme poétique », *Cahiers d'histoire littéraire comparée*, nº 1, 1976, p. 77-90.

NEUMANN, Gerhard (éd.), *Der Aphorismus.* Wissenschaftliche Buchgesellschaft, Darmstadt, 1976.

NEUMANN, Gerhard, *Ideenparadiese. Untersuchungen zur Aphoristik von Lichtenberg, Novalis, Friedrich Schlegel und Goethe*, München, Fink, 1976.

RUOZZI, Gino, *Forme Brevi. Pensieri, massime e aforismi nel Novecento italiano*, Pisa, Libreria Goliardica, 1992.

Teoria e storia dell'aforisma (éd. Eco, Tosi, *et alii*), Milano Mondadori, 2004.

WELSER, Klaus von, *Die Sprache des Aphorismus ; Formen impliziter Argumentation von Lichtenberg bis zur Gegenwart*, Frankfurt a. M., Peter Lang, 1986.

FRAGMENT

BLANCHOT, Maurice, *L'entretien infini.* Gallimard, 1969. *L'écriture du désastre*, Gallimard, 1981.

Brièveté et écriture (Ed. Pierre Testud). *La Licorne*, n° 21, 1991.

De l'écriture et des fragments – Fragmentation et sciences humaines (éd. Peter Schnyder, Frédérique Toudoire-Surlapierre), Paris, Classiques Garnier, 2016.

Écriture fragmentaire : théories et pratiques (L') (éd. Ricard Ripoll), Presses Universitaires de Perpignan, 2002.

Écriture fragmentale (L') (éd. Pierre Garrigues et Mustapha Trabelsi), Faculté des Lettres de l'Université de Sfax, 2014.

FINK, Arthur H. *Maxime und Fragment : Grenzmöglichkeiten einer Kunstform.* München, 1934.

Fragment und Totalität (éd. Lucien Dällenbach, Christian Hart Nibbrig), Frankfurt a.M., Suhrkamp, 1984.

Fragments et Formes brèves. (éd. Benito Pelegrin) Publications de l'Université de Provence, 1990.

Fragments. Les Cahiers de Fontenay n° 13-15, juin 1979.

GAILLIARD, Michel, « Le fragment comme genre », *Poétique*, n° 120, novembre 1999.

GALAY, Jean-Louis, « Problèmes de l'œuvre fragmentale : Valéry », *Poétique*, n° 31, septembre 1977.

HEYNDELS, R. *La pensée fragmentée*, Bruxelles, P. Mardaga, 1985.

LEYEN Fredrich von, "Friedrich Nietzsche : die Sprache des Zarathustra", *Lit.-Wiss. Jb.*, NF 3, 1962, p. 209-238.

MICHAUD, Ginette, *Lire le fragment. Transfert et théorie de la lecture chez Roland Barthes*, Montréal, Hurtubise HMH, 1989.

MONTANDON, Alain, « De différentes sortes de fragment », *Über das Fragment – Du fragment*, éd. par Arlette Camion, Wolfgang Drost, Géraldi Leroy, Volker Roloff, Universitätsverlag C. Winter, Heidelberg, 320 p., 1999, p. 1-12.

MONTANDON, Alain, « Le fragment est-il une forme brève ? », *Fragments et formes brèves.* Études Hispaniques 17. Publications de l'Université de Provence, 1990, p. 117-130.

OSTERMANN Eberhard, *Das Fragment*, Fink Verlag, 1991.

QUIGNARD, Pascal, *Une gêne technique à l'égard des fragments.* Fata morgana, 1986.

SUSINI-ANASTOPOULOS, Françoise, *L'Écriture fragmentaire. Définitions et enjeux.* Paris, PUF, 1991.

ANECDOTE

ABIVEN, Karine, *L'anecdote ou la fabrique du petit fait vrai. Un genre miniature de Tallemant des Réaux à Voltaire (1650-1756).* Paris, Classiques Garnier, 2015.

« ANA », in *Dictionnaire de la caducité des genres littéraires*, Droz, 2014.

Anecdote entre littérature et histoire à l'époque moderne (L') (éd. G. Haroche-Bouzinac, G. Ribémont et alii), Rennes, PUR, 2015.

Anecdote (L'). Actes du colloque international, présentés par A. Montandon. Publications de la Faculté des Lettres et Sciences Humaines de Clermont II, 1990.

AUDE A.-F., *Bibliographie critique et raisonnée des Ana français et étrangers*, Paris, 1910.

BEUGNOT Bernard, « Forme et histoire : le statut des Ana », *La mémoire du texte. Essais de poétique classique*, Champion, Paris, 1994.

CIZEK, Alexander, « Considérations sur la poétique de l'*exemplum* et de l'anecdote. À propos du *Novellino* », in *Le récit bref au Moyen Âge* (éd. D. Buschinger), Paris, Honoré Chapion, 1979, p. 341-368.

Die Kurzgeschichte im Unterricht, Der Deutschunterricht, Klett, Jg.9, 1957, p. 5-67.

GROTHE, Heinz, *Anekdote.* Stuttgart, 1984.

HUGLO, Marie-Pascale, *Métamorphoses de l'insignifiant. Essai sur l'anecdote dans la modernité.* L'Univers des discours, Montréal, 1997.

NEUREUTER, Hans Peter, « Zur Theorie der Anekdote », *Jahrbuch des Freien Deutschen Hochstifts*, 1973, p. 458-480.

SCHÄFER, Rudolf, *Die Anekdote : Theorie-Analyse-Didaktik*, München, Oldenburg Verlag, 1982.

SCHÄFER, Walter, *Anekdote-Antinanekdote ; Zum Wandel einer literarischen Form in der Gegenwart*, Suttgart, Klett-Cotta, 1977.

SCHÖWERLING, Rainer, *Die Anekdote im England des 18. Jahrunderts.* Diss. Göttingen, 1966.
STIERLE, Karlheinz, « L'Histoire comme Exemple, l'Exemple comme Histoire. Contribution à la pragmatique et à la poétique des textes narratifs », *Poétique*, n° 10, 1972, p. 176-1948.
WILD Francine, *Naissance du genre des Ana* (1574-1712), Champion, Paris, 2001.

MICRORÉCIT

BERNARD Friot, *Récits courts : questions d'écriture.* Dossier, La Revue des livres pour enfants, n° 235, juin 2007, p. 111-118.
DISEGNI, Silvia, « Poème en prose et formes brèves au milieu du 19e siècle ». In : *Microrécits médiatiques. Les formes brèves du journal, entre médiations et fiction.* Thematische Nummer : *Études françaises*, 44,3, 2008, p. 69-85.
GRUBER, Carola, *Ereignisse in aller Kürze. Narratologische Untersuchungen zur Ereignishaftigkeit in Kürzestprosa von Thomas Bernhard, Ror Wolf und Helmut Heißenbüttel*, transcript Verlag, Bielefeld, 2014.
Microrécits et frontières dans les textes espagnols du Siècle d'or, Cahiers de Framespa, UMR 5136 (Université Toulouse-Le Mirail / CNRS), numéro 14, 2013, http://framespa.revues.org/2481.
PINSON, Guillaume, (co-dir. avec Marie-Ève Thérenty) *Microrécits médiatiques. Les formes brèves du journal, entre médiations et fictions*, Montréal, Les Presses de l'Université de Montréal, 2008 (*Études françaises*, vol. 44, no. 3).

JEUX DE L'ESPRIT

BLANCO, Mercedes, *Les Rhétoriques de la pointe. Baltasar Gracián et le Conceptisme en Europe*, Honoré Champion, 1992.
CHARLES, Michel, « Poétique de l'énigme » in *Poétique*, n° 45, février 1981, p. 28-52.
FREUD, Sigmund, *Le mot d'esprit et ses rapports avec l'inconscient.* Paris, Gallimard, Idées n° 198, 1969.
GRACIÁN, Baltasar, *Art et figures de l'esprit* (trad. Benito Pelegrin), Paris, Seuil, 1983.

Guiraud, Pierre, *Les jeux de mots*. PUF, Que sais-je ? 1979.

Histoire drôle (L'), Grenoble, Université Stendhal, *Tigre* 6, Mai 1991.

Jean Paul, *Cours préparatoire d'esthétique*, L'Âge d'Homme, 1979.

Lacoue-Labarthe, Philippe et J. L. Nancy, *L'absolu littéraire. Théories du romantisme allemand*. Seuil, 1978.

Morin, Violette, « L'histoire drôle », in *L'Analyse struturale du récit*, Seuil (Points), 1981, p. 108-125.

Quintilien, *Institution oratoire*, Paris, Les Belles Lettres, 1980.

Todorov, Tzvatan, *Les Genres du discours*, Seuil 1978 (Le mot d'esprit, La devinette, Les jeux de mots).

POÉSIE

Bashô, *Le Haïkaï selon Bashô. Propos recueillis par ses disciples.* Textes présentés et traduits par René Sieffert. Publications orientalistes de France, 1957.

Berranger, Marie-Paule, *Dépaysement de l'aphorisme.* Corti, 1988.

Böschenstein, Renate, *Idylle*, Stuttgart, Metzler, 1967.

Coyaud, Maurice, *Fourmis sans ombre. Le livre du haïku.* Phébus, 1978.

Delteil, André (éd.), *Le haïku et la forme brève en poésie française.* Publications de l'Université de Provence, 1991.

Dictionnaire raisonné de la caducité des genres littéraires (éd. Saulo Neiva et Alain Montandon), Genève, Droz, 2014.

Gaudin, Paul, *Du rondeau, du triolet et du sonnet.* Paris, Lemer, 1870.

Haemmerling, Gerhard, *Die Idylle von Gessner bis Voss. Theorie, Kritik und allgemeine geschichtlichte Bedeutung*, Francfort, Bern, Peter Lang, 1981.

Laget, Laurie-Anne, *La fabrique de l'écrivain. Les premières greguerias de Ramon Gomez de la Serna*, Madrid, Casa Velazquez, 2012.

Lear, Edward, *Poèmes sans sens. Nonsense poems.* Traduction par Henri Parisot, introduction de Syvère Monod, Paris, Aubier Flammarion, 1974.

Lajarrige, Jacques, « Les formes lyriques brèves de tradition japonaise chez les poètes d'expression allemande », *Formes Littéraires brèves* (éd. Alain Montandon), Wroclaw, Nizet, 1991, p. 227-238.

Maublanc, René. « Un mouvement japonisant, le haïku français », *La Grande Revue*, CX, Février 1923, p. 604-625.

Montandon, Alain, « Ramon Gomez de la Serna et Jules Renard », *Ramon Gomez de la Serna* (éd. Évelyne Martin-Hernandez), Clermont-Ferrand, Université Blaise Pascal, Cahiers du CRLMC, 1999, p. 221-232.

RUOZZI, Gino, « Aphorisme en poésie et aphorismes de poètes dans la littérature italienne du XXe siècle », *Fragment(s), fragmentation, aphorisme poétique*, CRINI, 1998, p. 109-120.

SINTUREL, Yves, « Char le bref », *Formes Littéraires brèves* (éd. Alain Montandon), Wroclaw, Nizet, 1991, p. 89-108.

VINCENT-MUNNIA, Nathalie, « Lorsque les poèmes en prose se font petits : brièveté et poéticité dans la première moitié du XIXe siècle » in *La Forme brève*, Honoré Champion et Cadmo, 1996, p. 91-106.

ANTHOLOGIES

Anthologie de l'épigramme de l'Antiquité à la Renaissance, textes choisis, traduits du grec et du latin et présentés par P. Laurens, Paris, Gallimard, 2007.

BUISSET, Dominique, *D'estoc & d'intaille ? L'épigramme : essai de lecture et anthologie*, Paris, Les Belles Lettres, 2003.

COLOMBANI, Christian, *Variations saisonnières*. Paris : Verticales, 2003.

CONFIANT, Raphaël, *Dictionnaire des titim et sirandanes : devinettes et jeux de mots du monde créole*, Matoury (Guyane Française), Ibis rouge, 1998.

Deutsche Aphorismen (hrsg. G. Fieguth), Stuttgart, Reclam, 1980.

FERRAN, Pierre, *Le livre des épitaphes*, Paris, Horay, 2002.

Formes brèves dans la littérature africaine, Anthologie de textes choisis par Jacques Chevrier, in *Forme brevi*, Torino, Tirrenia Stampatori, 1989, p. 113-197.

FURET, Claude, Le titre. *Pour donner envie de lire*, Paris, Victoires Éditions, 1999.

GOURIO, Jean-Marie, *Brèves de comptoir*, Paris, Robert Laffont, 2 vol., 2003.

LE CLEZIO, J. M. G. et Jean, *Sirandanes*, Paris, Seghers 1990.

LEPLÂTRE, Olivier, *La Forme brève*, Gallimard, 2005.

Moralistes du XVIe siècle. De Pibrac à Dufresny, (éd. Jean Lafond), Paris, Robert Laffont, coll. Bouquins, 1992.

Paroles des anciens : Apophtegmes des Pères du désert (éd. Jean-Claude Guy), Seuil, Point-Sagesse, 2000.

RUOZZI, Gino, *Epigrammi italiani. Da Machiavelli e Ariosto a Montale e Pasolini*, Torino, Einaudi, 2001.

RUOZZI, Gino, *Scrittori italiani di aforismi*, Milano, Mondadori, 2 vol., 1994-1996.

INDEX DES AUTEURS

INDEX DES FORMES

TABLE DES MATIÈRES